शहीद

भगत सिंह - क्रांति में एक प्रयोग

लेखक

कुलदीप नैयर

डायमंड बुक्स

प्रकाशक : डायमंड पॉकेट बुक्स (प्रा.) लि.
X-30 ओखला इंडस्ट्रियल एरिया, फेज-II
नई दिल्ली-110020
फोन : 011-40712200
ई-मेल : sales@dpb.in
वेबसाइट : www.diamondbook.in

Shahid Bhagat Singh! Kranti Mein Ek Prayog
By : Kuldip Nayyar

यह किताब मेरी पोतियों
मंदिरा, कार्तिक और कनिका
को समर्पित है।

भूमिका

शहीद भगत सिंह और उनके दो साथियों राजगुरू व सुखदेव को याद रखने के लिए आज पाकिस्तान में एक ईंट तक नहीं है। लाहौर सैन्ट्रल जेल जहाँ इन तीन क्रांतिकारियों को 23 मार्च सन् 1931 को फाँसी पर लटका दिया गया था, आज लगभग पूरी तरह खत्म हो चुकी है। वो कोठरियाँ जिनमें उन्हें रखा गया था, आज धूल में मिल चुकी हैं। मानों वहाँ की संस्थापना उनके शहीद होने का एक भी निशान न चाहती हो। सम्बद्ध प्रशासन ने वहाँ एक रिहायशी कॉलोनी 'शैडमैन' को मंजूरी दे डाली। शहीद भगत सिंह की कोठरी के ठीक सामने एक आलीशान मस्जिद की दीवारें हैं। इस मस्जिद और जेल के बचे-कुचे अवशेषों के बीच से गुज़रने वाली सड़क एक मानसिक अस्पताल पर जाकर खत्म होती है।

मैने 'शैडमैन' में रहने वालों से पूछा - "क्या वो जानते हैं, भगत सिंह कौन थे?" उनमें से अधिकांश इस नाम को जानते थे। कुछ लोगों को शहीद भगत सिंह की फाँसी के बारे में भी कुछ-कुछ याद है। लगभग पचास साल के एक आदमी ने बताया कि, "जब हम यहाँ आए थे यहाँ पुलिस-क्वाटर्स के अलावा कुछ भी नहीं था, लेकिन कॉलोनी के फैलते हुए वो भी गिरा दिए गए।"

फाँसी का तख़्ता जहाँ तीनों क्रांतिकारियों को फाँसी लगाई गई थी, आज यातायात निर्देशक गोलचक्कर बन चुका है। इसके चारों तरफ़ गाड़ियों के धुएँ, शोर और उनसे उड़ी धूल का राज है।

इस गोलचक्कर के बारे में एक कहानी भूतपूर्व प्रधानमंत्री जुल्फिकार अली भुट्टो की मृत्यु के दो दशक बाद बार-बार सुनाई जाती है। ऐसा कहा जाता है कि अहमद रज़ा कसूरी के पिता नवाज़ मोहम्मद अहमद खान उस वक्त के पाकिस्तान नेशनल असेम्बली के सदस्य, को इस जगह गोली मारी गई थी। कसूरी की हत्या का आदेश भुट्टो ने जारी किया था। जब स्वचालित हथियारों से गोलियाँ चलाई जा रहीं थी, कसूरी इसी गोल चक्कर पर सौदा कर रहा था। कसूरी के पिता जो कि उसके पास उसी जगह पर बैठे थे जहाँ फाँसी का तख़्ता था, बुरी तरह से घायल हुए। कसूरी के दादा उन लोगों में से एक थे, जिन्होंने तीनों क्रांतिकारियों शहीद भगत सिंह, राजगुरू और सुखदेव के शरीर की शिनाख़्त की थी। पुराने लोगों का मानना है कि 'नैमेसिस' (बदले की देवी) ने कसूरी परिवार को इसी गोलचक्कर पर धर दबोचा। ये कहानी मेरे दिलो दिमाग पर गहरी छाप छोड़ गई और मैंने सोच लिया कि एक न एक दिन शहीद भगत सिंह के बारे में जरूर लिखूँगा।

ये किताब लिखने का विचार बाद में लाहौर में ही पनपा। अस्सी के दशक में लाहौर में विश्व पंजाबी सम्मेलन हुआ था, जिस हॉल में कान्फ्रैंस हुई उस पूरे हॉल में एक ही तस्वीर थी और वह थी शहीद-ए-आज़म भगत सिंह की। मैंने आयोजकों से पूछा उन्होंने अपनी तरफ के एक मशहूर पंजाबी 'मोहम्मद इकबाल' को नज़रअंदाज़ क्यों किया? जबकि 'इकबाल' ने पाकिस्तान के अस्तित्व को एक आयाम प्रदान किया था। आयोजकों का उत्तर चौंका देने वाला था, "केवल एक

ही पंजाबी है जिसने देश की आज़ादी के लिए अपने प्राणों का बलिदान किया और वो है भगत सिंह।"

इसके बाद भी किताब लिखने का विचार मेरे अंदर ही अंदर सुलगता रहा। मेरा यही विश्वास था कि समय-समय पर भगत सिंह के विषय में कुछ न कुछ प्रयोगात्मक तौर पर लिखा जाता रहा है। परंतु इसी उधेड़ बुन के चलते मुझे हरजिन्दर सिंह और सुखजिन्दर सिंह की एक चिट्ठी मिली, ये दोनों जनरल ए० एस० वैद्य हत्याकाण्ड में पूना जेल में अपनी फाँसी का इन्तज़ार कर रहे थे। उन्होंने जो कुछ लिखा उसने मुझे किताब के बारे में गम्भीरता से विचार करने के लिए झकझोड़ डाला। उनका प्रश्न था - "किस आधार पर उन्हें आतंकवादी और भगतसिंह को क्रांतिकारी कहा गया।"

उन्होंने अपने कृत्य को भी उपयुक्त बताते हुए कहा - भगत सिंह ने शेर-ए-पंजाब लाला लाजपत राय की अंग्रेजों द्वारा नृशंस हत्या का बदला लिया था और उन्होंने जनरल वैद्य द्वारा सन् 1984 में स्वर्ण मन्दिर पर की गई कार्यवाही की भूमिका तैयार करने का बदला लिया। मुझे डर बैठ गया कहीं ऐसा न हो हर आतंकवादी अपनी तुलना भगत सिंह से करने लगे। इसलिए यह आवश्यक हो गया था कि उनके (भगत सिंह के) जीवन व दर्शन के साथ-साथ आंतकवाद और क्रांति के बीच अन्तर का वर्णन किया जाए।

भगत सिंह ने अपने ही शब्दों में हत्या को क्रांतिकारी इस प्रकार कहा है - "मानव जीवन की पवित्रता के प्रति हमारी पूर्ण श्रद्धा है, हम मानव जीवन को पवित्र मानते हैं .... हम जल्दी ही अपना जीवन मानवता की सेवा में समर्पित कर देंगे, तभी किसी को हानि या पीड़ा पहुंचाने की सोच सकते हैं।"

ये हत्याएँ कोई बदला या बदले की भावनाएँ नहीं हैं। उन्होंने कहा - "इनकी एक राजनैतिक महत्ता है जो कि एक मानसिकता और वातावरण बनाने में सहायक होगी और यह आज़ादी की निर्णायक लड़ाई के लिए आवश्यक है।"

मेरे शोध को लगभग सात साल का समय लगा। इस काम के लिए संभवतः पाकिस्तान के अभिलेखागार सबसे उपयुक्त स्रोत थे। परंतु भारतीयों के लिए इनके दरवाज़े बन्द थे। नई दिल्ली और इस्लामाबाद के बीच इस तरह का कोई करारनाम नहीं है, जिसके चलते एक दूसरे के नागरिक उनके अभिलेखागारों में आ-जा सकें। पाकिस्तानी सरकार तक मैं एक मित्र के माध्यम से पहुंचा। परन्तु मुझे एक बिना सिर पैर के बहाने का सामना करना पड़ा। 'उन्होंने' कहा कि उन्हें डर है कहीं वो सिक्ख समस्या में न फंस जाएं। मैं इसे बिल्कुल भी न समझ पाया, सिवाय इसके कि सन् 1931 में हुए उस काण्ड में भगत सिंह सिक्ख थे।

उधर लंदन की 'इण्डियन ऑफिस लाईब्रेरी' में भी इस विषय पर प्रयोगात्मक तौर पर या प्रभावी रूप से कुछ भी नहीं है। लाइब्रेरी द्वारा इसकी अधिकांश किताबें, रिपोर्ट और दस्तावेज किसी तरह पूरे इंग्लैंड में वितरित किए गए। इसका उद्देश्य भारत, पाकिस्तान और बांग्लादेश जो कि ब्रिटेन के उपनिवेश रह चुके हैं, उनकी इस चुनौति को फीका करना था कि आज़ादी के बाद उन्हें क्या मिलना चाहिए। उपमहाद्वीप के बँटवारे के बाद भारत और पाकिस्तान दोनों ही इस लाईब्रेरी के बंटवारे के लिए एक नतीजे पर नहीं पहुंच पाए और ब्रिटेन को इसे हड़प जाने का एक बहाना मिल गया।

'प्रिवी काऊन्सिल' में इन तीनों क्रांतिकारियों की सज़ा के विरोध में दायर अपील के कुछ

साक्ष्य ज़रूर थे और ये हमारे अभिलेखागारों में भी हैं। मेरा ऐसा अनुभव रहा कि उन प्रमाणित पत्रों को या तो नष्ट कर दिया गया या कहीं दबा दिया गया। परंतु ऐसे गुप्त तार (टेलीग्राम) और कागज़ात कहीं न कहीं ज़रूर हैं, जिनसे पता चलता है कि ब्रिटिश सरकार भगत सिंह और उनके दोनों साथियों को फांसी देकर इस क्रांतिकारी आंदोलन का गला घोटना चाहती थी। संभवतः भारत में इस विचार की जड़ फ्रांसीसी क्रांति, अमरीका की आज़ादी की घोषणा और रूस में बोल्शेविक की क्रांति से पड़ी। किसानों, मजदूरों, पीड़ितों की एक सामाजिक बुराई, असमानता और सामाजिक उत्पीड़न के सामने एक साथ खड़ा हो जाना, ये आजादी की लड़ाई का एकीकृत भाग था। मैंने अपने शोध कार्य के दौरान ये भी पाया कि भगत सिंह ने जेल में लगभग चार किताबें लिखीं 'हिस्ट्री ऑफ दि रेव्युल्यूशनरी मूवमेंट इन इण्डिया,' 'दि आईडियल सोशलिज़्म', अपनी जीवनी और 'एट दि डोर ऑफ डेथ'। मुझे ऐसा बताया गया कि इन किताबों की हस्तलिपि क्रांतिकारियों द्वारा उनकी फाँसी से पहले ही चोरी छिपे जेल से बाहर निकाल ली गई थी। इन हस्तलिपियों को क्रांतिकारियों के संरक्षण में ही रखा गया, मगर चालीस के दशक में इन्हें कुमारी लज्यावती को सौंप दिया गया, जो बाद में केन्द्रीय महाविद्यालय जालंधर की प्रिंसिपल बनीं। लज्यावती जो कि अब जीवित नहीं है, उन्होंने ये हस्तलिपियाँ बंटवारे से कुछ समय पहले ही भारत भेजने के उद्देश्य से लाहौर में 'किसी को' सौंप दी। इस अनजान आदमी ने जिसकी कोई शिनाख्त नहीं मिली, लज्यावती को बताया कि बंटवारे के दंगो में डर के कारण उसने इन हस्तलिपियों को अगस्त 1947 में जला डाला। मैं समझता हूँ कि ये कहानी कतई प्रमाणिक और विश्वसनीय नहीं हैं। एक न एक दिन ये हस्तलिपियाँ सामने जरूर आएंगी।

इस किताब के लिए लेखन सामग्री इकट्ठा करने में मेरा सबसे पहला काम 'भगत सिंह' के दो भाइयों को ढूंढना था। छोटे भाई कुलतार सिंह को मैंने सहारनपुर में पाया। उनसे प्राप्त भगत सिंह की निकट संबंधियों के साथ आखिरी मुलाकात की जानकारियाँ बहुत उपयोगी सिद्ध हुईं। मैंने ये भी पाया कि पूरे परिवार में एक राष्ट्रीय धारा बह रही थी। जब भगत सिंह का जन्म हुआ, उनके चाचा अजीत सिंह, लाला लाजपत राय के साथ बर्मा जेल में उन्हीं की कोठरी में थे। उनके दादा का कांग्रेस को हमेशा खुल्लमखुल्ला सहयोग रहा। मैं बड़े भाई कुलबीर सिंह तक पहुंचने में भी सफल रहा, मगर हमारी अगली मुलाकात से पहले ही उनकी मृत्यु हो गई।

सन् 1992 में मुझे सुखदेव के छोटे भाई मथुरा दास थापर का पता मिल गया। उसी समय मैंने उन्हें एक चिट्ठी लिखी। थापर ने इसका जवाब मार्च 1993 में दिया। उनकी दर्द भरी कहानी दिल को छू जाने वाली थी। उन्होंने लिखा, 'वो लायल पुर (पाकिस्तान में फैसलाबाद) जा रहे हैं। यहां पंजाब पुलिस सुखदेव का भाई होने की वजह से मुझे लगातार परेशान करती है।"

82 वर्षीय थापर की हालत दर्दनाक और मर्मभेदी थी। मेरी चिट्ठी के जवाब में उन्होंने आगे लिखा, "राजनैतिक कष्ट झेलने वाले अन्य व्यक्तियों के बारे में लिखने के लिए मुझे क्षमा करें, डा. किचलू के बेटे को 5000 रूपये महावार और रहने के लिए मुफ़्त मकान दिया गया। डा. किचलू के बेटे के साथ हमारे बलिदान की तुलना करें।"

उन्होंने मेरा ध्यान 'लाहौर षड्यंत्र' की अदालती कार्यवाही की किताब पर आकर्षित किया, यह किताब वो लाहौर से अपने साथ लाए थे तथा बाद में राष्ट्रीय अभिलेखागार, नई दिल्ली में जमा कराई। इस अदालती कार्यवाही में सुखदेव की कुछ टिप्पणियाँ भी थी, जो कि वो फांसी से पहले पढ़ भी सके। उर्दू में लिखी इस कार्यवाही की मूल प्रति पाकिस्तान में मौजूद है, जो मैंने

पढ़ी भी है।

थापर की वो चिट्ठी आज भी मेरे पास है (देखें संदर्भ-I) इस तरह खत्म होती है। "उम्मीद करता हूँ ऐतिहासिक महत्व की एक उत्तम रचना करने में आपके काम आएगी।" मैं नहीं जानता कि उन्होंने इस किताब का आकलन किस तरह किया। शायद मेरी ये रचना 'उत्तम' न हो। मगर मैंने पूरी कोशिश की है कि आपके सामने भगत सिंह को ठीक उसी तरह प्रस्तुत करूँ जैसे वो जिए, जैसे वो सोचते थे और जैसे वो शहीद हुए।

उनके परिवार के एक संग्रह से मैं थापर और हंसराज वोहरा जो कि बाद में सरकारी गवाह बन गया था दोनों के बीच के पत्राचार को भी पढ़ने में सफल हो सका। इस पत्राचार में विशेष रूप से वो चिट्ठियाँ थीं जिनमें वोहरा ने अपना सरकारी गवाह बनने का फैसला लिखा है। किताब के परिशिष्ट में इस पर आप थापर की टिप्पणियाँ पाएंगे।

कुलतार सिंह से मुझे मालूम हुआ कि भगवती चरन जो कि उस समय के एक बड़े क्रांतिकारी थे, उनकी पत्नी दुर्गा अपने बेटे के साथ गाजियाबाद में रहती हैं। जब चार साल पहले मैं, दुर्गा देवी से मिला वो अक्सर अपनी याद खो बैठती थीं, फिर भी किसी न किसी तरह से उन्होंने मुझे वो पूरा विवरण दिया जिसके चलते भगत सिंह, पुलिस सुपरिंटेंडेन्ट जे.पी.सॉन्डर्स की हत्या के बाद लाहौर से बच निकले थे। इसके कुछ ही महीने बाद दुर्गा देवी की मृत्यु हो गई।

भगत सिंह की ये कहानी और उनका दर्शन कह पाने में, उन पर लिखी अनेक किताबें और उनके अपने लेखों से मुझे बहुत मदद मिली। उनको समर्पित ये शब्द उनकी चिट्ठियों, भाषणों और कथनों से ही लिए गए हैं। यथार्थ से मैंने कोई छेड़-छाड़ नहीं की है। उस समय के पुलिस प्रमाणों से मुझे पता चला कि ब्रिटिश सरकार क्रांतिकारियों के दमन के लिए किस-किस तरह के तरीके अपनाती थी। हमारे अभिलेखागारों में मौजूद बहुत कम खुफिया रिपोर्टों से भी बहुत सहायता मिली। पश्चिम बंगाल की सरकार के पास तत्कालीन ब्रिटिश साम्राज्य के दौरान 'टैररिस्म इन बंगाल' के नाम से छः भागों वाला एक सूचना भण्डार मौजूद है, मैंने इस संग्रह से भी कुछ सूचनाओं का उपयोग किया है।

महात्मा गांधी के बहुत से लेख भी क्रांतिकारियों की स्थिति पर प्रकाश डालते हैं। उन्होंने क्रांतिकारियों के साहस की प्रशंसा की है, परन्तु हथियारों के प्रयोग की नहीं। उन्होंने क्रांतिकारियों के समर्पण भाव पर कभी सन्देह नहीं किया, मगर उनका विश्वास था कि बलपूर्वक भारत को अंग्रेजों के पन्जों से आजाद नहीं कराया जा सकता था।

गांधी जी और शहीद भगत सिंह मूल्यों की दृष्टि से एक दूसरे के बिल्कुल विपरीत थे। भगत सिंह बल प्रयोग में विश्वास रखते थे और आजादी पाने के लिए इससे कभी मुंह नहीं मोड़ा। दूसरी ओर गांधी जीवन भर अपने अहिंसा के सिद्धांत से जुड़े रहे तथा किन्हीं और मूल्यों से समझौता नहीं किया। ये दोनों भारतीय स्वतंत्रता संग्राम के दो अलग-अलग किनारे हैं।

पट्टाभी सीतारमैया द्वारा लिखे 'कॉंग्रेस के इतिहास' में गांधी और भगत सिंह दोनों को बराबर लोकप्रिय बताया है। भगत सिंह को ये एक बड़ी श्रद्धांजली थी। एक को उसकी सत्य के प्रति निष्ठा और दूसरे को उसकी बहादुरी के लिए माना जाता है। जब भगत सिंह पहली बार गांधी से मिले वो केवल 21 साल के थे और गांधी 59 साल के। मैंने उन दिनों के अखबारों को पढ़ा, मैंने उन लोगों में भी बात की जो भगत सिंह को जानते थे। उन लोगों में से अधिकतर अब नहीं हैं। सबसे अच्छा स्रोत उनका एक दोस्त 'वीरेन्द्र' जलंधर से छपने वाले 'दि प्रताप' का संपादक

रहा। पांच साल पहले उसकी मृत्यु हो गई। जिस समय भगत सिंह और उनके साथियों पर मुकद्दमा चल रहा था, वीरेन्द्र लाहौर सैन्ट्रल जेल में थे। वीरेन्द्र के भी दोषी होने का शक था, परंतु प्रमाणिक तौर पर उसके खिलाफ कुछ न मिल पाने के कारण मजबूरी में उन्हें छोड़ दिया गया।

इस किताब को पूरा करने में बहुत से लोगों ने मेरी मदद की है। इनमें कविता मेरी छोटी बहू, जिसने मुकद्दमे पर शोध किया; आर.रामचन्द्रन, सुब्रमनयम और गोपाल जिन्होंने इसे टाइप किया और ड्राफ्ट को कम्पयूटर में डालने से पहले दुबारा टाइप किया शामिल हैं। मैं इन सबका धन्यवाद करता हूँ, मैं नीलिमा राव का भी धन्यवाद करता हूँ, जिन्होंने किताब का कवर बनाया है।

- : विषय सूची : -

एक

'हैड जेल वार्डन' चरत सिंह के घिसते हुए और कमज़ोर कदमों की चाल को उसने पहचान लिया था। मजबूरी में फौज की और फिर पुलिस की एक लम्बी नौकरी ने चरत सिंह की सेहत पर काफी असर डाला था। उसकी सफेद दाढ़ी की वजह से वह अपनी उम्र से ज्यादा दिखाई देता था।

हाथों में हथकड़ी और बेड़ियों से जकड़े, भगत सिंह उसके पास आने को पहचान सकते थे। करीब छः महीने पहले 7 अक्टूबर, 1930 को एक ब्रिटिश अदालत से फांसी की सजा मिलने के बाद भगत सिंह लाहौर सैन्ट्रल जेल की इन ऊँची दीवारों के पीछे फांसी का इन्तज़ार कर रहे थे। उन्होंने सुबह की रेंगती हुई रोशनी को अपनी कोठरी न. 14 में घुसकर देर बाद शाम के धुंधलके से मिलते हुए देखा। उन्होंने लगातार उस खामोशी की आवाज को सुना जो बिना रुके हर घंटे जेल के घड़ियाल और खुलते बन्द होते लोहे के दरवाजे से होती।

सूरज डूबने के बाद बिना किसी बल्ब, लालटेन या मिट्टी के दिए के उनकी कोठरी में अन्धेरा और गहरा हो जाता। कहीं दूर एक घूमती हुई 'सर्च लाइट' इस जगह को रोशनी का अहसास दिलाती थी जहां वो अपने दो साथियों सुखदेव और राजगुरू के साथ फांसी का इंतजार कर रहे थे। फर्श पर उगी घास और कोने में एक बदबूदार गढ्ढे के साथ ये कोठरी एक काल कोठरी थी।

जब भगत सिंह अपने जिस्म को सीधा करते तो उनकी 5 फुट 10 इंच की इस काठी के लिए मुश्किल से ये जगह काफी होती। मगर भगत सिंह इस कठोर और बुरी जिंदगी के आदि हो चुके थे। तीन डिग्री से० से नीचे की ठण्ड से बचने के लिए एक तार-तार कम्बल मिलने पर उन्हें ये पता चलता कि शरद अब जाड़े में बदल चुकी है। मार्च आते-आते कंपकपी अपना असर छोड़ जाती। हवाओं में बसंत का वादा था। मगर 'फांसी की कोठरी' के नाम से जानी जाने वाली इस कोठरी में खुशियों को पाला मार गया था। वक्त और चार दीवारी में जकड़े भगत सिंह मौसम का ये बदलाव नहीं देख सकते थे।

भगत सिंह अकेले जीना सीख चुके थे। हाँ! वो बेचैन जरूर थे, अपने अकेलेपन की वजह से नहीं, बल्कि इस लम्बे और बेमतलब इंतजार की वजह से। कभी-कभी उनके मन में आया कि यह फांसी जल्दी हो जाए। मगर तभी उन्होंने महसूस किया कि 23 साल की ये जिंदगी बहुत कम थी। एक बार एक दोस्त को उन्होंने लिखा था कि जो वो करना चाहते थे उसका हजारवां हिस्सा भी नहीं कर पाए। उन्होंने अपने एक साथी 'विजय कुमार' जो कि उनकी फांसी से पंद्रह दिन पहले मिले थे कहा - "अगर मुझे छोड़ दिया गया तो अंग्रेजों के लिए मैं एक मुसीबत बन जाऊँगा। अगर मुस्कुराहटों की माला पहने मैं मर गया तो हिन्दुस्तान की हर मां अपने बच्चे को भगत सिंह बनाना चाहेगी और इस तरह आजादी की लड़ाई में सैकड़ों बहादुर पैदा होंगे, तब इस शैतानी ताकत के लिए क्रांति का यह मार्च रोकना बहुत मुश्किल होगा।"

भगत सिंह इस बात को अच्छी तरह जानते थे कि उनको हुई सजा का ताल्लुक मुल्क में हुई सियासी तब्दीलियों से जरूर था। नवम्बर 1930 में लंदन के 'गोलमेज सम्मेलन' से अंग्रेजों को कुछ भी हासिल नहीं हुआ। वो चाहते थे कि 'स्वराज' के लिए कुछ ताकत दे दी जाए। मगर उन्होंने किसी को इसके काबिल नहीं पाया। उस वक्त हिन्दुस्तान असन्तोष से उबल रहा था।

कांग्रेस जिसने आजादी की लड़ाई की अगुआई की इस सम्मेलन का बहिष्कार कर चुकी थी, बाकी पार्टियों ने भी ऐसा ही किया बल्कि वो कांग्रेस के पीछे-पीछे ही चलीं।

भगत सिंह समझौते के खिलाफ नहीं थे। उनका मानना था कि इसमें दुख की कोई बात नहीं थी, बल्कि सियासी तौर पर ये एक जरूरी कारक था। कोई भी देश अगर अपने पर राज करने वाले के खिलाफ खड़ा होता है तो शुरूआत में उसे कुछ दिक्कतें जरूर आती हैं, मगर धीरे धीरे इन समझौतों से फायदा या 'शुद्धिकरण' भी होने लगता है।

रूस की क्रांति जिससे कि भारतीय क्रांतिकारियों को प्रेरणा मिली इस बात की एक मिसाल है। 1917 की क्रांति के बाद जब बोल्शेविक ब्रेस्ट लितोस्क की संधि पर दस्तखत करने को मजबूर थे, तब लेनिन के अलावा सबने इसे मंजूर कर लिया था। उन्होंने कहा, "शांति और शांति, शांति किसी भी कीमत पर - चाहे रूसी प्रान्तों को जर्मनों के हवाले करके ही मिले।" आलोचना होने पर लेनिन ने महसूस किया कि बोल्शविक जर्मनों के हमले को नहीं झेल सकते, उन्हें समझौता करना ही पड़ेगा।

एक और 'गोल मेज सम्मेलन' करके लन्दन की तरफ से कुछ और समझौते भी आए। मगर इस बातचीत के दौरान वो इंग्लैण्ड और भारत के बीच भगत सिंह का शव नहीं चाहते थे। इसलिए अंग्रेजों ने कांग्रेस या गांधी जो कि पार्टी को रास्ता दिखा रहे थे, इनके साथ समझौते के सभी रास्ते ढूंढते समय भगत सिंह की फांसी को टाल दिया।

चरत सिंह कोठरी के बाहर खड़ा अपने पुराने से कोट की लम्बी जेब से एक चाबी का गुच्छा निकाल कर, अजीब से फूहड़पन के साथ इस कोठरी की चाबी ढूंढ रहा था। भगत सिंह और उसके बीच एक प्यार (स्नेह) पैदा हो चुका था। वो अक्सर अपनी ज़ुबान, पंजाबी में बात किया करते थे।

ज़िन्दगी एक अजीब तजुर्बा है; और ये जितनी छोटी होती है तजुर्बा उतना ही तेज होता है। दोनों इस बात को अच्छी तरह जानते थे कि जल्दी ही उनका साथ टूट जाएगा। मगर ये ख़याल उनको एक दूसरे के करीब होने से न रोक सका। चरत सिंह जो कि एक बहुत धार्मिक आदमी था, अक्सर भगत सिंह को 'वाहे गुरू' का नाम जपने की सलाह दिया करता था, क्योंकि उनका अन्त अब पास था। भगत सिंह जवाब देते : "क्या तुम नहीं समझते कि बहुत देर हो चुकी है?"

क्या 3 मार्च को मुलाकात है, उनके नजदीकी रिश्तेदारों के साथ एक आखिरी मुलाकात, फांसी से पहले एक कानूनी अहसान? या इसके बाद भी कोई मुलाकात होगी? भगत सिंह यह जानना चाहते थे, ताकि अपने रिश्तेदारों से आखिरी विदाई लेने के लिए तैयार हो जाएं। चरत सिंह ने कुछ नहीं कहा। न ही भगत सिंह ने दबाव डाला। उन्होंने वार्डन की हदों को महसूस किया।

चरत सिंह उनके साथ काफी अच्छा स्वभाव करता था। वार्डन चोरी छिपे उन किताबों को अन्दर आने देता था, जो भगत सिंह पढ़ना चाहते थे। मार्क्सिस्ट साहित्य ने उन्हें पूरी तरह झकझोर डाला था। बमुश्किल मार्क्स, लेनिन या रूस पर कोई किताब आती और वो दूसरी की मांग कर देते। प्रगतिशील राष्ट्रवादियों की स्थानीय द्वारका दास लाइब्रेरी चोरी छिपे इन किताबों की पूर्ति करती थी और उनको पढ़ने के लिए वे इतने बेचैन रहते थे कि एक बार उन्होंने अपने स्कूल के दोस्त 'जयदेव' को लिखा कि लाइब्रेरी से 'मिलिट्रिस्म - कार्ल लिबेकनेश,' 'लैफ्ट विंग

कम्यूनिस्म,' बेट्रान्ड रसैल की 'वाय मैन फाईट', 'लैण्ड रेवोल्यूशन इन रशिया' और ॲपटॅन सिन्कलॅयर की 'स्पाई' नामक किताबें निकाले और उनके भाई कुलबीर के हाथ भेज दे।

'पढ़ाई' एक ऐसी आवाज की तरह थी जो भगत सिंह के दिमागी गलियारों में गूंजती रहती थी, पढ़ाई उस ताकत के लिए जो विपक्ष (अंग्रेज) की बहस का सामना कर सके, पढाई क्रांति में अपने विश्वास को मजबूत रखकर सही साबित करने के लिए और पढ़ाई उन तरीकों के लिए जिनसे भारत की व्यवस्था बदली जा सके। उन्होंने मार्क्सिस्म, कम्यूनिस्म और क्रांतिकारी दर्शन सीखा। जिनसे उनकी जिन्दगी को एक अलग तस्वीर मिली। आजादी के लिए लड़ने वालों के वंश (जाति) से आने के कारण आजादी के लिए लड़ने की चाह उनमें खुद-ब-खुद थी। मगर उनका परिवार खाता-पीता और अच्छी जमीन जायदाद वाला था। समाजवादी सोच में उठना उनके लिए एक नई बात थी। पैसे की आजादी (आर्थिक स्वतंत्रता) के बिना सियासी आजादी (राजनैतिक स्वतंत्रता) का क्या मतलब था? अगर गरीब, गरीब ही रहा तो आजादी का क्या मायना? और अमीर-गरीब के बीच की ये दूरी कैसे खत्म होगी? किताबों ने उन्हें इस बात का अहसास दिलाया कि ये दूरी और एक दूसरे को अलग-अलग रखना आदमी ने ही बनाया है और आदमी ने ही इसे पनपने दिया।

वो कार्ल मार्क्स को अपना 'गुरू' मानते थे। इस जर्मन विचारक का मानना था कि आर्थिक मामलों में तब्दीली (बदलाव) लाना ही वो तरीका है, जिसके ऊपर आदमी के इतिहास के सभी बदलाव टिके हैं। राजनैतिक इतिहास, सोच-विचार का इतिहास, धर्म का इतिहास और बाकी सभी आर्थिक हालातों की कोख से ही पैदा हुए हैं। उन्होंने पहले कभी ' डायलेक्टिकल मैटिरियलिस्म' (प्रांतीय अनात्मावाद) की तारीफ नहीं की - राजनैतिक सिद्धांतों के लिए राजनैतिक सोच पहले की नहीं बल्कि बाद की थी। मार्क्स ने ही उन्हें महसूस कराया कि राजनैतिक काम किसी की जड़ नहीं थे, बल्कि पैसे वाली ताकतों की पैदावार थे।

भारत की आजादी की लड़ाई सतही तौर पर आर्थिक सुधारों की लड़ाई थी। आज़ादी इन सुधारों के लिए एक मौका देती। बिना गरीबी हटाए आज़ाद भारत सिर्फ नाम के लिए आज़ाद होगा। भगत सिंह एक 'राज' हटाकर दूसरे 'राज' से बदलना नहीं चाहते थे। उन्होंने एक बार अपनी मां को लिखा था : "मां, मुझे इस बात में बिल्कुल शक नहीं, एक दिन मेरा देश आज़ाद होगा। मगर मुझे डर है कि 'गोरे साहब' की खाली की हुई कुर्सी में 'काले/भूरे साहब' बैठने जा रहे हैं।" अगर ये सिर्फ राज करने वाले का बदलाव हुआ तो आम आदमी की हालत ऐसी ही रहेगी। वो अच्छी तरह से जानते थे कि इन पुराने तरीकों को तोड़े बिना कोई बदलाव नहीं लाया जा सकता था। वे पुराने तरीके ही थे जो आगे बढ़ने के रास्ते में दीवार बनकर खड़े थे। दार्शनिकों ने इस दुनियाँ का मतलब अलग-अलग समझाया है। मगर बात इसे बदलने की थी, ये क्रांति से ही हो सकता था।

वो अकेले नहीं थे। उनके साथ वैसे ही सैकड़ों दूसरे क्रांतिकारी थे। उन सब ने इकट्ठे होकर सांस तोड़ती 'हिन्दुस्तान रिपब्लिकन एसोसिएशन' में एक नई जान फूंकी। भगत सिंह ने इस नाम में 'सोशलिस्ट' शब्द और जोड़ दिया। सुखदेव और राजगुरू जो साथ वाली कोठरी में बंद थे, उन्होंने भी यही सुन्दर सपना संजोया था। इन्हीं की तरह और सैकड़ों ने भी जो कि 'यूनाइटिड प्राविन्स' (उत्तर प्रदेश), पंजाब और राजपूताना (अब राजस्थान में) से थे, सबने यही सपना संजोया था। ये सभी 8–9 सितम्बर, 1928 को फिरोजशाह कोटला मैदान, नई दिल्ली में थे, जहां

पार्टी को नया नाम 'हिन्दुस्तान सोशलिस्ट रिपब्लिकन ऐसोसिएशन' दिया गया था। बंगाल के क्रांतिकारियों ने अपने आप को इस मीटिंग और पार्टी दोनों से ही दूर रखा क्योंकि वो बमों और रिवॉल्वरों का इस्तेमाल छोड़ चुके थे।

'हिन्दुस्तान सोशलिस्ट रिपब्लिकन ऐसोसिएशन' (एच.एस.आर.ए.) ने एक सशस्त्र (हथियार बन्द) टुकड़ी भी बनाई, जिसकी बागडोर चंद्रशेखर आजाद के हाथ में थी। पार्टी में उनकी गिनती सबसे बढ़िया और पुराने क्रांतिकारियों में थी। इस हथियार बन्द टुकड़ी का काम हथियार, गोला-बारूद और बड़े-बड़े कामों का इंतजाम करना था। कुछ सहानुभूति रखने वाले भी थे जो पार्टी का प्रचार, पैसा इकट्ठा करना और पार्टी की हथियार बन्द टुकड़ी के लोगों के लिए जगह का इंतजाम करने का काम करते थे।

भगत सिंह, चरत सिंह के नपे हुए कदमों के पीछे-पीछे चल रहे थे और वहीं सुखदेव और राजगुरू लोहे की सींखचों के पीछे खड़े थे। उनसे मिलने के लिए कोई भी नहीं आया था। राजगुरू ने भगतसिंह को बताया था कि उनका कोई नज़दीकी रिश्तेदार नहीं है, इसलिए उन्हें किसी की उम्मीद नहीं है। सुखदेव ने कहा उनके चाचा ने आने का वादा किया था। लगता है वो भी नहीं आए। भगत सिंह बहुत उदास हो गए। वो इस बात को सोच भी नहीं सकते थे कि एक परिवार अपने ही सदस्य से दूर रह सकता था, जबकि यह मौका था - हो न हो आखिरी मौका कि उसकी मौत से पहले वो अपने खून से मिल सकें।

परिवार ही भगत सिंह का ठिकान था। शुरू के कुछ साल ही उन्होंने घर पर बिताए थे। तब भी वो अपने आपको रिश्ते-नातेदारों के करीब समझते थे। वो सभी वहां मौजूद थे। अपनी मां को वहां देखकर वो कुछ बेचैन से थे, जबकि उन्होंने अपने पिता जी को लिखा था कि मां को वहां न लाएं। इस आखिरी मुलाकात पर वो अपना रोना रोक न पाई। डिप्टी सुपरिटेंडेंट* ने ऊपर से आए हुक्म के बावजूद इस मुलाकात का वक्त बढ़ा दिया था।

भगत सिंह ने देखा कि उनके दादा, अर्जुन सिंह - जिन्होंने ये नाम उनका दिया था और 'भगतू' कहकर बुलाते थे - कुछ ज्यादा ही उदास थे। उनके पिता किशन सिंह की लम्बी सफेद दाढ़ी आंसुओं में भीगी हुई थी। उनका छोटा भाई कुलबीर अपने गाल पोंछ रहा था। दस साल का सबसे छोटा भाई कुलतार सुबक रहा था। उनकी मां का दुपट्टा भीगा हुआ था। वह अपने आंसुओं को रोकने की कोशिश कर रहीं थी। तीनों बहने - अमर कौर, सुमित्रा कौर और शकुन्तला कौर फूट-फूट कर रोने की कगार पर थीं।

भगत सिंह ने संदेशा भेजा था कि उनको आंसुओं भरी विदाई न दी जाए। वो इस मुलाकात पर खुशी चाहते थे, ताकि फांसी के तख्ते की तरफ बढ़ते वक्त इसे याद रखें। उन सभी को दुःख में डूबा देख, वो परेशान हो गए। वो समझते कि सभी इस बड़े नुकसान को महसूस करेंगे। मगर उन सबको ये पता होना चाहिए था कि जो रास्ता उन्होंने (भगत सिंह ने) चुना था उसमें यह मौत ज़रूरी थी। भगत सिंह ने उन सभी से इकट्ठा रहकर; बहादुरी के साथ इस नुकसान को सहने की गुजारिश की।

खासतौर पर वो अपनी मां की तरफ से परेशान थे, उनके पिता के मुकाबले मां अपना सारा दुःख अन्दर ही अन्दर रखती थी। मां ने भगत सिंह के सिर पर लिपटे लम्बे बालों को छुआ। जब भगत सिंह ने इन बालों को काट दिया था वे खुश नहीं थी। दुलार दिखाते हुए वह बोलीः "एक दिन सभी को मरना है। मगर सबसे अच्छी मौत वही है जो दुनिया को प्यारी हो।" फांसी

* खान बहादुर अकबर खान

पर खड़े होते समय उन्होंने भगत सिंह से 'इन्कलाब जिंदाबाद' चिल्लाने को कहा। भगत सिंह मां की आंखों को अपने पर टिका देख रहे थे, मानो वह उनकी हर इच्छा को खज़ाने की तरह जमा करना चाहती हो। वो उनकी आंखों से टपकते आंसुओं को देख रहे थे।

वो बोले, "मां अगर तुम इसी तरह रोती रहीं, तो मैं अपने आपको नहीं संभाल पाऊंगा। मैं नहीं चाहता कि लोग यह कहें कि जब भगत सिंह को फांसी पर लटकाया गया, उसकी मां की आंखों में आंसू थे। यह उनके या आजादी के परवानों के घर के लिए अच्छा नहीं।"

वो (भगत सिंह की मां) क्यों रोए? इस बात के लिए कोई भी क्यों रोए? उन्होंने कोई गुनाह (अपराध) तो नहीं किया था। उन्होंने विदेशी ताकत को मुल्क से बाहर भगाने के लिए हथियार उठाया था। किसी को भी ये हक नहीं कि वह दूसरे को गुलाम बना ले। अंग्रेजों की हिन्दुस्तान में ठीक उसी तरह कोई जरूरत नहीं थी जैसे फ्रांसीसियों या पुर्तगालियों की यहां कोई जरूरत नहीं थी या किसी और ताकत की जहां उसने राज किया हो। आज़ादी को बांटा नहीं जा सकता था। वो सिर्फ हिंदुस्तान की ही नहीं दुनिया के हर गुलाम मुल्क की आज़ादी चाहते थे।

कोई भी देश दूसरे पर राज करने के लिए ठीक नहीं था। वो हुक्मरानों और उन सभी के खिलाफ थे जो आदमी को चूसते हों। आजादी अपने आपमें एक क्रांति थी। क्रांति बम या पिस्तौल से पैदा होने वाला विश्वास नहीं थी। न ही ये कोई धार्मिक किताब या वेद थी। ये दबाए हुए लोगों को आज़ाद कराने के लिए चुना गया एक तरीका थी।

उनकी मां उन्हें वापिस उसी जगह ले गई जहां वो पैदा हुए, बंगा गांव जहां उनका बचपन हम उम्र बच्चों के साथ धूल भरी गलियों में घूमते हुए बीता था। उन्हें अपने पिता के साथ हर बात पर बिना रुके बहस करना अच्छी तरह याद था। जब भी पिता उन्हें अपने साथ *बघवती* (क्रांतिकारी) काम से ले जाते, वो उन्हीं के साथ/पास खड़ी रहती। उनकी मां ने अपने पति को कभी नाराज़ नहीं किया। हमेशा उन्हें खुश रखने में लगी रहीं। वो ही थी जो बाप-बेटे के बीच की बातों को सुलझाया करती। कभी-कभी दोनों एक दूसरे से कई दिन तक नहीं बोलते थे।

भगत सिंह पर अपनी मां की गहरी छाप थी। पिता ने जब शादी के लिए दबाव डाला तो वो घर छोड़कर चले गए मगर मां ही थी जो उन्हें वापिस लाई थी। एक चिट्ठी में जोर देकर उन्होंने अपने पिता को लिखा कि उनकी ज़िन्दगी सिर्फ हिन्दुस्तान की आज़ादी के लिए है। उन्होंने लिखा : "आपको याद होगा कि मेरे धागा बंधने की रस्म पर पापू जी (दादा जी) ने कहा था कि मैं कसम खाँऊ देश की सेवा करूंगा। इसलिए मैं आज उस वक्त की कसम को पूरा कर रहा हूँ। मैं उम्मीद करता हूँ आप मुझे माफ़ कर देंगे।"

उनके पिता जी कभी भी नहीं चाहते थे कि भगत सिंह उनके या अपने चाचा (अजीत सिंह) के पैरों पर चले, जिन्होंने अंग्रेजों के खिलाफ विद्रोह को और बढ़ा दिया था। अपने चाचा की किताब मुहिब्ब-ए-वतन (देशभक्त) को भगत सिंह ने बहुत संभालकर रखा था, जो कि उनके चाचा अजीत सिंह ने खुद उन्हें दी थी। उन्होंने अपने चाचा की देह पर घावों के उन निशानों को देखा था, जो अंग्रेज ने दिए थे।

जब उनके पिता जी को ये अहसास हो गया कि भगत सिंह वह आदमी नहीं जिसको क्रांति के कामों में शामिल होने से रोका जा सके तो, उन्होंने सिर्फ सम्भल कर रहने की सलाह दी। एक पिता के लिए ऐसा करना बिल्कुल भी अटपटा न था। सावधानी का मतलब डरना नहीं होता। मगर भगत सिंह तो उस सावधानी को हवा में उड़ा चुके थे। वो मानते थे कि जो ये चाहते

हैं कि मुल्क को अंग्रेज की ज़ंजीरों से आज़ाद कराया जाए उन्हें खुलकर और इकट्ठे बाहर आना चाहिए।

उनके पिता जी ने कहा : "गांधी फांसी रोकने के लिए वॉयसराय से बात कर रहे हैं।" गांधी या उनकी अहिंसा में भगत सिंह को थोड़ा बहुत विश्वास था। जब तक मजबूर न किया जाए अंग्रेज नहीं जाएगा। राज करने वाले के हाथों से आज़ादी छीन लेनी चाहिए। यह आसमान से नहीं आएगी। करीब 10 साल पहले अंग्रेजों के खिलाफ 'असहयोग आंदोलन' वापिस ले लेने के लिए उन्होंने गांधी को माफ नहीं किया था। हर बात उनके दिमाग में एक खुदी हुई लकीर की तरह थी।

नवम्बर 1920 की एक कांग्रेस मीटिंग में गांधी ने 'असहयोग आंदोलन' का ऐलान किया था। पूरे देश में विद्यार्थियों ने अपनी पढ़ाई छोड़ दी, वकीलों ने वकालत छोड़ दी, डाक्टरों ने दवाखाने बन्द कर दिए और प्रशासनिक अधिकारियों ने नौकरी छोड़ दी, सब गांधी के पीछे-पीछे हो लिए। तीस हजार से भी ज्यादा लोग जेल गए। विदेशी चीजों का बॉयकाट किया गया। लंकाशायर और बर्मिंगघम से आने वाले कपड़े को रोकने के लिए सबके बीच कपड़ों के थान के थान जलाए गए। गांधी ने कहा विदेशी कपड़े से प्यार ही विदेशी राज लाया है। वो चाहते थे कि अंग्रेज एक ऐसी नीति की घोषणा करें जिसके चलते पूरे देश में अहिंसावादी कार्यवाही में किसी तरह की दखलन्दाज़ी न दी जाए। सही मायने में हिन्दुस्तानियों द्वारा अंग्रेजों के खिलाफ चलाई गई अहिंसा की लड़ाई में असहयोग आंदोलन सबसे बड़ी मुहिम थी।

गोरखपुर के पास चौरी चौरा गांव के लोगों के भड़क जाने को गांधी ने ठीक नहीं माना और अचानक इस आंदोलन को वापिस ले लिया। मगर गांव वालों का क्या कसूर था? 12 फरवरी 1921 को उन्होंने ब्रिटिश राज के खिलाफ स्थानीय पुलिस थाने के पास एक सादा जलूस निकाला। जलूस के खत्म होते-होते पुलिस ने लोगों को चिढ़ाना शुरू कर दिया और इसका बदला लेने के लिए उकसाया। करीब 23 पुलिस वालों ने जलूस के शामिल लोगों का तितर-बितर हो जाने का हुक्म दिया। मगर वो सभी अपनी जगह पर चुपचाप और डटकर खड़े रहे। तब गुस्से में आकर पुलिस वालों ने उन पर गोलियों की बौछार कर दी और तब तक गोलियाँ चलाते रहे जब तक खत्म नहीं हो गईं। इसमें तीन आदमी मारे गए और बहुत से घायल हुए। गुस्से में भीड़ ने थाने में आग लगा दी, जिसमें 21 पुलिस वाले या तो जिंदा जल गए या उनके टुकड़े टुकड़े कर आग में फेंक दिया गया। इसी पर गांधी ने आंदोलन वापिस ले लिया मगर पुलिस को दोषी ठहराने के लिए कुछ भी नहीं कहा बल्कि जुबान तक नहीं हिलाई।

भगत सिंह की सोच में यह काम किसी क्रांतिकारी का नहीं हो सकता था क्योंकि इस तरह के काम दंगा भड़काने वाले थे। उनके अपने उसूल थे, राजनीति को मथने के उनके अपने तरीके थे। उनको रोकना ललकार की भड़कती हुई आग पर ठण्डा पानी डालने की तरह था, ऐसा करने से वह और फैल सकती थी। जब मुल्क आज़ादी की लड़ाई में लगा हुआ था, ऐसे वक्त में सब कुछ ठीक था।

वो सोचते थे कि भारत ने उस वक्त दुश्मन को घुटनों के बल टिकाने का एक बड़ा मौका खो दिया था। जो कुछ उस दिन हो सकता था, हो सकता है अगले दिन न हो। इन कुछ दिनों का नुकसान, चाहे वो एक दिन का ही क्यों न हो, इसने लोगों की आज़ादी को न सिर्फ आगे सरकाया बल्कि उनकी दिमागी लड़ाई को भी हरा दिया। भगत सिंह समझ सकते थे कि गांव वालों

ने बदला क्यों लिया? उन्हें इसकी हद पर लाकर खड़ा कर दिया गया था। उन्हें इसे तोड़ना ही था। ज़रूरी था हुक्काम से छुटकारा पाना, किस तरीके से मिले यह नहीं। भगत सिंह ने अपने पिता से कहा कि वो न तो गांधी की सियासी चालों को समझ पाए हैं और न ही उनकी नैतिक पहुंच को जिसने एक ही वार से आंदोलन (असहयोग आंदोलन) के टुकड़े टुकड़े कर डाले थे। एक हद तक अहिंसा ठीक थी।

इससे जनहित इकट्ठा करने में बहुत मदद मिली। मगर वो न तो उस तरीके को समझ पाए और न ही उसको ठीक मानते हैं, जिससे इतने बड़े आंदोलन को बहुत नुकसानदायक धक्का लगा। बाहर से आए राज करने वालों को हराना कोई बच्चों का खेल नहीं था, इसके लिए फौलादी ताकत की जरूरत थी। उस वक्त यह ज़रूरी था। जब ताकत का इस्तेमाल बेतरतीब किया जाए तो नैतिकता को देखते हुए, यह ठीक नहीं है, मगर जब इसका इस्तेमाल सही काम के लिए किया जाए तो यह नैतिक न्याय बन जाती है। भगत सिंह, गांधी की इस सोच को बिल्कुल नहीं मानते थे कि गलत तरीकों से सही नतीजा नहीं निकलेगा। यहां ज़रूरी थी आज़ादी, अगर लोगों को यह आज़ादी ताकत से मिलती थी, तो उनका ऐसा करना सही था।

भगत सिंह ने अपने पिता से कहा, गांधी की अहिंसा कुछ न करने के लिए एक बहाना थी। यह डर के ऊपर ओढ़ने के लिए एक चादर थी। उनको, गांधी के नेता होने और अहिंसा में विश्वास पर बिल्कुल भरोसा नहीं था। गांधी एक अच्छे दिल के आदमी थे। मगर यहां दूसरे का भला सोचने की ज़रूरत नहीं थी। अंग्रेज को भारत से डर लगना चाहिए था। उस आख़िरी मुलाकात पर वो अपने पिता के साथ इस बात में ज़्यादा नहीं जाना चाहते थे। उन्होंने यह भी कहा कि अगर वो असहयोग आंदोलन से पूरे देश में सबको इतनी बड़ी तदात में जगाने के लिए महात्मा के आगे सिर नहीं झुकाएंगे तो वो अहसानफ़रामोश कहलाएंगे। मगर महात्मा की सोच बहुत मुश्किल थी। सभी क्रांतिकारी उनकी (गांधी) इज्ज़त करते थे मगर उनके रास्ते पर चलना नहीं चाहते थे। भगत सिंह ने अपने पिता को कुछ चैन से पाया जब उनकी जबान से गांधी के लिए 'इज्ज़त' शब्द निकला।

बदला लेना एक हकीकत थी, कोई दब्बू सोच नहीं। भगत सिंह मानते थे कि उत्पीड़न से बदला लेने की भावना पैदा होनी चाहिए, सिर्फ ख़िलाफत करने की नहीं दर्द देने वालों के लिए हिंसा ही ठीक थी। यही उन्हें साफ़ करने के लिए सही ताकत थी। यह गुलामों को हीन भावना और उदासी से आज़ाद कराती है। इसने उन्हें निडर बनाया और उनकी इज्ज़त वापिस दिलाई। यह एक ऐसा दौर था, जिसमें क्रांति ज़रूरी थी।

हलाँकि उन्होंने (भगत सिंह) आतंकवाद की तरफ़दारी नहीं की। मारना, वहशियाना था। बिना मतलब था; अक्सर ये मासूमों को भी अपना निशाना बना लेता है। आंतकवाद एक ऐसा काम है जिससे ताकत की नुमाइश और लोगों की वाह-वाही ही जीती जा सकती थी। क्रांति अपने आप को बचाना था, मार-काट नहीं। ये एक उसूलों की लड़ाई थी। आंतकवाद बदले की हदों के पार नहीं जाता। ये किसी एक आदमी के खिलाफ गुस्सा है, एक सत्ता के खिलाफ नहीं। इससे सिर्फ मार-काट भड़कती है, समाज को बदलने का मुद्दा एक तरफ छूट जाता है। यह सिर्फ डर पैदा करता है। इसमें हिम्मत तो होती है मगर सिद्धांत नहीं। आतंकवाद ने समाज को अपनी ही आंखों से गिरा दिया है।

एक क्रांतिकारी उस समाज को सुधारने के लिए लड़ता है जिसमें उसे भी दबाया गया है।

वह भी इस समाज का हिस्सा था। इसी समय में वह इस समाज को अपनी कोशिशों से बदलाव की तरफ बढ़ाने की कोशिश भी करता है। उसकी लड़ाई एक व्यवस्था से थी, आदमी का आदमी द्वारा शोषण से थी, देश का देश द्वारा शोषण के खिलाफ थी। उसके बलिदान ने बुराई को साफ किया। क्रांतिकारी बदलाव सामाजिक रिश्तों को सुधारने का एक गुणकारी तरीका था और एक ऐसे आदमी को पैदा किया जो नैतिक और रोजमर्रा की जिंदगी में ऊपर उठा हुआ था, बेहतर था।

सिक्ख धर्म की बलिदान देने की भावना भगत सिंह को बेहद पसंद थी, उनमें एक नया विश्वास पैदा हुआ था। वो दसवें सिक्ख गुरू गोबिन्द सिंह जी के शब्द अक्सर याद किया करते थे। "ये लोगों के ऊपर है कि जो बात उनके मन में है वो उसको मजबूत करने के लिए अपनी ज़िन्दगी का बलिदान करें।" गुरु के शब्दों "चिड़िया नू बाज़ नाल लड़ाऊँ, ताँ गुरू गोविन्द सिंह खालसा" से उन्होंने प्रेरणा ली।

मगर भगत सिंह सिक्ख या किसी और धर्म में विश्वास नहीं रखते थे। वो एक नास्तिक थे। वो मानते थे कि धर्म डर के मारे पैदा हुई एक बीमारी है। लोगों के लिए यह एक अफीम के नशे की तरह है: उन्हें मार्क्स की बात अच्छी तरह याद थी; "आदमी ने धर्म बनाया है, धर्म आदमी को नहीं बनाता।"

भगत सिंह के पिता जी ने उन्हें बताया कि महात्मा गांधी ने कहा है कि अगर इन तीनों को फांसी दी जाए, तो कराची में होने वाले ऑल इण्डिया कांग्रेस सैशन से पहले दी जाए। भगत सिंह ने पूछा कराची सेशन कब है? उनके पिता जी ने जवाब दिया, "इस महीने (मार्च) के आखिर में" सुनते ही भगत सिंह बोले ये तो बहुत खुशी की बात है। गर्मियाँ आ रही हैं और इस कोठरी में सड़ने से अच्छा तो मर जाना ही है। लोगों का कहना है कि आदमी को मौत के बाद एक बेहतर ज़िन्दगी मिलती है।" मुझे दुबारा हिन्दुस्तान में ही पैदा होना चाहिए। शायद मैं दुबारा अंग्रेज का सामना कर सकूँ। मेरे देश को आज़ादी जीतनी ही है।

चरत सिंह ने उनको इशारा किया कि मुलाकात का वक्त पूरा हो चुका है। वह कुछ देर और ठहर गया। उनके परिवार के प्यार ने उन्हें बेचैन कर दिया था। वो चिंता में डूबे हुए थे। चरत सिंह ने उनसे जल्दी करने को कहा। विदाई लेने के लिए भगत सिंह के हर रिश्तेदार ने उन्हें एक-एक करके गले से लगाया। उन्होंने अपनी मां के पैरों को छुआ। इज्ज़त देने के इस तरीके से सबकी आंखों में आंसू छलक आए। उनकी बहनें ज़ोर-ज़ोर से सुबकने लगीं। भगत सिंह बहुत परेशान थे। "इकट्ठे रहना" ये उनके आखिरी शब्द थे। वापसी के कदमों के साथ ही उन्होंने अपने हाथ बांध लिए। कोठरी की तरफ वापिस जाते हुए उन्होंने देखा कि सुखदेव और राजगुरू अब भी सींखचों के पीछे अनाथों की तरह अकेले खड़े थे। चरत सिंह की "मनाही" के बावजूद वो, उनसे बात करने के लिए रुक गए। वो उनसे बोले, अब किसी भी दिन। घरवालों के साथ इस आखिरी मुलाकात से ऐसा ही लगता है। उन तीनों ने हांमी भरे, हां में सिर हिला दिए।

आस-पास की कई कोठरियों से बहुत से कैदी अपनी-अपनी गर्दनें, भगत सिंह की एक झलक देखने के लिए बाहर लटकाए थे, वह इन्सान जिसे वो सब पसन्द करते थे। उन सभी को जेल के नाई 'बरकत' से जो एक वार्ड से दूसरे में आता-जाता था पता चल गया था कि भगत सिहं की आखिरी मुलाकात हो चुकी है और अब फांसी ज्यादा दूर नहीं थी।

अपने कंधे को भीगा पाकर, भगत सिंह को याद आ गया कि कुलतार किस तरह लगातार रो रहा था। विदाई लेते वक्त उसने कहा था; "तुम्हारे बिना ज़िन्दगी जीने का मतलब कुछ नहीं।"

उसका दुःख से भरा चेहरा भगत सिंह को डरा गया। जैसे ही उनके पीछे कोठरी का दरवाजा खुला, उन्होंने अपना पैन उठाया और कुलतार के लिए उर्दू में, जिसका इस्तेमाल वो अक्सर अपनी चिट्ठियों में किया करते थे, एक चिट्ठी लिखी।

प्रिय कुलतार,

तुम्हारी आंखों में आसू देखकर मुझे बहुत दुःख हुआ।
तुम्हारी बातों में आज बहुत दर्द था। मैं तुम्हारे आंसू
नहीं झेल कर सकता। प्रिय, अपनी पढ़ाई को
जारी रखो और अपनी सेहत का ध्यान रखना। दिल
पर काबू रखो और मैं क्या कह सकता हूँ? तुम्हारे
आंसुओं का कर्ज़ उतारने के लिए मुझे दो लाइनें कहने दो -
"उसे ये फ़िक्र है हरदम नया तर्ज-ए-जफ़ा क्या है,
हमें ये शक है देखें सितम की इन्तिहा क्या है,
मेरे हवा में रहेगी ख्याल की खुशबू, ये मुश्त-ए-खाक
है, फनी रहे न रहे।"

मौत के लिए भगत सिंह का ये अजीब प्यार था जो उनके अंदर सुलग रहा था। क्रांतिकारियों की मौत को वो आशिक और महमूब के मिलने की तरह मानते थे। मिलने का इन्तज़ार पूरा होने के लिए उन सभी की ज़िन्दगी भी एक लम्बा इंतजार थी। वो सब भी बलिदान देने की आग में जल रहे थे। जो कुछ वो चाहते थे जब तक उन्हें मिल न जाए, उन्हें कोई और चीज़ तसल्ली नहीं दे सकती थी।

वो सोचते थे कि लोगों को उनकी तरह, शहीद होकर ललकार की इस मशाल को जलाए रखना चाहिए। क्रांतिकारी उस पतंगे की तरह थे जो लौ के इर्द-गिर्द मंडराते रहते हैं और अपने आपको उसी लौ में झोंक देते हैं। वो जानते थे कि उनकी मौत अब ज्यादा दूर नहीं थीं। गालिब का यह शेर दिल को छू जाने वाला था जो भगत सिंह ने कुलतार को चिट्ठी में लिखा था -

"कोई दिन का मेहमाँ हूँ ऐ अहल-ए-महफिल,
चिराग-ए-सहर हूँ बुझना चाहता हूँ।"

भगत सिंह अपने आप को कोई खास शख्सियत नहीं समझते थे। वो उन हजारों में से एक थे जो अपने धर्म और इलाके को भूलकर उसी आज़ादी की लड़ाई में लगे थे। उनको भी उसी तरह की मुसीबतें मिली थीं। इसके लिए (आज़ादी) वो सब एक होकर लड़ रहे थे और मुसीबतें झेल रहे थे। उनको (भगत सिंह) इस बात में कोई शक नहीं था कि एक न एक दिन जीत उन्हीं की होगी। भगत सिंह मानते थे कि एक क्रांतिकारी के पकड़े जाने के बाद उसके काम की राजनैतिक प्रतिष्ठा कम नहीं होती। उसके पकड़े जाने पर उसकी अहमियत उसके काम से ज्यादा नहीं होती। वो और उनके कॉमरेड (साथी) इस बात की मिसाल थे, उनको इसका मौका मिला कि वो क्रांति के प्रचार और सेवा की बात सब लोगों तक पहुंचा सकें। अहमियत क्रांति की थी उनकी नहीं। कुलतार के लिए चिट्ठी पूरी हो चुकी थी। उनको उम्मीद थी कि ये चिट्ठी भाई के दर्द को कम करेगी। मगर उन लाखों लोगों के लिए क्या था? जो उनमें विश्वास रखते थे। जिन्होंने उनको ज़रूरत से ज़्यादा प्यार दिया था। जिन्होंने मजिस्ट्रेट और स्पेशल ट्रिब्यूनल के सामने उनकी सुनवाई के दौरान और भूख हड़ताल के वक्त उनका साथ दिया। इन्होंने तब भी

उनका साथ दिया जब गांधी ने इन लोगों को बम में विश्वास रखने वाले 'भटके' हुए लोगों की भीड़ कहा। आखिर में एक बार फ़िर से उन्होंने उर्दू के कुछ लफ़्ज लिखे -

"खुश रहो एहल-ए-वतन, हम तो सफर करते हैं।"

अपने भाई को लिखने के बाद भगत सिंह ने वो कापी उठाई जिसे वो अपने पास संभाल कर रखते थे। ये कोई निजी खाता या रिकार्ड नहीं था, जिससे कि उनकी प्रतिक्रियाओं का पता चलता। पढ़ते वक्त जो कुछ भी उनके दिमाग पर असर करता वो उसमें लिख लेते थे। इनमें से ज्यादातर उन अंग्रेजी किताबों के हिस्से थे, जिन्हें अरस्तू, प्लेटो, डेस्क्रेट्स, होब्स, लोक, रूसो, ट्रॉस्की, बेरट्रेण्ड रसल, कार्ल मार्क्स और एनगल्स् जैसे विचारकों ने कहा था। हिन्दुस्तानी लिखने वालों में उन्होंने रबिन्द्र नाथ टैगोर और लाला लाजपत राय को पढ़ा। भगत सिंह को कविता का शौक था। उन्होंने वर्डस्वर्थ, बॉयरन और उमर ख़्यैयाम को भी सिलसिले वार तरीके से पढ़ा। मगर उनका पसन्दीदा शायर ग़ालिब थे, जिसे उन्होंने बार-बार लिखा भी। उनकी कॉपी की शुरूआत उर्दू में लिखे एक शेर से थी -

"कुरा-ए-ख़ाक है ग़र्दिश में तपिश से मेरी,
मैं वो मजनू हूँ जो जिंदाँ में आज़ाद रहा।"

अपने घरवालों के साथ इस मुलाकात ने उन्हें भावुक कर दिया था। हालाँकि उन्होंने अपने पिता को इस बात के लिए माफ़ नहीं किया था कि उन्होंने ट्रिब्यूनल को लिखा था कि उनका बेटा इस मामले में बेकसूर है (कुछ नहीं जानता) और इस सॉन्डर्स हत्याकाण्ड के मामले से उसका कोई लेना देना नहीं। मगर वो जानते थे कि उनके पिता एक सच्चे देश भक्त हैं उन्होंनेअपनी ज़िन्दगी आज़ादी के लिए लगा दी। कई बार भगत सिंह, अपने पिता का बेटे के लिए प्यार को देखकर क्रांतिकारी होते हुए घबरा जाते थे। मगर जिस तरीके से उनके पिता ने दर्द दिया उसी तरह से उन्होंने माफी मांगी।

भगत सिंह ने एक चिट्ठी लिखकर उनसे शिकायत की : "मैं नही समझ पा रहा हूँ कि आपने इस तरह की दरखास्त जमा करना इस जगह पहुंच कर और इन हालात में ठीक समझा .... आप जानते हैं कि राजनीतिक मामलों में मेरी सोच, आपसे एक दम अलग रही है। मैं हमेशा आपकी हांमी या नाराज़गी की परवाह किए बिना आजादी के साथ काम करता रहा।"

भगत सिंह ने अपने परिवार के साथ हुई इस मुलाकात को लांघा और अपने आपको एक बार फिर किताबों में डुबो दिया। जब चरत सिंह उनको इस मुलाकात के लिए ले गया था, उससे पहले वो रॉस्या की एक नॉवल 'एमिले' पढ़ रहे थे, जिसका एक टुकड़ा उन्होंने अपनी कॉपी में उतारा था। लोग अपने बच्चे की ज़िन्दगी बचाने की सोचते हैं; ये कॉफी नहीं है; उसे अपनी जिंदगी को खुद बचाना सिखना चाहिए जब वह जवान हो जाए, किस्मत की ठोकरों को झेलना, पैसे और गरीबी को झेलना सीखाना चाहिए। मौत से बचने की जगह उसे जीना सिखाओ। सांस लेना ज़िन्दगी नहीं है, कर्म ज़िन्दगी है। अपनी बुद्धि, हमारे दिमाग, हमारी अन्दरूनी ताकत और हर उस हिस्से का इस्तेमाल जो हमारे होने का अहसास दिलाता हो ज़िन्दगी है। दिनों में लम्बी ज़िन्दगी, जाग कर जी गई ज़िन्दगी से कम है। सौ साल की उम्र में दफनाया गया आदमी हो सकता है कभी जिया ही नहीं; इससे अच्छी विदाई तो उसकी जवान मौत होगी।"

क्रांति को मेहनत, दुःख सहकर और बलिदान से ही ज़िन्दा रखा जा सकता है और पाया जा सकता है। भगत सिंह को अपनी इस सोच से तसल्ली थी कि एक दिन क्रांति जरूर होगी।

वो कहा करते थे "लाँग लिव द रैवॉल्यूशन" (इन्कलाब ज़िन्दाबाद) कलकत्ता से छपने वाले 'मॉर्डन रिव्यू' के संपादक रामानंद चटर्जी ने 'लॉग लिव द रैवॉल्यूशन' इस नारे की हंसी उड़ाई और भगत सिंह से इसका सही मतलब पूछा। चटर्जी ने एक लेख में लिखा : "जब क्रांति को ज़िन्दा रखने की इच्छा बताई जाती है, तो क्या ये ज़रूरी है कि क्रांति हर घंटे, दिन, हफ़्ते, महीने और हमारी ज़िन्दगी के सारे साल काम करे? दूसरे शब्दों में क्या यह मुमकिन है कि जब हम चाहें तब एक क्रांति हो जाए?" चटर्जी ने कहा कि "एक लगातार क्रांति भारत को ठीक उसी तरह बना देगी जैसा डोम्स रसल लोवल ने अपने दिनों में 'दक्षिण अमरीका के गणतंत्र को आतिशबाजी की चकरी' कहा था। इसमें कोई शक नहीं कि कोई भी क्रांति सुधारों को उसके आखिरी हालात तक पहुंचा सके; क्रांति के बाद भी बदलाव जरूरी है। मगर ये बदलाव विकास से लाना चाहिए।"

भगत सिंह का जवाब था : "हमने इसे पैदा नहीं किया है। इसी का इस्तेमाल रूस की क्रांति के दौरान भी हुआ था।" उन्होंने कहा कि इसका मतलब ये नहीं है कि यह खूनी लड़ाई हमेशा जारी रहेगी या थोड़े वक्त बाद कुछ भी पहले की तरह नहीं होगा। उन्होंने कहा, " लम्बा चलने पर इसे बातों से कोई मतलब नहीं मिलता, मगर हम इससे जुड़े असूलों से अलग नहीं हो सकते।"

भगत सिंह ने इस पर जोर दिया कि जिस मायने में क्रांति शब्द का इस्तेमाल किया गया है वो बेहतरी के लिए आने वाले बदलाव का जोश है। अक्सर लोग पहले से बनी चीजों के साथ ही जुड़ते हैं और बदलाव का नाम सुनते ही कांपने लगते हैं। लोगों की इस सोई हुई सोच को क्रांतिकारी सोच से बदलने की ज़रूरत है। अगर ऐसा नहीं हुआ तो हमारी इज्ज़त जाती रहेगी और ये ताकतें इन्सानियत को रास्ते से भटका देंगी। ऐसा मुल्क इन्सानी तरक्की के रास्ते पर या तो रुक जाता है या उसे लकवा मार जाता है। ये क्रांतिकारी सोच इन्सानियत की आत्मा के अन्दर घुस जानी चाहिए ताकि वो इन प्रतिक्रियावादी ताकतों के आगे बढ़ने पर रोक लगा सकें। पुराने तरीकों की जगह हमेशा नए को ले लेनी चाहिए, ताकि 'नया' इस दुनिया को खराब न कर सके। इस मायने में हमने ये नारा लगाया "लॉग लिव रैवॉल्यूशन।"

चटर्जी के साथ भगत सिंह का यह आमना-सामना कागजों पर ही था। उन्होंने यह जवाब उस लेख के छपने के चार साल बाद दिया था। जबकि बाबा रणधीर सिंह, आजादी का एक और सिपाही जिन्हें उसी जेल में रखा गया था, इनके साथ उनका आमना-सामना करीब-करीब रोज़ रू-ब-रू होता था। एक दिन रणधीर सिंह उनकी कोठरी में भगवान के होने पर उन्हें भरोसा दिलाने के मकसद से आए। भगत सिंह ने उनसे कहा, "अगर आप मानते हैं कि वो सबसे ताकतवर, सब कुछ जानने वाला भगवान है; तो कृपया मुझे ये बताएं उसने यह सब क्यों बनाया? ये दुःख-दर्द भरी दुनिया, हमेशा रहने वाली अनगिनत मुसीबतें; जहां एक आदमी भी पूरी तरह से खुश नहीं है। पहले वो यह बात अंग्रेजों के दिमाग में क्यों नहीं डालता कि भारत को आजाद कर दें?"

रणधीर सिंह इतने गुस्से में थे कि उनको गाली दे डाली। "तुम मशहूर होने के चक्कर में हो और तुममें एक स्वार्थ पैदा हो गया है जो तुम्हारे और भगवान के बीच में एक काले पर्दे की तरह खड़ा है।" भगत सिंह को इस बात से बहुत धक्का लगा। उन्होंने इसके जवाब में "मैं नास्तिक क्यों हूँ?" (वाय आय एम एन एथिस्ट) नाम से एक लम्बा लेख लिखा। उन्होंने इस आरोप को बहुत बुरा माना था या यूं कहें कि उनको बहुत गुस्सा आया। "मैं आदमी के इन

लक्षणों के ऊपर बिल्कुल घमण्ड नहीं करता। मैं एक इन्सान हूँ और इससे ज्यादा कुछ नहीं। कोई इससे ज्यादा होने का दावा भी नहीं कर सकता। मुझमें भी यह कमजोरी है। घमण्ड मेरा हिस्सा बन सकता है ...."

एक वक्त था कि भगत सिंह का आर्य समाज में अटूट विश्वास था, जबकि उनके पिता जी सिक्ख थे। जब तक कि वो अपनी छोटी उम्र में थे और उनके खुले-लम्बे बाल थे। मगर उन्होंने कभी भी सिक्ख या और किसी धर्म की बातों में विश्वास नहीं किया। जब तक उनके कन्धों पर क्रांतिकारी कामों की जिम्मेदारियाँ आई उनमें बहुत बदलाव आ चुका था।

भगवान के नाम पर भगत सिंह उस हिन्दु-मुस्लिम दंगे को याद करते थे जो 'असहयोग आंदालेन' के बाद भड़का था। वो डरे हुए थे। किस तरह दोनों तरफ के लोग अपने-अपने धार्मिक मतभेदों को भूल कर तुर्की में खलीफ़ा का साथ देने के लिए एक साथ अंग्रेज के खिलाफ लड़े थे, अब एक दूसरे के खून के प्यासे थे? वो समझते थे कि इस बात को उठाना भी ठीक नहीं था। जिस बात ने उन्हें सबसे ज्यादा निराश किया वह थी दोनों तरफ के लोगों का वहशीपन जिसके चलते वो एक ही जगह, जलूसों और जेलों में साथ-साथ रहने के बाद भी एक दूसरे का गला काटने के लिए कूद पड़े।

ये वे हजारों लोग थे जो प्रदर्शन के लिए कई-कई दिन एक के साथ एक खड़े हुए और रातों रात दुश्मन बन गए। ये बहुत हैरानी की बात थी कि उन्होंने आंदोलन में भाग लिया, जबकि एक दूसरे से अन्जान बने रहे। वो हिंदुस्तानी, यहां तक कि इन्सान होते हुए भी कभी नहीं लड़े। धार्मिक, राजनीतिक और अपनी-अपनी सोच ने ही उन्हें इक्ट्ठा किया था। मगर दिलों में वो अपनी-अपनी तरफ हिन्दू और मुस्लिम में ही झुकाव रखते थे।

क्रांतिकारी सोच के अन्तर में बंधे हुए थे। यहां तक कि सिर्फ एक दिन का प्रदर्शन ही उनकी रिश्तेदारी (आपस में प्यार) बना देता था। उनके समर्पण ने उन्हें एक साथ बांध रखा था। उन सबकी सोच एक जैसी थी। वो धर्म और इसकी बातों को आजादी की लड़ाई में लाने के खिलाफ थे।

कोई और छुपाव नहीं, कोई और अन्ध विश्वास नहीं। सच्चाई, विश्वास बन चुकी थी। उन्होंने (भगत सिंह) बकुमिन, लेनिन, ट्रोत्स्की और बहुतों को पढ़ा ये सभी नास्तिक थे। उन्होंने स्वामी निर्लम्ब की लिखी हुई एक किताब 'कॉमन सैन्स' पढ़ी थी। ये एक तरह का नास्तिक रहस्य था।

जहां तक अंग्रेजों के साथ लड़ाई की बात थी भगत सिंह, गांधी के साथ-साथ चले। मगर वो, गांधी का साथ हर जगह नहीं दे पाए। गांधी में धर्म और प्रचलित आंदोलनों को आपस में मिला देने की चतुराई थी। ये बात सच है कि इसमें एक भारी जवाब सामने आता था, मगर इसी दौरान लोगों के दिमाग में धार्मिकता का बीज भी पड़ गया जो कि ढोंग बनकर सामने आया। 'राम राज्य' हिन्दू धर्म में एक आदर्श राज्य का विचार था। यह प्लेटो के गणतंत्र की तरह था, जो पाया नहीं जा सकता था। मगर राम राज्य जैसी बात ने अल्प-संख्यकों के दिमाग में शक का बीज बो दिया कि उनके ऊपर हिन्दू सोच ज़बरदस्ती थोपी जा रही थी। इस तरह की बात ने बिना किसी वजह शक को पैदा किया। बहुलता वादी समाज में व्यवहारिक पहुंच होनी चाहिए। ज़रा सा पक्षपात भी देश को गन्दा कर सकता है।

उनको इस बात से हैरानी थी कि, वो क्रांतिकारी जो सारी जिंदगी लड़ता रहा, मरने से

पहले इसका (पक्षपात) शिकार हो गया। उनके दिमाग में उत्तर प्रदेश में काकोरी काण्ड के कुछ साथी घूम रहे थे। चंद्रशेखर आज़ाद और उनके कुछ साथी इस बात से राज़ी थे कि डकैती के पैसे से इन क्रांतिकारी कामों में मदद की जाए, इसलिए उनको (भगत सिंह) भी यह बात मान्य थी।

9 अगस्त 1925 को राम प्रसाद बिस्मिल और अशफ़ाक उल्ला खाँ शाहजहाँ पुर में सरकारी तिजोरी ले जा रही एक रेल में चढ़े और हरदोई और शाहजहाँ पुर के बीच काकोरी रेलवे स्टेशन पर चेन खींचकर इस रेल को रोक लिया। हड़बड़ी पैदा करने के लिए उन्होंने रिवाल्वर से गोलियाँ चलाई और तिजोरी को अपने कब्ज़े में कर लिया। (ये तिजोरी इतनी मज़बूत थी कि हट्टे-कट्टे अश्फ़ाक उल्लाह को तिजोरी हथौड़े से तोड़नी पड़ी) भगत सिंह ने उनकी बहादुरी की तारीफ़ की।

वो सरकारी खज़ाना लूटने के पीछे एक और तर्क देते थे, कि आखिरकार हिन्दुस्तानियों की मेहनत से कमाया गया पैसा ही छीनकर इन तिजोरियों में भरा जाता था। मगर वो इस बात को नहीं समझ पाए कि बिस्मिल और अश्फ़ाक उल्लाह* ने फांसी से पहले क्रांतिकारियों के व्यवहारिकता के विश्वास के मुकाबले अपने धर्म को ऊपर रखने का फैसला क्यों किया? अश्फ़ाक उल्लाह अपने घुटनों से लटकी हुई कुरान और बिस्मिल गीता के साथ फांसी के तख्ते तक गए थे। उन दोनों ने ऐसा क्यों किया? जबकि फांसी से पहले अश्फ़ाक उल्लाह ने जो कि एक उर्दू शांयर भी थे - अपना एक शेर भी पढ़ा, जिससे उनकी देश भक्ति ही छलकती थी, धर्म नहीं।

"कुछ आरजू नहीं है, है आरजू तो ये,
रख दे कोई ज़रा सी ख़ाक-ए-वतन कफ़न में।"

भगत सिंह बहुत हैरान थे। उन्होंने याद किया जब वो जिस पहले क्रांतिकारी से मिले थे, उसे भगवान के होने में कोई शक नहीं था। वह कहता था "तुम जब चाहो उसे याद करो।" भगत सिंह ने महसूस किया कि लोग एक साथ दो नाव पर सवार हैं और इस बात को क्यों नहीं अपनाते कि धर्म ने उन्हें इस सामाजिक स्थिति को मानना सिखाया है क्योंकि भगवान ने इस रास्ते को बनाया? बदलाव को बढ़ावा देने वाले लोग इन पवित्र किताबों को कैसे जरूरी समझते हैं? भगत सिंह इस बात से बहुत निराश थे कि शुरूआती दिनों में बंगाल में क्रांतिकारी दलों को मुसलमानों के खिलाफ़ ही पहचाना जाता था। जब से अंग्रेजों ने इस राष्ट्रीय लड़ाई में मुसलमानों को इसके खिलाफ़ इस्तेमाल करना शुरू किया और मुसलमान उनके खिलाफ़, खेलों को खेलने भी लगे तभी से क्रांतिकारियों की आंखों में वो दोषी थे।

जब ईस्ट बंगाल (पूर्वी बंगाल) को एक अलग प्रांत बनाने के बारे में इच्छाएँ बनाई जा रही थीं, उस वक्त के लेफ्टिनेन्ट गर्वनर बेमफ़ील्ड फुलर ने साफ-साफ यह बात कही कि सरकार मुसलमानों पर अपना खास ध्यान देगी। इस टिप्पणी ने क्रांतिकारियों पर गलत असर डाला। वो समझते थे कि मुसलमान भी दूसरी अड़चनों की तरह भारत की आज़ादी में रुकावट हैं और दूसरी रुकावटों की तरह उन्हें भी हटा देना चाहिए। बंगाली क्रांतिकारियों द्वारा मुसलमानों को पसन्द न किए जाने का एक और कारण था। अंग्रेज महसूस करते थे कि क्रांतिकारियों से निबटने के लिए बंगाली कर्मचारियों पर विश्वास नहीं किया जा सकता था क्योंकि वो राजनीति समझते थे। इसी के चलते बंगाल की खुफ़िया पुलिस के लिए उत्तर प्रदेश से मुस्लिम कर्मचारी बुलाए गए। इसका

* अंग्रेज सरकार ने काकोरी काण्ड के ज्यादातर क्रांतिकारियों को पकड़ लिया था। कुछ को फांसी और कुछ को उम्र कैद दी गई थी।

नतीजा यह हुआ कि बंगाल के हिन्दू यह समझने लगे कि मुस्लिम राजनैतिक आज़ादी के साथ-साथ हिंदुओं के भी खिलाफ़ थे।

भगत सिंह के लिए क्रांतिकारी कोई फौलादी इन्सान नहीं था। वो अपनी कमजोरियों को समझता था। वो उनसे (कमजोरियों) कड़ाई के साथ लड़ता था और उनसे जीतने की कोशिश करता था। मगर वो अपने धर्म को नष्ट करने पर कैसे गिर सकता था? उसकी सोच ने उसे समर्पण के साथ बांध रखा था जिनसे उसे अपना लक्ष्य पाने के तरीके खोजने की ताकत मिली। अगर वो बिना सोचे-समझे फैसला करने और तरफ़दारियों से ऊपर नहीं उठा तो वह एक क्रांतिकारी नहीं बन सकता था।

भगत सिंह ने अपनी कॉपी के पन्नों को पलटा और धीरे से बर्टेन्ड रॅसल के शब्दों को पढ़ा, "धर्म के बारे में मेरा नज़रिया 'ल्यूसर्टिन' की तरह है। मैं इसे डर की वजह से पैदा एक बीमारी मानता हूँ और इन्सानियत के लिए एक अनखुला रहस्य मानता हूँ। मैं इस बात से भी इन्कार नहीं करता हूँ कि सभ्यताओं में इसका कुछ योगदान रहा है। पुराने दिनों में इसने कैलेण्डर बनाने और इजिप्ट (मिश्र) के विद्वानों के समय से ऐतिहासिक ग्रहणों की भविष्यवाणी करने में मदद की। इन दो सेवाओं को मानने के लिए मैं तैयार हूँ, मगर किसी और के बारे में नहीं जानता।"

भगत सिंह अपने दिमाग़ से कुलतार का आंसुओं भरा चेहरा नहीं भूला पा रहे थे। वो अपने भाई को किस तरह समझा सकते थे कि ज़िन्दगी सिर्फ़ बातें ही नहीं, कर्म है, अपनी बुद्धि का इस्तेमाल है, अपने दिमाग और अपने हर अंग का इस्तेमाल ज़िन्दगी है। उन्हें याद आया कि अब भी उन्हें जेम्स रॅसल लॉवल की एक बात अपनी कॉपी मे लिखनी है। भगत सिंह ने इसे 'आज़ादी' (फ्रीडॅम) का नाम दिया था -

... हमारे भाई ने जो जंजीरें हाथों और दिलों पर पहन रखी हैं,
उन्हें बाँटना (तोड़ना) सच्ची आज़ादी है। दूसरों को आज़ाद कराने की
गम्भीरता ही सच्ची आज़ादी है।
जो कमज़ोर और मुफ़लिसों के लिए बोलने से डरता है वो गुलाम है।
जो नफ़रत, तानो और गालियों से डरता है वो गुलाम है।
चुपचाप सिकुड़कर रहते हुए भी वो गुलाम है।
उन्हें सच्चाई के साथ सोचना ज़रूरी है;
अगर दो या तीन के साथ सही दिशा में चलने की हिम्मत नहीं करते तो वो गुलाम है।

अपनी कॉपी के पन्नों को पढ़ते हुए भगत सिंह की आंखे एक वाक्य पर रुक जाती हैं; जो कि उन्होंने लाला लाजपत राय के लेख से बनाया था। "दूसरे देश के लोगों का कोई भी राज इतना अनुचित और क्रूर नहीं है जितना कि प्रजातंत्र।" इन शब्दों से उनके आगे यादों का एक झुण्ड आ गया। उन्होंने याद किया कि गांधी ने जब साइमन कमीशन का बायकॉट किया तो किस तरह से इस प्रदर्शन में उन्होंने भाग लिया था।

दो

3 अक्टूबर सन् 1928 लगभग 5000 आदमी लाहौर रेलवे स्टेशन के बाहर सर अल्सब्रूक साईमन की अगुवाई में सात आदमियों वाले कमीशन का विरोध करने के लिए जमा हुए थे। ये सदस्य बम्बई होते हुए लन्दन से यहाँ पहुंचे थे। इनका काम इस बात की जांच करना था कि भारत में और कितने संवैधानिक सुधार किए जा सकते हैं और भारत इसके लिए कितना तैयार है? यह एक तरह की कानूनी खानापूर्ती ही थी जो कि अंग्रेजों को हर साल बाद, 1919 मॉनटेग्यू - चैल्मसुफोर्ड सुधारों के चलते 'इंडियन काऊन्सिल एक्ट' के तहत करने पड़ते थे। इसके मायने भारत को स्वराज के लिए मदद करना था।

गांधी कांग्रेस की सीमाओं को अच्छी तरह जानते थे। तब भी गांधी का ऐसा विश्वास था कि अंग्रेज प्रभुत्व की स्थिति दे देंगे। वो ऐसा भी मानते थे कि पार्टी को यह स्वीकारने के लिए मना लेंगे, जबकि पार्टी ने इस बात की धमकी दी थी कि यदि 31 दिसम्बर 1929 तक प्रभुत्व न सौंपा गया तो वो आज़ादी की आवाज़ को और बुलन्द करेंगे। मगर इस कमीशन को बनाया जाना इस सोच के एकदम उलट था। इसी वजह से गांधी यह महसूस करने लगे थे कि अंग्रेज हिंदुस्तान को कोई विशेष अधिकार या ताकतें देने के लिए गंभीर नहीं थे। वो हिंदुस्तानियों की भावनाओं के साथ सिर्फ़ खेल रहे थे।

ताकत के इस कदम-दर-कदम हस्तांतरण के लिए वो (गांधी) अंग्रेजों के साथ आखिरी हद तक सहयोग करते रहे। उन्होंने अपने-आपको इतना हीन महसूस किया कि उन्होंने कांग्रेस को जो कि मार्गदर्शन के लिए उन्हें ही देखती इस बात के लिए उकसाया कि वो एक प्रस्ताव पारित करे जिसके तहत हिंदुस्तान की इज्जत इस कमीशन की हर स्थिति और स्वरूप में विरोध करने में ही थी।

कांग्रेस उनका (गांधी) सबसे बड़ा हथियार थी। जब 1885 में एक अंग्रेज एलॉन ऑक्टेवन ह्यूम ने यह पार्टी बनाई तब यह पार्टी, ब्रिटेन की महारानी के वफ़ादारों का एक संगठन थी। शुरू के दिनों में पार्टी हुकूमत से मिलने वाले फ़ायदों को ठीक उसी तरह देखती रहती थी जैसे कोई खाने की मेज़ से मिलने वाले टुकड़ों की तरफ़ देखता हो। उस वक्त कांग्रेस, हिंदुस्तानी लोगों के विचारों पर पर्दा डालने का एक ज़रिया भर थी। हुकूमत हमेशा पीछे से इस पर काबू बनाए रखती थी। हिंदुस्तानी रईसों के लिए कांग्रेस एक ऐसा मंच थी जिससे वो इन हुक्मरानों से मिला करते थे। उन लोगों से मिलते थे जो हुकूमत मे अपना दबदबा रखते थे। जब भी लंदन यहाँ की हुकूमत से जुड़ना चाहता वो पहले कांग्रेस की तरफ़ ही देखते। यहाँ का रईस तबका इस बात को जानता था और कांग्रेस के साथ जुड़ा (मिला) रहा। अंग्रेजों को यह पार्टी अपने हाथ का खिलौना और कहा मानने वाली लगती थी। मगर समय के साथ-साथ इसे (कांग्रेस) भी उदारवादी विचारधारा के प्रति जागना पड़ा। स्वराज ने इस भूख को और ज़्यादा बढ़ा दिया था। कांग्रेस से बेशर्मी के लक्षण दिखाई देने लगे। मगर अब भी यह अंग्रेजों के दबाव में थी।

बाल गंगाधर तिलक के बाद जिन्होंने 'स्वराज मेरा जन्मसिद्ध अधिकार' घोषित किया, गांधी थे जिन्होंने भारत की राजनीतिक परिस्थितियों में विद्रोह की जान डाली। साऊथ अफ्रीका (दक्षिण अफ्रीका) से वापिस आने के बाद, जहां उन्होंने हिंदुस्तानियों के अधिकारों के लिए कई अहिंसक लड़ाईयाँ जीती थीं, गांधी ने अपनी सोच को बढ़ावा देने के लिए कांग्रेस को एक अच्छा

मंच पाया। गांधी, भगतसिंह की तरह के क्रांतिकारी नहीं थे। वो कभी भी गर्मजोशी या तेज-तर्रार भाषा का इस्तेमाल नहीं करते थे। न ही वो यह चाहते थे कि अंग्रेजों के साथ कोई गलत रास्ता अपनाया जाए। वो सहयोगी पहुंच रखते थे। उनका एक अपना ही तरीका था, वो चीज़ों को शांति के साथ पाना चाहते थे, 'कहने और करने' दोनों में ही हिंसा को अपनाए बिना। अहिंसा उनका सबसे खतरनाक हथियार थी, जिसने दुश्मन को उनका ही उदाहरण देते हुए मात दी जिसके चलते हमेशा वो (गांधी) सहते रहे, पलट कर बदला नहीं लिया।

मौलिकतावादी उनकी इस विचारधारा को नहीं मानते थे। उनके लिए गांधी एक दूरदर्शी तो थे मगर वो अंग्रेजों के लिए हउआ नहीं हो सकते थे। तब भी वो, उनकी अगुआई में विश्वास रखते थे। हिंदुस्तान में लाखों को एक साथ लाने के पीछे वो ही थे। गांधी के बाद नेहरू के अनुसार मौलिकतावादियों द्वारा नैतिक और धार्मिक विचारों का अपमान करना उनकी सबसे बड़ी गलती थी। उनकी विचारधारा ने न सिर्फ बुनियादी इंसानी फितरत बल्कि आदमी के उसूलों और कीमतों के स्वभाव को भी नज़रअंदाज़ किया। नेहरू ने कहा नीतिगत बात आखिरकार ''सभ्यता और संस्कृति'' पर आधारित है। जो कि ज़िदगी को कुछ अर्थ देती है। नेहरू का गांधी की इस बात में पक्का भरोसा था कि ''गलत तरीकों से सही चीज़ नहीं मिल सकती।''

क्रांतिकारी इस बात को अच्छी तरह समझते थे कि उनकी सोच गांधी से बिल्कुल भी नहीं मिलती। हुकुमत और आवाम के बीच दुनिया भर में सौ साल से चली आ रही लड़ाई उनको अपनी मंजिल का रास्ता दिखा रही थी, और जिन तरीकों को उन्होंने अपनाया था वह गलत हों ऐसा नहीं हुआ था। उनसे पहले फ्रांसीसी क्रांति उदारवादी, भाइचारे तथा समानता के सही तौर पर आ चुकी थी, जबकि बोल्शेविक क्रांति ने समाजवाद से परिचित कराया।

भगत सिंह और उनके कॉमरेड (साथी) उपनिवेशिक प्रभुत्व को नहीं मानते थे न ही उसका समर्थन करते थे। उनकी मांग पूरी आज़ादी की थी। तब भी उन्होंने गांधी के साईमन कमीशन का बॉयकाट करने के आह्वान को मान लिया था। क्रांतिकारी की हैसियत से उनका मानना था कि लोगों में जज़्बा पैदा करने वाला कोई भी काम सही दिशा में उठाया गया एक कदम था। यह कदम, भले ही छोटा क्यों न हो देश को उन ज़ंजीरों के प्रति जगाएगा, जिनमें वह जकड़ा हुआ था। कर्म और कर्म ही क्रांति की सफलता और आत्मा थी। गांधी उन्हें नीचा दिखाना चाहते थे। उन्होंने याद किया कि किस तरह गांधी ने एक बड़े पंडाल पर यह कहा था कि, ''जब लाखों लोगों के पास दिन में एक बार अपना पेट भरने के लिए नहीं है, तो वो कैसे इस तरह (क्रांति) के काम में लग सकते हैं?''

जैसे ही कमीशन के सदस्यों ने रेलवे स्टेशन के बाहर कदम रखा भीड़ ने आगे बढ़ना शुरू कर दिया। यह पहला मौका था जब प्रदर्शनकारियों ने 'इन्कलाब जिंदाबाद' का नारा लगाया था। भगत सिंह ने आज़ादी की लड़ाई में विद्रोह और ललकार को एक नया मतलब और एक नई धार देने के लिए इसे उछाला था।

भीड़ ने 'साईमन कमीशन वापिस जाओ (Simon Commission Go Back)' और 'अंग्रेज मुर्दाबाद' के नारे लगाए। लोगों ने-

हिंदुस्तानी हैं हम, हिंदुस्तान हमारा,
मुड़ जाओं साईमन जहाँ है देश तुम्हारा।

ये लाइनें भी गायीं। प्रदर्शनकारियों में लाला लाजपत राय सबसे आगे थे। भगत सिंह और

उनके बीच में कुछ मतभेद थे क्योंकि लाला लाजपत राय ने ही यह सोच पैदा की थी कि हिंदुस्तान को दो देशों हिन्दू-भारत और मुस्लिम-भारत में बाँट देना चाहिए। भगत सिंह इस बंटवारे के बारे में सोच भी नहीं सकते थे। जहाँ हिंदू और मुसलमान सैकड़ों सालों से गांवो और कस्बों में एक साथ, इकट्ठे रह रहे थे। उन्होनें एक दूसरे के सुख-दुख, धरोहर और इतिहास को आपस में बांटा था। उन्होंने एक साथ मेहनत की और एक साथ मुसीबतें झेली थीं। पूरा देश इन दोनों समुदायों का था। आज़ाद हो जाने के बाद ये दोनों इस देश को बनाने में इसके भाग्य, राजनीतिक और आर्थिक हालात में बराबर के हिस्सेदार होते।

भगत सिंह के बहुत से मुस्लिम साथी भी थे। वो, उन्हीं की तरह थे, वो एक दम वैसा ही खाते, बोलते, पहनते और उसी तरीके से करते भी थे जैसा कि भगत सिंह। सिर्फ इस वजह से कि उन सबका धर्म, भगत सिंह से अलग था इस बात से उनमें किसी तरह का अंतर नहीं था। वो बाहरी नहीं थे। वो भी उसी कपड़े का एक हिस्सा थे जिससे हिंदुस्तान बना था। जिसके एक-एक ज़र्रे में उनके पुरखों की महक थी वो उसे क्यों छोड़े? धर्म उन्हें हिंदुओं से अलग कैसे कर सकता था? भगत सिंह को इस बात का डर था कि अगर कभी लाला लाजपत राय की मुल्क के बंटवारे की सोच कामयाब हो गई, तो यह एक बहुत बड़ा नुकसान होगा। खून की नदियाँ बह जाएंगी। हिंदू और मुस्लिम मुल्क लगातार लड़ाई में उलझे रहेंगे। उनका सारा ध्यान और ताकत हथियार इकट्ठे करने और एक-दूसरे से लड़ने की तरफ मुड़ जाएगा। वो समझते थे कि धर्म अपने आपमें एक ऐसी चीज़ है जिसे आदमी अब तक नहीं ढूंढ पाया था।

लाला लाजपत राय के साथ भगत सिंह ने इस मुद्दे पर कई बार बात की। उनके हिंदू झुकाव के लिए भगत सिंह ने अफ़सोस जाहिर किया। इस मामले में लाला जी ने उन्हें "रूसी एजेंट" कहा। वो क्रांतिकारियों को गैरज़िम्मेदार नौजवानों से ज़्यादा कुछ नहीं मानते थे।

तब भी भगत सिंह दिल से लाला लाजपत राय की बहुत इज्ज़त करते थे। सारी ज़िन्दगी अंग्रेजों का मुकाबला करते रहने से लाला जी ने देश के सामने एक मजबूत उदाहरण रखा था। अंग्रेजों की खिलाफत करने की वजह से उन्हें बर्मा भेज दिया गया था। उनकी कमजोरियां चाहे कुछ भी हों, वो एक महान व्यक्ति थे। उन्होंने देश की बहुत अच्छी सेवा की। भगत सिंह, लाला जी के अड़ियलपन के खिलाफ़ थे। मगर उनकी देशभक्ति और देश के लिए समर्पण के आगे भगत सिंह सिर झुकाते थे। भगत सिंह अपने इन विचारों (संदेहों) को रोककर लाला जी के साथ जुट गए।

सारी भीड़ एक दीवार की तरह खड़ी थी। इस दीवार ने कमीशन के सदस्यों को आगे बढ़ने से रोका हुआ था। पुलिस का एक बड़ा जमावड़ा लोगों को पीछे धकेल कर रास्ता साफ़ करने की कोशिश कर रहा था। मगर वो सब टस-से-मस नहीं हुए। लाजपत राय ने उसी वक्त के भाषण में कहा, "अगर सरकार यह चाहती है कि कमीशन इन प्रदर्शनकारियों को न देखे तो सबसे अच्छा तरीका उनकी आंखों पर पट्टी बांधकर सीधे सरकारी बंगले में ले जाना था।"

पुलिस सुपरिंटेन्डेन्ट (अधीक्षक) जे.ए.स्कॉट ने लाठी चार्ज का हुक्म दे डाला। भीड़ अफ़रा तफ़री में भागने लगी। कुछ सड़क के किनारे गिर पड़े, कुछ ने बहादुरी से लाठी चार्ज का सामना किया और कुछ को गिरफ्तार कर लिया गया। अब भी बहुत से अपनी-अपनी जगहों पर जमे हुए थे। लाला जी ने उन्हें एक सच्चे 'सत्याग्रही' की तरह अपनी जगह पर डटे रहने की सलाह दी। बहुत से वापिस आ गए। ऐसा लग रहा था कि ये सब भेड़ें और वो उनके गड़रिया थे।

स्कॉट ने दूर से लाजपत राय को पहचान लिया और उनकी तरफ बढ़ा। स्कॉट ने अपनी लाठी से लाला जी को बहुत बुरी तरह पीटा, वह तब भी नहीं रुका जब लाला जी की छाती से खून बहने लगा। जब तक लाला जी ज़मीन पर नहीं गिर पड़े, स्कॉट नहीं रुका। ऐसा लग रहा था कि स्कॉट अंग्रेजों का कहा न मानने वाले सभी लोगों का गुस्सा लाला जी पर उतार रहा था। ऐसा लग रहा था मानो स्कॉट अंग्रेज हुकूमत को ललकारने वालों को सबक सिखा रहा हो कि उनकी किस्मत ऐसी होगी, जान लें।

सिर्फ़ नौ साल पहले ही शिमला में पैदा हुए आयरलैण्ड के एक ब्रिगेडियर जनरल रेगिनाल्ड डायर ने अमृतसर के लोगों पर एक अंग्रेज औरत को थकाने के लिए अपना गुस्सा उतारा था। वह भी इसी बात को मानता था कि यहाँ कि लोगों को सिखा दिया जाए कि हुकूमत उन्हें एकदम सीधा कर देगी।

डायर ने, जिसे पंजाब के लेफ्टिनेंट गवर्नर माइकल ओडॉवर ने अमृतसर की कमान दी थी, 13 अप्रैल सन् 1919 का दिन बदला लेने के लिए तय किया, यह बैसाखी के त्योहार का दिन था। रॉलैट एक्ट जिसके चलते हुकूमत बिना मुकद्दमा चलाए किसी को भी हिरासत में रख सकती थी, इसका विरोध करने के लिए करीब 20,000 स्वर्ण मंदिर से एकदम लगे हुए जलियाँ वाला बाग में इक्कट्ठे हुए थे।

डायर ने पुलिस को शिकारी कुत्तों की तरह तैनात किया था। उसने जानबूझकर जलियाँ वाला बाग का दरवाज़ा जो कि वहाँ से निकलने का या आने के लिए एक ही रास्ता था बंद कर दिया, ताकि कोई भी उस जगह से बचकर न जा सके। वो हिंदुस्तानियों को यह दिखाना चाहता था कि जब हुक्मरान करने की ठान ले तो क्या हो सकता है? मशीनगनों से निशाना बनाए गए आदमी, औरतों और बच्चों के लिए कोई बचाव या राहत नहीं थी जब तक कि पुलिस की सारी गोलियाँ खत्म नहीं हो गईं। करीब-करीब 1,650 राऊण्ड गोलियाँ चलाई गईं बहुत से लोग बाग के एक कुएँ में कूद गए। जो कि इस वहशियाना संहार का एक गूंगा गवाह है। करीब 400 लोग मौके पर ही मारे गए और 1,500 से ज़्यादा घायल हुए। लंदन तक इस घटना से दहल गया। डायर को वापिस बुला लिया गया और एक इनक्वारी कमेटी के सामने पेश होते हुए उसने कहा – उसने अपनी ड्यूटी की है। उसने किसी तरह का दुःख/अफ़सोस जाहिर नहीं किया। न ही उसे इस बात की सज़ा दी गई। अंग्रेजी राजनीति के कुछ ठेकेदार यह मानते थे कि उसने पंजाब को 'अराजकता' से बचाया है।

भगत सिंह इस जगह पर गए और बहुत समय तक अपनी जेब में इसकी मिट्टी लेकर घूमते रहे। यह उनका, मरने वालों को श्रद्धांजली देने का अपना तरीका था। डायर तो अपनी इस घिनौनी हरकत के लिए छूट गया था, मगर स्कॉट नहीं छूटना चाहिए था। भगत सिंह इस बात के लिए पक्का इरादा बना चुके थे कि हिंदुस्तानियों की बेज्ज़ती करने की कीमत स्कॉट को चुकानी ही पड़ेगी।

लाला लाजपत राय ज़मीन पर गिर पड़े, खून तेजी से बह रहा था और वो ज़ोर-ज़ोर से कराह रहे थे। बेहोश होने से पहले, उन्होंने कहा, "इस दोपहर में हम पर किया गया हर एक वार, अंग्रेजी हुकूमत के ताबूत में ठोकी गई कील है।" आगे चलकर उनकी बात कितनी सही साबित हुई – 18 साल बाद 15 अगस्त 1947 ब्रिटेन का राज खत्म हो गया। उन्होंने कहा था, "मैं सरकार को आगाह करना चाहता हूँ कि अगर इस देश में हिंसक क्रांति भड़की तो उसकी

जिम्मेदारी ऐसे अफ़सरों पर होगी जिन्होंने आज यह बदूतमीज़ी की है।"

घायल होने के बाद लाजपत राय जहाँ गिरे थे, रेलवे स्टेशन की उस जमीन से रावी नदी ज़्यादा दूर नहीं थी। जवाहर लाल नेहरू ने रावी के किनारे ही कांग्रेस का तिरंगा झण्डा* 26 जनवरी 1930 को फहराया था और इस बात को साफ तौर पर कहा कि देश पूर्ण स्वराज्य से कम किसी बात को नहीं मानेगा। भगत सिंह के साथ-साथ दूसरे क्राँतिकारी भी यह समझे कि उनके बढ़ते दबाव की वजह से ही गांधी अपनी मांग उपनिवेशिक हैसियत से आगे बढ़ानी पड़ी। गांधी खुद भी इस बात को अच्छी तरह से समझ चुके थे कि अंग्रेज हिंदुस्तान को किसी भी तरह की अहम ताकत नहीं देंगे। तीन साल पहले उन्होंने ही नेहरू को पूर्ण स्वराज का प्रस्ताव रखने से रोका था। मगर अब उन्होंने (गांधी) खुद ही 26 जनवरी को पूर्ण स्वराज का दिन मनाने को कहा था। लाला लाजपत राय को जमीन पर गिरता देख, भीड़ में डर और गुस्से की एक लहर दौड़ पड़ी। कोई भी ये नहीं सोच सकता था कि अंग्रेज उनके (लाला जी) जैसे आदमी को एक मुज़रिम की तरह पीट सकते थे। भगत सिंह को विश्वास ही नहीं हुआ कि 'गोरा' लाजपत राय पर हाथ उठाने की हिम्मत करेगा। जैसे ही लाला लाजपत राय की चोटों के बारे में खबर फैली, सारे देश को गुस्से ने पकड़ लिया। गांधी ने कहा, "मैं चाहूंगा कि कार्यकर्त्ता वापिस आ जाएं इसलिए नहीं कि हम हतोत्साहित हैं या इस हमले से पीछे हट गए है, बल्कि इसे सारे प्रकरण का एक हिस्सा समझा जाना चाहिए। अचानक हुए इस हमले को हमें आगे होने वाले कामों के लिए ताकत में बदल लेना चाहिए। नेहरू ने अंग्रेजों से देश की इस बेज्ज़ती को रोकने के लिए ठोस कदम उठाने को कहा। उन्होंने इस घटना को 'राष्ट्रीय दमन' का नाम दिया।

हिन्दुस्तानी कितने लाचार थे। वो अपने चुने हुए नेताओं के मान को भी नहीं बचा सकते थे। लाजपत राय के साथ हुई इस घटना ने सारी बातों को हवा दी। इससे सारा देश पहले से कहीं ज्यादा गुस्से से भर गया।

जब भगत सिंह ने लाला लाजपत राय को ज़मीन पर गिरा हुआ देखा तो उनका गुस्सा जो जलियांवाला बाग के बाद भर आया था, दहकने लगा। उन्होंने इस बेज्ज़ती का बदला लेने की कसम खाई, मगर जालिम हुक्मरान को इसकी क्या सज़ा दी जाए? इस बारे में वो अपने साथियों के साथ सलाह करना चाहते थे। वो सभी लाहौर में मजांग रोड हाऊस पर वापिस पहुंचे। यह आबादी से हटकर, कब्रिस्तान के पास, पुलिस की निगाहों से दूर एक किराए की इमारत थी। वो सब वहाँ करीब-करीब रोज़ मिला करते थे। वह दिन कोई अलग नहीं था। जब भगत सिंह अंदर घुसे तो राजगुरू और सुखदेव जो कि एच.एस.आर.ए. क्रॉतिकारी दल के वरिष्ठ सदस्य थे, पहले से ही स्कॉट की उद्दण्डता की चर्चा कर रहे थे। उन्हें लाजपत राय पर हुए निर्दयी लाठी चार्ज और उनको आई चोटों के बारे में पता था। भगत सिंह ने अंदर आने के बाद उन्हें सारी घटना सुनाई और इस बात का डर जाहिर किया कि 'शेर-ए-पंजाब' लाला लाजपत राय ज्यादा नहीं जी पाएंगे।

इन तीनों में हो रही चर्चा का मुद्दा था, बदला कैसे लिया जाए? उनमें से एक का सुझाव था कि पुलिस को लम्बी लड़ाई में फंसा लिया जाए, जैसा कि पहले बंगाल के एक क्रॉतिकारी जतिन्द्र नाथ मुखर्जी ने किया था। ऐसा पहले विश्व युद्ध के दौरान हुआ था, जब वो पूर्वी तट पर एक जर्मन जहाज़ 'एम्डेन' से हथियारों की खेप ले रहे थे। उनके साथ चार नौजवान

* यह सोच गांधी की थी कि हिंदुस्तान का झण्डा सफ़ेद, हरा और केसरी होना चाहिए - सफ़ेद पवित्रता को दर्शाता है, हरा मुस्लिमों का प्रतीक है और केसरी हिंदुओं का - और इनके बीच में चरखा होगा क्योंकि 'हिंदुस्तान एक राष्ट्र के रूप में इस चरखे से कुछ भी कर सकता है, जी भी सकता है और मर भी सकता है।' सत्रह साल बाद झण्डे में से चरखा हटा कर अशोक चक्र को अपनाया गया और यह राष्ट्रीय ध्वज बना।

क्रांतिकारी और थे। उनमें से कोई भी इस बात को नहीं जानता था कि पुलिस उनका पीछा कर रही है। जब उनको इस बात का पता चला तो उन्हें बालासौर, उड़ीसा में पुलिस का सामना करना पड़ा। क्रांतिकारियों के पास इसके अलावा और कोई चारा नहीं था। उनका गोला-बारूद और हथियार खत्म होते जा रहे थे, उनको चारों तरफ़ से घेर लिया गया था और उनके बचने का मौका बिल्कुल नहीं था।

जब तक पुलिस की गोलियों की भयानक बौछार होती रही वो भी गोलियाँ चलाते रहे। उन सभी को बुरी तरह से घायल देखकर अंग्रेज अफ़सर ने गोली चलाना बंद करवा दिया। उनमें से दो आगे बढ़े। किसी भी क्रांतिकारी ने मुखर्जी का नाम नहीं लिया, जबकि अंग्रेज ने उनका इलाज कराने का भरोसा दिया। चित्तप्रिय (जो कि बुरी तरह ज़ख्मी थे) ने अंग्रेज से कहा, "उन्हें तंग न करे और आराम से मरने दें।" थोड़ी ही देर बाद बाकी दो क्रांतिकारी भी स्वर्ग सिधार गए। वो दोनों अंग्रेज अफ़सर इन बंगाली क्रांतिकारियों की बहादुरी से इतने ज़्यादा प्रभावित हुए कि उनको इज्ज़त देने के लिए दोनों ने हवा में गोलियाँ चलाईं।

भगत सिंह ने कहा पुलिस के साथ लड़ाई कोई बदला नहीं था जबकि कसूरवार स्कॉट था। वो लंदन तक 'खून के बदले खून' का संदेश पहुंचाना चाहते थे। भगत सिंह ने कहा हर एक हिंदुस्तानी के बदले दस अंग्रेजों को मरना होगा। फैसले को एच.एस.आर.ए. की अगली बैठक तक टाल दिया गया। चंद्रशेखर आज़ाद को जो कि एच.एस.आर.ए. के हथियार बंद दस्ते के मुखिया थे और काकोरी रेल काण्ड के बाद से ही भूमिगत थे, उनको लाहौर वापिस आने के लिए एक ज़रूरी संदेश भेजा गया।

17 नवम्बर को लाजपत राय की मृत्यु को गई। मरने से पहले उन्होंने अंग्रेजों को आगाह किया कि अगर लाहौर जैसी घटनाएं होती रहीं "तो मुझे इस बात से कतई हैरानी नहीं होगी कि अपने देश की आज़ादी के लिए इसके नौजवान जो उनके मन में आए वो करने पर उतारू हो जाएं।" जबकि वो गांधी के तरीकों पर से भरोसा खोते जा रहे थे और उसे 'आधी रात के सपने' की तरह मानते थे।

जब क्रांतिकारी 10 दिसम्बर की रात को मिले तो उनकी मानसिक स्थिति बिगड़ी हुई या यूं मानें कि वो अपने होश-ओ-हवास में नहीं थे। दुर्गा देवी, जिन्हें प्यार से दुर्गा भाभी कहा जाता था, उन्होंने इस बैठक की अगुआई की। एच.एस.आर.ए. को जन्म देने वालों में से एक और इसका घोषणा पत्र लिखने वाले भगवती चरण वोहरा की पत्नी होने के कारण वो भी अपने आप में एक क्रांतिकारी के अधिकार रखती थीं और क्रांतिकारी वाला ही मान उन्हें भी दिया जाता था। गोली चलाने के जुर्म में एक बार उन्हें तीन साल जेल की सज़ा भी हुई थी।

इस मीटिंग में एक तरह से स्कॉट की हत्या का फ़ैसला लिया गया। चूंकि वही लाजपत राय की मौत का जिम्मेदार था, उसे अपनी जान देनी ही पड़ेगी। क्रांतिकारियों के दिमाग में बहुत सी बाते थीं। वो अपने इस विश्वास पर आदेश चाहते थे कि जब ज़रूरत हो तो हिंसक मुहिम होनी ही चाहिए। वो नौजवानों को गुलामी की बेगार, विदेशी दबाव और आर्थिक शोषण के खिलाफ़ जगाने और उनको क्रांतिकारी लड़ाई में हिस्सा लेने के लिए तैयार करने की उम्मीद रखते थे।

भगत सिंह और उनके सहयोगियों ने यह प्रस्ताव रखा कि दुनिया को यह दिखा देना चाहिए कि हिंदुस्तान इस बुराई (अंग्रेज) को नहीं झेलेगा और न ही लाजपत राय की मृत्यु बेकार

जाएगी। राजगुरू ने पुलिस को ललकार उससे लड़ते हुए अपना बलिदान करने वाला प्रस्ताव दोहराया। उनका मानना था कि ऐसा जोख़िम और बहादुरी भरा काम नौजवानों की कल्पनाओं को हवा देगा और एच.एस.आर.ए. में उनकी तादात बहुत बढ़ जाएगी। इस प्रस्ताव को फिर से कड़ाई के साथ ठुकरा दिया गया क्योंकि उन सब (क्रांतिकारियों) का निशाना लाला लाजपत राय का हत्यारा था।

मुल्क के हालात का जायज़ा लेने के बाद भगत सिंह ने कहा कि चारों तरफ तनाव फैला हुआ है। बंगाल के दल ने शानदार काम कर दिखाया था। उन्होंने एक अंग्रेज अफ़सर की हत्या कर डाली थी जिसकी वजह से बहुत से अंग्रेज डरे हुए थे और अपने परिवार को वापिस इंग्लैण्ड भेजने को मजबूर थे। जल्दी ही अंग्रेजों को पता चल जाएगा कि अब वो हिंदुस्तान में नहीं रह सकते। भगत सिंह ने कहा, "नौजवानों का खून खौल रहा था।"

दुर्गा देवी ने अपनी इच्छा से स्कॉट को मारने वालों से आगे आने को कहा और अपना हाथ सबसे पहले उठा दिया। उन सभी ने इसे क्रांति के प्रति दुर्गा देवी का समर्पण कहा। वह हर हाल में उन सबके साथ रही थीं। मगर जब वो सब अपना बलिदान करने को तैयार थे तो वो नहीं चाहते थे कि दुर्गा भाभी अपनी जान जोख़िम में डालें। यह उनके पौरुषत्व को चुनौती थी, वो उनके अज़ीज साथी जो लाहौर से बाहर थे उनकी पत्नी और उनक सबकी भाभी थी। इस दबाव के चलते उन्होंने अपना नाम वापिस ले लिया और स्वयं सेवकों के नाम पूछे।

भगत सिंह, सुखदेव, राजगुरू और चंद्रशेखर आज़ाद और वहाँ जितने भी क्रांतिकारी थे सभी ने अपने-अपने हाथ उठा दिए। दुर्गा देवी ने सुखदेव जो कि उनके लिए लड़ाई की नीति बनाते थे, उनकी तरफ़ देखा। वो अन्य दूसरे विचार भी दिया करते थे। सुखदेव चाहते थे कि यह काम उनको ही मिल जाए। मगर उनके अकेले के लिए ये काम मना कर दिया गया। वो पूरे देश में फैले क्रांतिकारियों से जुड़े रहने की ज़रूरी (सबसे अहम) कड़ी थे और ख़ास तौर पर पंजाब के क्रांतिकारियों से जो कि सभी की गतिविधियों का गढ़ था। वही (सुखदेव) इसके रेखाकार थे। उन्होंने निर्णायक की भूमिका को स्वीकार लिया। इसके बाद उन्होंने चार साथी और छांटे- भगत सिंह, राजगुरू, चंद्रशेखर आज़ाद और जय गोपाल।

इस हमले का ख़ाका खींचते हुए सुखदेव ने कहा, "भगत सिंह, स्कॉट को मारेंगे। सुखदेव को इस बात का पक्का भरोसा था कि एक बार उनको काम सौंप देने के बाद ज़रूर पूरा होगा। जैसे ही भगत सिंह का नाम लिया गया कमरे में कानाफूसी शुरू हो गई वहाँ मौजूद क्रांतिकारियों में से कुछ को शक था कि सुखदेव, भगत सिंह की बढ़ती मशहूरी की वजह से उनसे छुटकारा पाना चाहते थे। स्कॉट को मारना मुश्किल ज़रूर था मगर पुलिस के जाल से बचना नामुमकिन था।

सुखदेव ने सुनी, अनसुनी कर दी। उन्होंने स्कॉट को मारने की अपनी बाकी/आगे की तरकीब कही। राजगुरू को भगत सिंह के पास उनको सुरक्षा कवच देने के लिए खड़ा किया गया। आज़ाद का चुनाव उन (राजगुरू और भगत सिंह) को वहां से निकालने के लिए किया गया। जय गोपाल जो नए कॉमरेड थे उनको कुछ आसान काम सौंपा गया - उनका काम था जब स्कॉट पुलिस स्टेशन पहुंचें तो उसकी खबर बाकी तीनों को देना।

स्कॉट की हत्या के लिए 17 दिसम्बर की तारीख़ तय की गई। 15 दिसम्बर को चारों क्रांतिकारी अपने काम का अभ्यास करने के लिए मिले। अब तक हर आदमी को अपना-अपना

काम अच्छी तरह से समझ आ चुका था। यहां तक कि भगत सिंह ने तो वो जगह भी सोच ली थी जहाँ वो स्कॉट को मारने वाले थे। आज़ाद ने भगत सिंह और राजगुरू को वहां से निकलने की तरकीब समझाई।

स्कॉट मारा गया - भगत सिंह ने लाल अक्षरों में यह पोस्टर तैयार किया। तभी उनको इस बात का ख़्याल भी आया कि उनकी लिखावट में पोस्टर कभी अदालत में उनके खिलाफ़ सबूत की तरह भी इस्तेमाल हो सकता था। उन्होंने कभी यह सोचा भी नहीं था कि हंस राज वोहरा जिसने इस पोस्टर की तीन-चार नकल तैयार की थी, एक दिन सरकारी गवाह बन जाएगा।

भगत सिंह जो भी काम करने जा रहे थे, उसमें एच.एस.आर.ए. के हथियार बंद दस्ते का नाम जरूर लाना चाहते थे। उन्होंने कहा - "स्कॉट के मरने के बाद जो नोटिस जारी किया जाएगा उसमें एच.एस.आर.ए. आर्मी का नाम ज़रूर होगा।" वो बड़े गर्व के साथ कहते थे "हमारी पार्टी के पास एक मज़बूत फ़ौज है। वो नौजवानों के दिमाग में इस हथियार बंद दस्ते को ऐसी ताकत के रूप में बिठाना चाहते थे जो कि अंग्रेजी फ़ौज से टक्कर ले सकती थी और इस तानाशाही राज को खत्म कर सकती थी।

एच.एस.आर.ए. के लिए ही भगत सिंह ने अपने बाल और दाढ़ी कटवा दी थी। सदस्यों के लिए पार्टी से ऐसा आदेश था, ताकि वो पुलिस की पहचान में न आ सकें। यह फैसला फ़िरोज शाह कोटला मैदान की मीटिंग में लिया गया था जिसमें बहुत से दल, एच.एस.आर.ए. में मिल गए थे। भगत सिंह सितम्बर 1928 के मध्य में फिरोज़पुर गए थे और वहीं एक मेडिकल प्रैक्टिस करने वाले आदमी से अपने बाल कटवा लिए थे, उस समय जय गोपाल भी उनके साथ थे।

जय गोपाल को स्कॉट की पहचान करने के लिए लगाया गया था। मगर उसने इस अंग्रेज को पहले कभी नहीं देखा था। हैरानी की बात थी, कि जय गोपाल ने ये बात किसी को नहीं बताई। शायद इसलिए कि उसके लिए यह बहुत इज्ज़त भरा काम था और वह इसे अपने हाथों खोना नहीं चाहता था।

17 दिसम्बर के दिन स्कॉट पुलिस स्टेशन आया ही नहीं। इस दिन उसने छुट्टी ले ली थी, क्योंकि उसे अपनी सास जो कि इंग्लैंड से आ रही थी उसे लेने जाना था। जय गोपाल ने गलती से पुलिस के असिस्टेंट सुपरींटेंडेंट जे.पी.सॉन्डर्स को स्कॉट समझ लिया और तीनों को सुबह 10:00 बजे उसके पुलिस स्टेशन पहुंचने की खबर दे दी। कुछ ही घंटों बाद उन सभी ने अपनी-अपनी जगह ले ली और सॉन्डर्स के निकलने का इंतज़ार करने लगे।

दोपहर के वक्त सॉन्डर्स पुलिस स्टेशन से बाहर निकला और अपनी मोटर साइकिल तक गया, राजगुरू ने अपनी जर्मन पिस्तौल निकाली और उस पर गोली चला दी। भगत सिंह चिल्लाए, "नहीं, नहीं यह वो नहीं है।" मगर तब तक बहुत देर हो चुकी थी। राजगुरू की एक ही गोली अपना काम कर गई थी। भगत सिंह ने भी अपनी पिस्तौल से स्कॉट के मृतक शरीर में गोलियाँ दागीं।* पहले से तय इरादे के मुताबिक भगत सिंह और राजगुरू पुलिस स्टेशन से कुछ ही गज दूरी पर डी.ए.वी. कॉलेज की तरफ़ भागे। आज़ाद ने खुद को उन्हें सुरक्षा कवच देने की स्थिति में लगा रखा था। ये सारा शोर-शराबा सुनकर अंग्रेज पुलिस अफ़सर, इन्सपैक्टर डब्ल्यू.जे.सी. फ़र्न पुलिस स्टेशन से बाहर निकला। मगर जल्दी ही उसने आगे बढ़ाए हुए कदम वापिस खींच लिए क्योंकि आज़ाद की दो गोलियाँ उसके सिर के पास से सनसनाती हुई निकल गईं। गोलियाँ चलने की आवाज़ सुनकर हैड कॉन्स्टेबल चानन सिहं, सॉन्डर्स की मदद के लिए दौड़ पड़ा। वही

* पोस्टमार्टम से यह सिद्ध हुआ।

एक आदमी था जो सॉन्डर्स के मरने की जगह से भगत सिंह, राजगुरू और आज़ाद के पीछे दौड़ा था (पकड़ने के उद्देश्य से) इस पर आज़ाद जोर-जोर से चिल्लाए, "नहीं हम एक हिंदुस्तानी को नहीं मारना चाहते।" मगर चनन सिंह तब भी नहीं रूका। राजगुरू ने उसे भी गोली मार दी और वह मर गया। आसपास बनी इमारतों की खिड़कियों से बहुत से लोगों ने ये सारा वाक्या देखा। क्रांतिकारी उर्दू कवि फ़ैज़ भी उनमें से एक थे।

तीनों क्रांतिकारी डी.ए.वी. कॉलेज के आहाते में घुसे। इसके बाद उन्होंने उस दीवार को फाँदा जो कॉलेज और उसके हॉस्टल को अलग-अलग करती थी। कुछ देर के लिए वो हॉस्टल में ही रुके। जब उन्हें भरोसा हो गया कि कोई भी उनका पीछा नहीं कर रहा, वो अपनी साधारण चाल से बाहर आए। फिर उन्होंने अपनी-अपनी साइकिलें उठाई, जो कि आज़ाद ने पहले ही हॉस्टल के शौचालय की दीवार के साथ सटा रखी थीं। अपनी हिफ़ाजत के मद्देनज़र उन्होंने एक बार फिर से चारों तरफ़ नज़र दौड़ाई। जब उन्हें भरोसा हो गया कोई भी उनके पीछे नहीं था, उन्होंने आराम से अपने मोज़ांग रोड ठिकाने की तरफ़ पैडल मारने शुरू कर दिए।

पुलिस उनके निकलने के बहुत देर बाद पहुंची। इलाके को चारों तरफ़ से घेर लिया गया। सभी बाशिन्दों को पूछताछ के लिए हाज़िर किया गया। एक-एक कमरे की तलाशी ली गई। पुलिस ने कॉलेज की भी तलाशी ली। मगर वहां से मुजरिमों का कोई सुराग नहीं मिला। पंजाब सरकार ने गृह विभाग को इस तरह की ख़बर भेजी : "पुलिस के अस्सिटेंट सुपरिंटेण्डेंट, सॉन्डर्स की आज दोपहर दो युवकों ने गोली मारकर हत्या कर दी, जो कि डी.ए.वी. कॉलेज से होते हुए अपनी साइकिलों पर न जानें कहाँ बच निकले ..."

जब तक पुलिस और दूसरे सुरक्षा अधिकारी हरकत में आते क्रांतिकारी अपने मोज़ांग रोड स्थित ठिकाने पर पहुंच चुके थे और आगे की रणनीति का ज़ायज़ा ले रहे थे। जय गोपाल, उनको स्कॉट के पुलिस स्टेशन पहुंचने की खबर देकर, अपने घर चला गया था। वो इस बात के लिए उसे डांट भी नहीं सकते थे कि उसकी गलती की वजह से स्कॉट की जगह सॉन्डर्स मारा गया था।

लाहौर का हर पुलिस कर्मी हत्यारों को ढूंढने के लिए ड्यूटी पर तैनात कर दिया गया था। शहर से निकलने वाले हर रास्ते और रेलवे स्टेशन पर भारी पहरा बिठा दिया गया था। अधिकारियों को शक था कि इस काम में क्रांतिकारियों का हाथ है। मगर वो सही अपराधी या उसके ग़ायब होने का अंदाज़ा नहीं लगा पा रहे थे।

देखते ही देखते सॉन्डर्स हत्याकांड की खबर चारों तरफ फैल गई। लाहौर में कई जगहों पर पोस्टर लगे हुए थे। इनमें से एक ख़ास पोस्टर ऐसा था जिसमें भगत सिंह ने जल्दबाज़ी में स्कॉट की जगह सॉन्डर्स का नाम लिखा था। वो पोस्टर इस तरह (लिखा) था :

हिंदुस्तान सोशलिस्ट रिपब्लिकन आर्मी नोटिस

जे.पी.सॉन्डर्स मारा गया, लाला लाजपत राय का बदला ले लिया गया है।

"वाकई इस बात को सोचना भी भयानक लगता है कि एक साधारण पुलिस अफसर जे.पी.सॉन्डर्स के क्रूर हाथ इतने बुजुर्ग, आदरणीय और तीस करोड़ हिंदुस्तानियों के प्यारे नेता के शरीर को इतने बेज्ज़त तरीके से छू सकते थे कि उनकी मृत्यु हो जाए। हिंदुस्तान की राष्ट्रीयता के सिर पर इस तरह से वार करना यहाँ के नौजवानों और पुरुषार्थ को ललकारना था। सारी दुनिया यह जान

ले कि हिंदुस्तान अब भी जिंदा है, यहाँ के नौजवानों का खून ठण्डा नहीं हुआ है और अगर उनके दिल में अपने देश के लिए इज्ज़त है तो वो अब भी अपनी जान दांव पर लगा सकते हैं और इस काम से यह सिद्ध हो जाता है, अंधेरे में रहने वाले उन लोगों के लिए भी जो अपने ही आदमियों की निंदा, उपेक्षा और उन्हें दोषी ठहराते रहे।"

होशियार, उपद्रवियों होशियार

"एक कुचली हुई और शोषित देश की भावनाओं को चोट मत पहुंचाओं। ऐसा पाप या पैशाचिक काम करने से पहले दो बार अच्छी तरह से सोचो और याद रखो 'आर्म्स एक्ट' और हथियारों की तस्करी के ख़िलाफ़ कड़ी निगरानी के बावजूद रिवाल्वरें इसी तरफ आती रहेंगी - अगर यह एक हथियार बंद विद्रोह के लिए काफ़ी न हुई तो कम से कम राष्ट्र की बेइज्जती का बदला लेने के लिए तो काफ़ी रहेंगी। उनके अपने ही सम्बंधियों और जानने वालों की भर्त्सना और निंदा के बावजूद और विदेशी सरकार के निर्दयी दबावों और जुल्मों के बावजूद पार्टी के नौजवान इतने ताकतवर होंगे कि विरोधों, दबावों के तूफ़ान के बीच यहां तक कि फांसी के तख़्ते पर भी अपनी अवाज़ बुलन्द रखेंगे।"

लाँग लिव रैवोल्यूशन/इन्कलाब ज़िन्दाबाद

"एक आदमी की मौत के लिए माफ़ करना। मगर इस आदमी के रूप में उस हुकूमत का प्रतिनिधि मरा है, जिसका कोई आधार नहीं, जो क्रूर है और जिसका सफ़ाया ज़रूरी है। इस आदमी की शक्ल में हिंदुस्तान में ब्रिटिश ताकत का एक एजेन्ट मारा गया है - दुनिया की सभी सरकारों में से सबसे उपद्रवी सरकार।

एक आदमी का खून बहाने के लिए माफ़ करना - मगर क्रांति की वेदी पर यह व्यक्तिगत बलिदान स्वतंत्रता लाएगा और आदमी द्वारा शोषण असंभव हो जाएगा, यह अवश्यंभावी है।"

इन्कलाब ज़िन्दाबाद

दि. 18 दिसम्बर, 1928 हस्ता. बलराज

कमाण्डर-इन-चीफ़

मोजैंग रोड ठिकाने पर बैठे तीनों क्रांतिकारियों ने लाहौर से बच निकलने के बहुत से तरीकों पर ध्यान दिया, ये सभी पुलिस के चंगुल में फंसने वाले थे। उन्होंने सोचा कि कुछ देर छुपे रहना चाहिए, तभी बाहर निकलना ठीक रहेगा। आखिरकार उन्हें देखने वाला अकेला आदमी हैड कान्सटेबल चानन सिंह था और वह मर चुका था। उनकी पहचान के लिए अब कोई गवाही नहीं थी।

तब भी कुछ ऐसा लग रहा था कि लाहौर उनके लिए सुरक्षित जगह नहीं थी। पुलिस अपना शिकंजा और कसती जाएगी और वो किसी भी वक्त पकड़े जा सकते थे। भगत सिंह का मानना था कि पुलिस क्रांतिकारियों को पकड़ने के लिए शहर में आती ही होगी और यह भी हो सकता है कि उनसे हमदर्दी रखने वालों का दरवाज़ा खटखटाए। उसमें से बहुत से कई जगहों पर अलग-अलग बिखरे हुए रह रहे थे। कोई कहीं भी टूट सकता था और पुलिस को उनके और उनके छुपने के ठिकानों के बारे में बता सकता था। वो दूसरों को डर में नहीं डालना चाहते थे। उनका तुरन्त ही शहर को छोड़ देना ज़रूरी था।

हैरानी, कि उन्होंने इस हत्या का कार्यक्रम तो तय कर लिया था मगर, अपने बचाव का कोई रास्ता नहीं देखा था। इससे उनकी बहादुरी की तारीफ़ तो अच्छी लगती है, मगर रणनीति के बारे में यह ठीक नहीं था। अब उन्हें इस बात का कतई अंदाजा नहीं था कि क्या किया जाये? मगर जब सुखदेव अंदर घुसे तो उन्होंने कुछ चैन की सांस ली। वो, उन सबकी हालत की सनद रखते थे। उन्होंने (सुखदेव) ही बताया कि कैसे बचा जाए। अब उन्हें दुर्गा देवी के पास जाना चाहिए और जैसा वो कह रहे थें वैसा करना चाहिए था। मगर सुखदेव ने भी इस बात पर ज़ोर डाला कि उन्हें जल्दी से जल्दी लाहौर छोड़ देना चाहिए था। उन्हें कुछ इंतजार करना था। वो जानते थे कि दुर्गा देवी का घर रात ग्यारह बजे से लेकर सुबह पांच तक पुलिस की निगरानी में था। तब तक उन्हें मोज़ांग रोड वाले ठिकाने पर ही इंतजार करना था। मगर उनके पास पैसे नहीं थे।

भगत सिंह ने अपने आप में इतना भरोसा महसूस किया कि वो पास के पोस्ट ऑफिस तक जाएं, जहां कोई न कोई दोस्त या हमदर्दी रखने वाला उन्हें कुछ पैसे दे देगा। वहां उन्होंने एक पुराने कम्यूनिस्ट सोहन सिंह जोश को देखा। जोश ने इस काम की निंदा की। मगर भगत सिंह से ये भी कहा कि वो कुछ दिन तक किसी भी सार्वजनिक स्थान पर न निकलें। भगत सिंह खाली हाथ वापिस लौट आए।

अब भी अंधेरा छाया हुआ था, राजगुरू और चंद्रशेखर आज़ाद मोज़ांग रोड स्थित उस इमारत के पीछे गेहूं के खेतों से होते हुए दुर्गा देवी के घर गए। कंपकपी बंधा देने वाली ठण्ड पड़ रही थी। ओस की वजह से खेतों पर एक सफ़ेद चादर सी पड़ी हुई थी और चारों तरफ़ इतना सन्नाटा छाया हुआ था कि आदमी नई फूटी फ़सल पर पड़ने वाले अपने कदमों की आहट को भी सुन सकता था। कुछ किसान अपने खेतों मे आ चुके थे, कुछ पानी लगा रहे थे और कुछ हल चला रहे थे। जानवरों के गले में बजती घंटियों, रहट के पानी की आवाज़ और कम तेल पड़े बैलगाड़ियों/गाड़ियों की चर्राहट सुनकर लोग जागने लगे थे। खेतों ने हमेशा से भगत सिंह पर गहरा असर डाला था। गांव में पड़ी अपनी जड़ें उन्हें अच्छी तरह याद थीं। गेहूं और दूसरी फसलें जब उसके घर आतीं, वो उस वक्त को याद करने लगे। जिन लोगों ने उनकी ज़मीन पर काम किया, उनके लिए भगत सिंह की माँ बहुत दयालु थीं। उन्होंने कई बार अपने पिता से कहा कि ज़मीन उन्हीं लोगों को दे दें, जो उस पर हल चलाते हैं। यह सुनकर उनके पिता उन पर गुस्सा करते थे। मगर भगत सिंह अपने विश्वास पर अडिग थे कि ज़मीन उसी की है जो उस पर काम करता है।

एक लम्बा अर्सा/वक्त गांव में बिताने के बाद भगत सिंह का परिवार लाहौर के एक सम्पन्न इलाके नेहरनकोट आ गया था, जहाँ उनके पिता जी ने बीमा करने का काम कर लिया था। भगत सिंह ने डी.ए.वी. स्कूल में दाखिला ले लिया जो कि स्कूल जाने वाले सिक्ख लड़कों के लिए खालसा स्कूल के बाद की पसन्द थी। मगर उस समय उनके पिता का पंथ की शिक्षा में कभी विश्वास नहीं था, उनका मानना था कि यह धार्मिक कट्टरपन के अलावा कुछ नहीं देती। यह धार्मिक सहनशीलता की पहुंच नहीं रखती थी, जिसे भगत सिंह का परिवार मानता था।

सुबह के पांच बजने के कुछ ही समय बाद जब पुलिस दुर्गा देवी के घर के बाहर से चली गई, भगत सिंह और उनके दो कॉमरेडों ने उनके घर का दरवाज़ा खटखटाया। किसी के भी आने की उम्मीद में यह समय बहुत जल्दी था उन्होंने (दुर्गा देवी) इसे घटना से संबंधित किया। दरवाज़ा

खोलने से पहले वो थोड़ा हिचकिचाईं। यह उनके लिए एक आश्चर्यजनक खुशी थी, उनके सामने भगत सिंह खड़े थे। भगत सिंह के अंदर घुसते ही राजगुरू और चंद्रशेखर आज़ाद भी उनके पीछे-पीछे अंदर आ गए। काम को सफ़ाई से करने के लिए दुर्गा देवी ने उन्हें बधाई दी। उन्होंने दुर्गा देवी को यह समझाने की कोशिश भी की कि गलती से उन्होंने स्कॉट की जगह सॉन्डर्स को मार दिया। वो इसके बारे में सब कुछ जानती थीं। वो बोलीं, मगर किसी भी तरह से यह उनकी बहादुरी को कम नहीं करता।

उन्होंने, दुर्गा देवी को सुखदेव द्वारा दी गई सलाह और उसी दिन लाहौर छोड़कर चले जाने के फैसले के बारे में बताया। इसके बाद उन्होंने उस तरकीब का खुलासा किया जिसके चलते उन्हें रेल से कलकत्ता पहुंचना था, जहां दुर्गा देवी के पति 'ऑल इंडिया कांग्रेस कमेटी' की सालाना बैठक में गए हुए थे। मगर उनके पास एक भी पैसा नहीं था। वो 500 रूपये ले आईं जो कि भगवती चरण छोड़ गए थे। क्या वो सब रेल से बिना पहचाने जाने में कामयाब होंगे? उनको इस बात में शक था। रेलवे स्टेशन पर अच्छी खासी गिनती में पुलिस होगी। मगर उस समय इसके अलावा कोई और रास्ता भी नहीं था। उनको यह खतरा झेलना ही था। सुखदेव की सलाह के मुताबिक 'देहरादून एक्सप्रेस' जो सुबह के समय कलकत्ता के लिए छूटती थी, उनके लिए सबसे टीक गाड़ी थी। आज़ाद के पास अपनी एक तरकीब थी और वो घर से निकल पड़े। वक्त बरबाद करना ठीक नहीं था। सुखदेव ने सारा तफ़सील से बताया; भगत सिंह दुर्गा देवी के पति बनेंगे। दुर्गा देवी ने ही उनका नाम रंजीत रखने की सलाह दी। अपना नाम सुजाता रखा। उनका तीन साल का लड़का, सचिन बच्चा रहेगा। राजगुरु उनके नौकर की भूमिका निभाएंगे। भगत सिंह, भगवती चरण का ओवर कोट और हैट जो कि कोई उनके घर छोड़ गया था, पहनकर एक सरकारी अफ़सर बन गये। राजगुरू एक तांगा ले आए और बक्सों पर पर्चियाँ इस तरह चिपकाए गए थे जैसे किसी सरकारी मुलाज़िम के हों। तब तक कोई भी पुलिस वाला आस-पास नहीं था। भगत सिंह को इस बात का पक्का भरोसा था कि अब तक कोई भी सरकारी अफ़सर उन्हें और राजगुरू को इस हत्या से नहीं जोड़ पाया था। वो ठीक भी थे। भगत सिंह और उनके साथियों पर किसी को शक नहीं था, हलांकि पुलिस का यह मानना ज़रूर था कि इस काम में क्रांतिकारियों का हाथ था। मगर उनकी भागीदारी सिद्ध करने के लिए कोई सबूत नहीं था। एच.एस.आर.ए. आर्मी के पोस्टरों से क्रांतिकारियों का हाथ तो जरूर तय होता था, मगर इससे ज़्यादा कुछ नहीं।

लाहौर रेलवे स्टेशन पर पुलिस के झुण्ड के झुण्ड थे, यह एक छावनी लग रहा था। फर्स्ट क्लास के यात्रियों के लिए नाम बताना ज़रूरी था। भगत सिंह टिकट लाए और कोई नाम बड़बड़ा दिया।

एक दम्पत्ति जिसमें पति ने यूरोपी लिबास पहना हुआ था और पत्नी ऊँची एड़ी की चप्पले खटखटाते हुए बहुत विश्वास भरी चाल से फर्स्ट क्लास के डिब्बे की तरफ चले। उनके पीछे-पीछे उनका बच्चा लिए नौकर चल रहा था। उनका रौब देखकर पुलिस की हिम्मत नहीं हुई कि उनका पीछा करे। रेल पर निगरानी रख रहे, पुलिस वाले बोले, "ये साहब लोग हैं।" कुछ दूर पर कुछ पुलिस वाले कानाफूसी कर रहे थे कि यह कोई बड़ा सरकारी अफ़सर लगता है। भगत सिंह उनके साथी अब अकेले रह गए थे। देहरादून एक्सप्रेस लाहौर से धीरे-धीरे चल पड़ी, रेलवे प्लेटफॉर्म पर कुछ गोरे अपनी पत्नी और बच्चों के लिए अपना रूमाल हवा में लहरा रहे थे।

दुर्गा देवी का घर छोड़ने के बाद आज़ाद तीर्थ यात्रियों की एक टोली में मिल गए जो कि

भगवान कृष्ण के मंदिरों में प्रार्थना के लिए मथुरा जा रहे थे। भजन-कीर्त्तन करते हुए वो पुलिस वालों के एक झुण्ड के आगे से गुजरे, लेकिन पुलिस वालो ने उन्हें रोकने और उन्हें पहचानने की परवाह ही नहीं की।

रेल में तीनों को तसल्ली थी कि उन्होंने अपना-अपना काम सही ढंग से पूरा किया। उन्होंने किसी को रत्ती भर भी शक नहीं होने दिया। कुछ समय के लिए वो तनाव में ज़रूर थे। मगर जैसे ही रेल ने रफ़्तार ली उनमें विश्वास आ गया। असल में वो पुलिस को चकमा दे चुके थें तब भी इस बात से दुबारा विश्वस्त होने के लिए कि उनका पीछा नहीं हो रहा है, उन्होंने कानपुर उतरने का फ़ैसला किया।

बाहर का नज़ारा देखने के लिए भगत सिंह ने खिड़की खोल ली। वह हिंदुस्तान का जज़्बा महसूस कर रहे थे, त्याग और संग्रामों की धरती, दमन और पीड़ा की धरती जहाँ के लोगों ने अपनी पहचान और अस्तित्व बचाने के लिए सदियों से हर चीज़ का सामना किया। आक्रमणकारी आए और चले गए। हुकूमतें पैदा हुईं और मिट्टी में मिल गईं। राजवंश खड़े हुए और गिर गए। हिंदूस्तान को जीता गया और बार-बार जीता गया, मिटाया गया और तोड़ा गया। मगर तब भी यह जिंदा रहा। यह विदेशी हुकूमतें एक हवा के झौंके की तरह थीं और इसके सिर के ऊपर से इसकी जिंदगी, नैतिकता और सिद्धांतों को बिना हिलाए गुज़र गईं। राजा और उनकी हुकूमतें इसके बाशिंदों की निजी जिंदगी, सोच और प्रतिष्ठा को कभी भी नुकसान नहीं पहुंचा पाईं।

वक्त इस बात का बेजुबान गवाह है कि हिंदुस्तान को बाहरी ताकत अपना गुलाम बनाने आई, अपना घर बना कर रह गई। गुलामों और मुगलों को यहां के लोगों ने अपना लिया जिस तरह सदियों पहले बुद्धिस्म और जैन पंथ को अपना लिया था। सालों से राज और प्रजा उस कपड़े का हिस्सा बने रहे जिसके आपस में बड़ी मज़बूती से बुने हुए धागों से मुल्क को तरह-तरह के रंगों और आयामों को एक प्रबल तरीके से एक तस्वीर के रूप में पेश किया जाता रहा। लोगों को जिस चीज़ ने बांधे रखा वह धर्म, जाति या भाषा नहीं थी बल्कि जिंदगी को एक अंदाज़ में जीने का निश्चय थी। यह सहनशीलता और एक साथ रहने का मिला-जुला अनुभव था और जिस तरह से गंगा अपने अंदर बहुत सी धाराएं चाहे उफनती हुई, शांत या गंदी हो सबको समा लेती है, उसी तरह हिंदुस्तान ने भी बहुत से जाने-अनजाने और ताकतवर लोगों को अपने में समेट लिया। ये देश और यह पवित्र नदी दोनों ही कभी भी संकुचित या मैले नहीं हुए, हमेशा पवित्र ही रहे। जहां नाच गानों की मस्ती थी वहीं तलवारों और बंदूको को शोर भी था। इस सबके बावजूद यहां भाई-चारे और सहनशीलता का मौसम बना ही रहा। भगत सिंह को इस बात का पछतावा था कि इस सहनशीलता ने लोगों को उनकी गरीबी भी बहुत शांत तरीके से स्वीकार करना सिखा दिया था। उन्होंने अपनी इस हालत के लिए किस्मत को ही ज़िम्मेदार ठहराया। उन तीनों ने अपनी यात्रा कानपुर पर कुछ समय के लिए रोक दी और स्टेशन के पास ही एक होटल में रुक गए। वहां से दुर्गा देवी ने अपने पति को एक तार भेजा, जिसमे अपने भाई के साथ आने की ख़बर दी।

अगली सुबह उन्होंने कलकत्ता के लिए एक रेल ली। अब तक भगत सिंह ने दुर्गा देवी के साथ कुछ ही बातें की थीं। वे हिंदुस्तान को अपने में समा लेने की कोशिश कर रहे थे। अब वे दुर्गा देवी को अपने बारे में सब कुछ बता देना चाहते थे, खासतौर पर यह कि उन्होंने क्रांति का रास्ता कैसे चुना। वे लाहौर के 'नेशनल कॉलेज' में पढ़ रहे थे, जिसकी नींव राष्ट्रीयता की

विचारधारा रखने वाले कुछ पंजाबियों ने रखी थी और वे प्रदेश के नौजवानों में राष्ट्रीयता का संदेश फैलाना चाहते थे। भीमसेन सच्चर जो बाद में पंजाब के मुख्य मंत्री बने कॉलेज के रजिस्ट्रार थे। क्रांतिकारी मानसिकता रखने वाले छबीलदास कॉलेज के प्रधानाचार्य थे जो छात्रों को देशभक्ति भरे भाषण दिया करते थे। उनकी पंसदीदा पंक्तियाँ कुछ इस तरह थीं -

दुनियाँ से मैं गुलामी का नाम मिटा दूंगा,
इक बार ज़माने को मैं आज़ाद करा दूंगा।
जो लोग गरीबों पर करते हैं सितम नाहक,
ग़र बस है मेरा कायम गिन गिन के सज़ा दूंगा।।

भगत सिंह ने दुर्गा देवी के सामने इस बात को माना कि क्रांतिकारी हिंसा में होने वाले अत्याचारों की वजह से उन्हें दुख पहुंचता था। मगर उनका मानना यह भी था कि जितनी ज़्यादा जरूरी क्रांति थी, उतने ही ज़्यादा यह हिंसक अत्याचार ज़रूरी थे। वे, दुर्गा देवी से बोले एक बंगाली क्रांतिकारी शचिन्द्र नाथ सान्याल जो कि नेशनल कॉलेज के ही छात्र थे उन्होंने भगत सिंह से आग्रह किया कि वो क्रांति की धारा को अपने मन में तभी समा पाएंगे जबकि वो अपना घर छोड़ दें। यशपाल जो कि एक तेज-तर्रार हिंदी लेखक थे और उन्हीं के कॉलेज में थे, उन्होंने भगत सिंह से कहा कि जब तक आदमी अपने परिवार के साथ निजी जिंदगी जीते हैं वो कुदरत के कैदी बन कर रहते हैं। असल में वो आज़ाद नहीं होते। वो भावनात्मक बंधनों के दलदल में बहुत नीचे तक फंसे रहते हैं। उन्हें पूरे समाज बल्कि पूरी मानवता के बारे में एक सार सोचना चाहिए। उन्हें संसार में बाहर आना चाहिए और इतिहास के मंच पर अपनी भूमिका निभानी चाहिए।

दुर्गा देवी, सुखदेव को एक रणनीतिज्ञ के रूप में जानती थीं। वो भगत सिंह से यह जानना चाहती थीं कि वो और सुखदेव एक-दूसरे के करीब कैसे आए। भगत सिंह बोले कि उनकी और सुखदेव की मुलाकात नेशनल कॉलेज में हुई थी। पहली ही मुलाकात में वो लोग दोस्त बन गए थे और ये दोस्ती इतनी पक्की थी कि वो बाकी ज़िंदगी भर नहीं टूटी।

भगत सिंह उस वक्त को याद करने लगे जब वो दोनों देर तक हिंदुस्तान के राजनीतिक हालात और लोगों में क्रांतिकारी ज़ज्बे की कमी के बारे में चर्चा किया करते थे। वो मानते थे कि इसके बिना अंग्रेजी आधिपत्य और इस पूंजीवादी व्यवस्था से जल्दी छूट पाना आसान नहीं था। द्वारका दास लाइब्रेरी से ली गई किताबों के ऊपर चर्चा किया करते थे। इस लाइब्रेरी में इटली, रूस, आयरलैण्ड और चीन की क्रांति के इतिहास पर नई-से-नई किताबें थीं। उन दोनों की प्राथमिक रुचि राजनीति और अर्थशास्त्र में थी, मगर जीवन में नास्तिकता के मुद्दे पर भी एक से ही थे। उनको संगीत और कला के लिए भी कुछ वक्त मिला करता था, यही एक ऐसा क्षेत्र था जो कि उनकी क्रांति और क्रांतिकारियों की चर्चा से हट कर था।

भगत सिंह ने दुर्गा देवी को बताया कि एक दिन सुखदेव और वे विक्टर हयूगो की एक नॉवल 'नाइन्टी थ्री' के पात्र 'सिमोर्डियन' पर किस तरह मतभेद बना बैठे थे। सुखदेव ने सिमोर्डियन की आत्महत्या पर उसकी निंदा की। वह (सिमोर्डियन) अपने कॉमरेड 'गुवियानों' को मृत्यु की सज़ा के दर्द से अपने को नहीं उभार पाया था, क्योंकि वो इतने अच्छे दोस्त थे कि सपने में भी एक साथ ही देखते थे। सुखदेव ने कहा सिमोर्डियन ने अपने-आपको भावनाओं के हवाले कर दिया, जो कि एक क्रांतिकारी का स्वभाव नहीं था। मगर भगत सिंह ने क्रांतिकारी कर्तव्य के आधार पर सिमोर्डियन की पैरवी की और कहा कि गुवियानों को मृत्यु की सजा देकर उसने अपना

कर्तव्य पूरा किया। सिमोर्डियन की आत्महत्या के पीछे गुवियानो के लिए उसका प्यार छुपा हुआ था। वह दोस्त के प्रति अपने प्यार और जज के कर्तव्य को आपस में मिला नहीं सकता था। भगत सिंह के लिए दिल की आवाज़ ज़्यादा मायने रखती थी। एक क्रांतिकारी मनुष्य की भावनाओं से खाली नहीं हो सकता। मोह नहीं छोड़ सकता था, असल में जिस चीज़ (भावना) ने उसे (क्रांतिकारी) और आतंकवादी को अलग-अलग रखा था। उनके लिए (भगत सिंह) मनुष्य की भावनाएं बहुत महत्व रखती थीं, यही था जिसने मौलिकतावादियों को बेवजह हिंसा करने से बचाए रखा। भगत सिंह यह नहीं चाहते थे कि क्रांतिकारी इन भावनाओं से मुंह मोड़ें और पत्थर के भगवान की तरफ बढ़ें।

सुखदेव कहते थे कि भगत सिंह की दयालु सोच कुछ अद्‌भुत कर दिखाने के आड़े आती है। यह एक क्रांतिकारी को भावुक और दयालु बनाती थी। दोनों में कितना अंतर था? एक ने दया भाव से कभी अपनी पीठ नहीं मोड़ी और दूसरा इसे दुश्मन का सफाया करने के रास्ते में अड़चन मानता था। लड़ते समय भगत सिंह इस बात का ध्यान रखते थे कि कम से कम नुकसान हो। जबकि सुखदेव किसी भी हद को नहीं मानते थे। भगत सिंह ने दुर्गा देवी को बताया कि गुज़रते वक्त के साथ-साथ उन दोनों की सोच में अंतर भी बढ़ता गया। तब भी वो सुखदेव की मर्जी से अलग नहीं थे।

भगत सिंह ने अपने आपको अब कुछ ज़्यादा आराम में महसूस किया। उन्होंने, दुर्गा देवी में एक अच्छे श्रोता को पाया। वो, उनके साथ अपना हर विचार, हर भावना बाँटना चाहते थे। वो यह सब सुनकर बहुत हैरान थीं क्योंकि वो उन्हें (भगत सिंह को) एक ऐसे क्रांतिकारी के रूप में जानती थीं जो कि अपने दिमाग़ के आधीन था न ही दिल के आधीन। भगत सिंह ने दुर्गा देवी से कहा कि यह भगत की वायदे पूरा करने की परीक्षा थी। बाहर के बहुत से लोग सोचते थे कि देश दिक्कतों और दंगों में खो कर रहा गया था। मगर वो सही मुद्दे से भटके हुए थे। मुल्क की समस्याओं से सामना करने की क्षमता बहुत अधिक थी। इस तरह के देश को कभी भी हराया नहीं जा सकता था। यह देश किसी भी तरह की उलट-फेर का सामना कर सकता था। उन्होंने स्वामी रामतीर्थ की कुछ पंक्तियाँ पढ़ीं -

हम रूखे टुकड़े खाएंगे, भारत पर वारे जाएंगे।
हम सूखे चने चबाएंगे, भारत की बात बनाएंगे।
हम नंगे उमर बिताएंगे, भारत पर जान मिटाएंगे।।

भगत सिंह इस बात का वर्णन करने लगे कि किस तरह रामतीर्थ अमरीका में डूबते हुए सूरज को देख कर रो पड़े थे और उन्होंने कहा था, "अब तुम यहाँ डूब रहे हो और मेरे प्यारे देश में उदय होने जा रहे हो। मेरे इन आंसुओं को मेरे देश के सुंदर खेतों पर ओस की बूंदों की तरह गिराना।"

जिस तरह से भगत सिंह पंजाब से स्वामी रामतीर्थ को मानते थे, उसी तरह से बंगाल से स्वामी विवेकानंद को मानते थे। उन्हें इस बात का गर्व था कि इन दोनों महान व्यक्तियों ने बाहर (विदेश में) यश और आत्मतत्व ज्ञान को फैलाकर ख्याति पाई। उनको इस बात का दुख था कि बंगाल में तो स्वामी विवेकानंद के मिशन को एक स्थाई पहचान मिल चुकी थी मगर पंजाब में स्वामी रामतीर्थ की एक यादगार तक नहीं थी। वो दोनों आदमी की निश्चितता में तो विश्वास रखते थे, मगर स्वार्थ में नहीं। भगत सिंह का मानना था कि जब तक हर आदमी को व्यक्तिगत

रूप से पूरे समाज की अच्छाई की और विकास करने का मौका न दिया जाए तब तक असल प्रगति नहीं हो सकती थी। यह इस बात की कसौटी होनी चाहिए थी कि वह व्यक्ति राजनैतिक, सामाजिक और आर्थिक तौर पर अपने और दूसरों की भलाई के लिए कहां तक सोच सकता था।

भगत सिंह सोच रहे थे कि इन पिछले दो दिनों में ही दुर्गा देवी से कितने घुल-मिल गए थे? पहले वो उन्हें सिर्फ़ भगवती चरन की पत्नी के रूप में जानते थे, इसके बाद एक कॉमरेड की हैसियत से जिसने उस मीटिंग में बढ़-चढ़कर भाग लिया था जिसमें स्कॉट को मारने का फैसला किया गया था और उसके बाद एक ऐसे व्यक्ति के रूप में जाते थे जिसने उन्हें मौत के मुंह से बचाया था। मगर अब यह संबंध और व्यक्तिगत सा लग रहा था। इस पर उन्हें गर्व था।

भगत सिंह उस समय गहरे विचारों मे डूब गए जब दुर्गा देवी ने उन्हें बताया कि वो कलकत्ता पहुंचने वाले हैं। रेल की रफ्तार हल्की होने लगी थी। बाहर की मोहक हरियाली को कंकरीट की इमारतें तेज़ी से खत्म करती जा रही थीं। पटरियों को आपस में काटता जाल उनकी रेल की पटरी के साथ-साथ दौड़ रहा था।

मेम साहब और साहबों से प्लेट फॉर्म भरा पड़ा था, उनकी आवाज़ तेज़ और ताकत का अहसास दिलाने वाली थी। वहां पीड़ा या तनाव के कोई निशान नहीं थे जिसक बारे में भगत सिंह सॉन्डर्स हत्याकांड के बाद सोच रहे थे। प्लेटफॉर्म के किनारे बग्गीनुमा कारें खड़ी थीं। ऊँचे दर्जे के डिब्बों में आने वाले यात्रियों के लिए वहां बहुत से वर्दी में मगर नंगे पैर नौकर उनका सामान बाहर ले जाने के लिए मौजूद थे। कुछ पुलिस वाले भी थे मगर उनकी उपस्थिति किसी को ढूंढने की बजाय सुरक्षा देने के लिए थी।

भगत सिंह, दुर्गा देवी, उनका (दुर्गा देवी का) बच्चा सचिन और राजगुरू बिना किसी का ध्यान खींचे रेल से उतर पड़े। भगवती चरन उन्हें स्टेशन पर मिले। वो इस बात को जानने के लिए आतुर थे कि उनका साला कौन है क्योंकि उनकी पत्नी का कोई भाई नहीं था। उनको इस बात का शक था कि भगत सिंह उनके (दुर्गा देवी) साथ आ रहे होंगे। उन्होंने सॉन्डर्स हत्याकांड के बारे में 'स्टेट्सनमैन' अख़बार में पढ़ लिया था। हालाँकि कलकत्ता अब हिंदुस्तान की राजधानी नहीं रह गया था, फिर भी उसकी खूबसूरती बरकरार थी। नई दिल्ली सिर्फ़ राजनीति का केंद्र थी, लेकिन कलकत्ता अब भी सामाजिक, सांस्कृतिक और आर्थिक गतिविधियों का केंद्र था। इसकी इमारतें शानदार और तरह-तरह के पार्क व चौड़े-चौड़े फाटक थे।

भगवती चरन जानते थे कि काफी पहले से ही पुलिस भगत सिंह की तलाश में होगी। उन्होंने भगत सिंह को अपने एक रईस मारवाड़ी दोस्त छज्जू राम के घर ठहरा दिया, जो कि अलीपोर के संपन्न इलाके में रहता था, वहां के बंगलों की तारीफ़ तो की जाती थी, मगर कभी भी तलाशे नहीं जाते थे। छज्जू राम और उसकी पत्नी लक्ष्मी देवी दोनों ही भगत सिंह के बड़े प्रशंसक थे। असलियत में सभी क्रांतिकारियों के लिए उनके मन में श्रद्धा थी; किस तरह उन सबने ताकतवर फिंरगियों को निडरता से ललकारा था।

भगत सिंह, आदमियों को रिक्शा खींचता देख बहुत उदास हो गए, ये देश के आर्थिक शोषण की याद दिलाता था। उनको ट्राम में बार-बार चढ़ने और उतरने में बहुत मज़ा आया। हालांकि विक्टोरिया मैमोरियल को संगेमरमर से गढ़ा गया था मगर आगरा के ताज़महल की खूबसूरती के आगे यह कुछ नहीं था। कलकत्ता का यह स्मार्क ब्रिटिश शासन की तरह फ़ीका और बेकार था। भगत सिंह को कलकत्ता का भीड-भाड़, ठाठबाट और सारी दुनिया के लोगों का एक

ही जगह मिलने वाला माहौल पसंद आया। वहां की हवा में संगीत और कला का रस था। मगर उन्होंने यह भी महसूस किया कि इस शहर के लोगों में बड़प्पन की बू थी। वो अब भी इन सबमें सबसे अच्छे को पाना चाहते थे। यहां तक कि वहां के क्रांतिकारी भी शांत पड़ चुके थे। रास बिहारी बोस अब भी वहां मौजूद थे मगर बंगाल से ज़्यादा पंजाब में माने जाते थे। भगत सिंह ने याद किया कि किस तरह वो अपने घर से भागने के बाद कानपुर की जगह कलकत्ता पहुंचे थे। ऑरबिन्दो घोष और बरिन्द्र कुमार जैसे क्रांतिकारियों की ज़ोरदार प्रसिद्धि के बावजूद बंगाली नौजवान इससे दूर थे। वॉयसराय लॉर्ड कर्ज़न की बंगाल को बांट देने की सलाह पर चारों तरफ़ बड़े पैमाने पर प्रदर्शन होने लगे थे। मगर बंगाल के लोगों पर इसका कोई असर न था। असल में जब वो बंगाली क्रांतिकारियों से मिले तो उनका मानना था कि नौजवान भगत सिंह एक ऐसे व्यक्ति थे जो कि इस ज्वाला को फ़िर से भड़का सकते थे। बटुकेश्वर दत्त उन्हें बंगाली समझते थे। भगत सिंह ने कलकत्ता में एक नया नाम रख लिया था, हरि। वो बंगालियों की तरह धोती और शाल भी पहनते थे। उन्होंने इंडियन नेशनल कांग्रेस के अधिवेशन में भी भाग लिया परंतु निराश महसूस किया। देश के लिए पूर्ण स्वराज और ब्रिटिश शासन के साथ अलगाव के सभी बंधनों को देश के सामने रखना लक्ष्य था। मगर कांग्रेसी नेता अब भी प्रभुत्व वाली स्थिति की मांग कर रहे थे, जिससे कि लंदन तक आखिरी आवाज यही पहुंची। जंजीरों के साथ आज़ादी, आज़ादी नहीं होती। हिंदुस्तान अपने आप ब्रिटिश प्रभुत्व के अधीन रहते हुए स्वतंत्रा कैसे पा सकता था? वो मानते थे कि कांग्रेस की कमान अब भी मध्यम वर्ग के हाथों में थी। वह सरकार पर दबाव डालकर अमीरों के अधिकारों की रक्षा करना चाहती थी। जहां तक लाखों मज़दूरों और किसानों का संबंध था, वो कांग्रेस की गिनती में कहीं शामिल नहीं थे। भगत सिंह को इस बारे में कतई शक नहीं था कि "अगर हमें देश की आज़ादी के लिए लड़ना है तो मजदूरों, किसानों और आम आदमी को ताकत में लाना होगा।" मगर भगत सिंह ने महसूस किया कि कांग्रेस के नेता अपनी पार्टी की सदस्यता में इसकी भागीदारी नहीं चाहते थे क्योंकि उन्हें क्रांति का डर था। मज़दूरों और किसानों को विदेशी हुकूमत से ही नहीं बल्कि ज़मींदारों और रईसों के भी चंगुल से आज़ाद कराने की सारी ज़िम्मेदारी क्रांतिकारियों के कंधों पर आ पड़ी थी।

कांग्रेस के अधिवेशन से वो उक्ता गए थे। वो सीधे एक सिनेमाघर में चले गए। उनकी पसन्दीदा फिल्म 'अंकल टॉम्स केबिन' दिखाई जा रही थी। वो अब्रहाम लिन्कन को बहुत मानते थे, जिसने अमरीका में सिविल वार लड़ी और दासता हटाने के कठिन मुद्दे पर अमरीका के दक्षिणी प्रांतों को उत्तरी प्रांतों से अलग नहीं होने दिया। इस समय उनके दिमाग़ में लाला लाजपत राय के हिंदू और मुस्लिम भारत जैसे शब्द आ गए। उनका मानना था कि ऐसा कभी नहीं होगा। अगर कभी भी ऐसा हुआ तो यह समाजवादी विचारधारा का अंत होगा। भगत सिंह को डर था कि ब्रिटिश सरकार की फूट डालो और राज करो की चाल अपने पीछे एक बंटा हुआ राष्ट्र और नासूर छोड़ जाएगी।

अपने कलकत्ता प्रवास के दौरान वो प्रफुल्ल गांगुली, ज्योति घोष, त्रैलोक नाथ चक्रावर्ती, फोणिन्द्र नाथ घोष और जतिन्द्र नाथ दास जैसे क्रांतिकारियों से मिले। उस समय बंगाल के ज़्यादातर क्रांतिकारी शहर में मौजूद थे। जिसे वो 'अलगाव' या बमों और बन्दूकों का रास्ता कहते थे, उसे छोड़ चुके थे। उनका मानना था कि समाजवाद के लिए लोगों के साथ मिलकर लड़ना संभव था। वो नहीं मानते थे कि काकोरी काण्ड या सॉन्डर्स हत्याकाण्ड जैसी क्रांतिकारी घटनाओं

से देश पूर्ण स्वराज के लक्ष्य के पास आ गया था।

हलांकि बंगाल के क्रांतिकारी भी इस रास्ते पर बहुत दूर तक चले थे। उनके पुरखे धर्म के नाम पर लोगों तक पहुंचे थे। कलकत्ता में 1894 में बनी अनुशीलन समिति ने क्रांतिकारियों को दो टुकड़ों में बांट दिया था; एक जो धर्म में विश्वास रखते थे और दूसरे जो नहीं रखते थे। उस समय बंगाल में अधिकतर क्रांतिकारी बंकिम चंद्र चटर्जी और स्वामी विवेकानंद से प्रभावित थे। समिति के सदस्यों के लिए हिंदू शास्त्रों का पढ़ना जरूरी था, ख़ासतौर पर गीता। बीसवीं शताब्दी की शुरूआत में हिंदुत्व के गीतों और नारों ने बंगाल के क्रांतिकारियों को बहुत प्रेरणा दी।

चापेकर बंधु जो कि शुरू के उन क्रांतिकारियों में से थे जिन्होंने सबसे पहले एक अंग्रेज - रेन्ड को उसके पूना पर अत्याचारी शासन करने के लिए गोली मारी थी, वो खुले-आम मुसलमानों के ख़िलाफ थे। वीर सावरकर, जिन्होंने अपने जीवन के कई साल अन्डमान जेल में गुज़ारे वो भी इसी तरह के क्रांतिकारी थे, पक्के अंग्रेज विरोधी और कट्टर हिंदू समर्थक। भगत सिंह यह सब कुछ जानते थे। वो खुशी महसूस करते थे कि पंजाब के क्रांतिकारी किसी और मिट्टी के बने थे, अंदर तक धर्मनिरपेक्ष थे।

महाराष्ट्र के चापेकर बंधुओं द्वारा चलाई गई 'हिंदू संरक्षणी समिति' नहीं बदली थी। मगर बंगाल की अनुशीलन समिति बदल चुकी थी। 1902 की एक घोषणा में इसने कहा, "मानवता, असमानताओं के चलते आगे नहीं बढ़ सकती। हमें आर्थिक असमानता, सामाजिक असमानता, साम्प्रदायिक असमानता और प्रान्तीय असमानता को मिटाकर सबके बीच में समानता लानी होगी। यह एक राष्ट्रीय सरकार के होते ही पाया जा सकता है।" जब भगत सिंह बंगाल के क्रांतिकारियों से मिले तो वे अपना धार्मिक कट्टरवाद छोड़ चुके थे। चक्रवर्ती ने उन्हें 5000 स्वयंसेवियों की एक फ़ौज़ बनाने को कहा जो कांग्रेस की तर्ज पर हो। चक्रवर्ती उन्हें धर्मनिरपेक्ष मानते थे। उन्होंने पहली बार इस बात का खुलासा किया था कि धर्म और राजनीति को आपस में नहीं मिलाना चाहिए। इस तरह की सेना तैयार करना कोई नई सलाह नहीं थी। भगत सिंह और उनके साथियों ने अप्रैल 1925 में नौजवानों के लिए एक मंच, 'नौजवान भारत सभा' बनाया था। भगवती चरन द्वारा लिखे इसके घोषणा पत्र ने नौजवानों को स्वतंत्र, शांत और ठण्डे तरीके से सोचने पर मज़बूर किया और हिंदुस्तान की आज़ादी को ही अपनी जिंदगी का मकसद बना लेने को कहा।

घोषणा पत्र में कहा गया, "क्या वो नौजवान रूसी नहीं थे, जिन्होंने रूस की मुक्ति के लिए अपने जीवन का त्याग कर दिया?" उनके उदाहरण की तुलना हिंदुस्तानियों के साथ की गई। इससे नौजवानों में एक गर्मी आई। "पीपल के पेड़ की एक टहनी काट देने से हिंदुओं की धार्मिक भावनाओं को ठेस पहुंचती है। ताज़िए के कागज़ का एक कोना फ़ाड़ लेने से मुसलमानों का विश्वास टूटता/मारा जाता है और 'अल्लाह' नाराज़ होता है, जो किसी हिंदू के खून से कम में नहीं मानता। इन्सान को जानवर से ज़्यादा अहमियत मिलनी चाहिए और अब भी हिंदुस्तान में 'पवित्र जानवरों' के नाम पर एक दूसरे के सिर फ़ाड़े जा रहे थे। सभी का सदस्य बनने से पहले हर व्यक्ति को चाहे वह स्त्री हो या पुरूष यह प्रतिज्ञा करनी पड़ती थी कि वह देश को सम्प्रदाय से ऊपर रखेगा। हलाल और झटका मीट एक साथ बनाया जाता था और हिंदू, मुस्लिम और सिक्ख एक साथ खाते थे।

भगत सिंह ने इस बात को माना कि सभा नौजवानों की कल्पना को नहीं पकड़ पाई थी। मगर उनका मानना था कि कोई राष्ट्रीय आंदोलन ऐसे अनजान व्यक्तियों के साथ शुरू होता है

जिनका प्रभाव भी ज़्यादा नहीं होता। विश्वास और दृढ़ निश्चय के अलावा कुछ नहीं माना जा सकता, न तो समय और न ही बाधाएं।

भगत सिंह ने माजिनी के शब्द याद किए, "ज़िंदगी की इस नाव का लंगर किसी और समय डालो। इसे महान समुद्र में चलाए जाओ।" नेशनल कॉलेज, लाहौर के प्रोफ़ेसर जयचंद विद्यालंकर जो भगत सिंह को क्रातिकारी गतिविधियों में लाए थे, कलकत्ता में ही थे। वो, भगत सिंह को कलकत्ता रैवोल्यूशनरी पार्टी के प्रो. ज्योतिष घोष के पास ले गए। उनके माध्यम से भगत सिंह और बहुत से क्रांतिकारियों से मिले, जिन्होंने अपनी ज़िंदगी के बेहतरीन साल जेल में बिताए थे।

भगत सिंह, त्रैलोक्यनाथ चक्रवर्ती जिन्होंने तीस साल जेल में बिताए थे उनसे सबसे ज़्यादा प्रभावित हुए। चक्रवर्ती भी भगत सिंह की क्रांतिकारी दीवानगी से बहुत प्रभावित थे। मगर न चक्रबॉर्ती और न ही बंगाल के दूसरे क्रांतिकारी उन तरीकों में कोई विश्वास रखते थे, जो भगत सिंह और उनके कॉमरेड यू.पी. (उत्तरप्रदेश) और पंजाब में अपना रहे थे। भगत सिंह ने इस बात पर बहस की कि व्यक्तिगत हत्याएं, नौजवानों के उत्साह को और पक्का करने के लिए उठाया गया एक कदम थी। यह एक माध्यम था न कि तत्व। तत्व तो, क्रांति थी जिसमें पंजाब और बंगाल दोनों समाए हुए थे। वे (भगत सिंह) बम्ब और बम्ब बनाना सीखना चाहते थे। चक्रवर्ती को भगत सिंह की निष्ठा और ईमानदारी पर बहुत विश्वास था और उनको रिवॉल्वर और गोलियाँ दीं, जबकि शुरू में उन्होंने इसके लिए मना कर दिया था।

कलकत्ता में भगत सिंह, जतिन्द्र नाथ दास से भी मिले जो कि एक कट्टर क्रांतिकारी थे और उन्होंने एच.एस.आर.ए. की गतिविधियों को तेज़ी देने में एक अहम भूमिका निभाई दोनों में तुरंत ही नातेदारी या सम्बन्ध स्थापित हो गया। दास, भगत सिंह को बम्ब बनाना सिखाने के लिए किसी तरह तैयार नहीं थे। उनकी पार्टी ने 'व्यक्तिगत आतंकवाद की गतिविधियाँ बंद कर दी थीं, जैसा उन्होंने कहा था इस वजह से किसी एक के लिए उन्होंने पार्टी के अनुशासन को तोड़ने से मना कर दिया। हलांकि बाद में, दास ने अपना दिमाग बदल लिया जब एक और क्रांतिकारी ने उन्हें यह बताया कि बड़े अंग्रेज अफ़सरों को मारने से नौजवानों के दिमाग में धीरे-धीरे बहादुरी का जज़्बा भर जाएगा और यह क्रांतिकारी गतिविधियों में उनकी हिस्सेदारी बनाएगा। उन्होंने (दास) इस बात को भांपा कि कुछ हत्याओं के बाद अंग्रेज डर गए थे। पुरानी शांत परिस्थितियों में समुद्र जैसा बदलाव आ गया था।

अगर और कुछ नहीं तो भगत सिंह के कलकत्ता दौरे ने बंगाल के क्रांतिकारियों की डूबती हुई क्रांतिकारी चेतना को फिर से जगा दिया। एक सामाजिक बदलाव कैसे लाया जाए ये चर्चाएं उनमें फिर से होने लगीं। 1917 की रूसी क्रांति ने उन्हें सबको उत्साहित कर दिया था। विचारों को निखारने में कुछ वक्त ज़रूर लगा। मगर ये तेज़ी से पसंद किए जा रहे थे और गरीबों की पूरी सहानुभूति प्राप्त कर रहे थे। कहने को लोकतंत्र राजनीतिक और कानूनी समानता वाली प्रणाली थी। मगर असल में ऐसा नहीं था। राजनीति और कानून के सामने समानता तब तक नहीं आ सकती थी जब तक कि चकाचौंध कर देने वाली आर्थिक असमानता मौजूद थी। जब देश में नौकरियों, प्रैस, स्कूलों और सारे सार्वजनिक निकायों पर राज करने वालों का नियत्रंण था, जब तक सार्वजनिक संस्थाओं का एकाधिकार और उनके पैसे का प्रभाव चुनावों पर था, जब तक कानून राज करने वाले बनाते रहेंगे, जब तक वकील जो निजी रूप से काम करते थे अपनी सेवाएं

ज़्यादा दाम लगाने वाले को देते रहेंगे और मुकद्दमे बाज़ी बहुत अलग और मंहगी थी तब तक कानूनी समानता सिर्फ़ नाम के लिए ही रहेगी। क्रांतिकारी इस तरह की बातें किया करते थे और ऐसा ही मानते थे।

अंग्रेज परेशान रहने लगे थे। सर डेविड पेट्री जो क्रिमीनल इन्टेलिजेन्स का डायरेक्टर (अपराधिक अन्वेषण निदेशक) था, उसने लंदन को 'बोल्शविक मेनेस' से आगाह किया। अपनी एक रिपोर्ट में उसने कहा, "बोल्शविकों ने इस बात को निश्चित कर दिया है कि ब्रिटिश एम्पायर (शासन) में सबसे ज़्यादा चोट पहुंचाने वाला केंद्र हिंदुस्तान है ..... और वे इस बात को विश्वास मान कर बहुत खुश है कि जब तक हिंदुस्तान आज़ाद नहीं हो जाएगा, वो इंग्लैंड को धमकाने से बाज़ नहीं आएंगे।" उस वक्त के गवर्नर जनरल की एक्सीक्यूटिव काउंसिल के सदस्य सर जेम्स क्रेरर ने कहा था कि हिंदुस्तान "कम्युनिस्म के सिद्धांतो और कर्मों से दूषित" होता जा रहा था।

इस बात से भरोसे में आकर कि बंगाल के क्रांतिकारियों में से कोई न कोई उन्हें बम्ब बनाने का तरीका सिखाने के लिए आगे जरूर आएगा, भगत सिंह उ०प्र० में आगरा के लिए चल पड़े। क्रांतिकारी गतिविधियों के लिए यह एक नई जगह होने वाली थी।

तीन

भगत सिंह और उनके दो साथियों ने आगरा में हींग की मंडी में दो मकान किराए पर ले लिए। पास में ही झांसी के जंगल बम्बों को परखने के लिए उचित स्थान था। सॉन्डर्स हत्याकांड के बाद पंजाब से बच निकले सभी क्रांतिकारी वहां इकट्ठा हो गए। मोजांग रोड, लाहौर वाली ठिकाने की तरह, आगरा के यह मकान भी उनके शरण स्थान और मिलने की जगह, दोनों बन गए। आज़ाद, भगत सिंह, राजगुरू और सुखदेव सभी वहां मौजूद थे। जतिन्द्र नाथ दास के साथ एक और क्रांतिकारी ललित मुखर्जी उन्हें बम्ब बनाने में तैयार करने के लिए वहां आ पहुंचे। आगरा की ये ज़िंदगी बहुत मुश्किल और साहस पूर्ण थी। उनके पास सोने के लिए चारपाईयाँ तक नहीं थीं, खाना बनाने के लिए पूरे बर्तन तक नहीं थे और यहां तक कि खाना खरीदने के लिए काफी पैसे तक नहीं थे। कई दिन तो ऐसे होते थे जब उनमें से कुछ लोग उन सीमित साधनों की वजह से अपना दोपहर या रात का खाना छोड़ देते थे।

आज़ाद जो पैसों की व्यवस्था करते थे, इसके लिए बहुत बड़े महत्वपूर्ण लोगों के पास गए। उ०प्र० के वरिष्ठ कांग्रेसी नेता मोती लाल नेहरू और पुरूषोत्तम दास टण्डन नियमित रूप से योगदान देते थे। कुछ हिंदुस्तानी अफसर अपने आदमियों के हाथ पैसा भेजते थे। एक बार बंगाल के एडवोकेट जनरल का चैक पाकर आज़ाद को बहुत हैरानी हुई। उन्होंने इसे तुरंत भुना लिया ताकि उनके पते-ठिकाने का कोई सुराग न रह जाए।

आत्मसंयम क्रांतिकारियों का एक निशान बन चुका था, जिसे वो एक लम्बे अर्से से अपनाए हुए थे। अपने घरवालों और प्रिय जनों से दूर इस जिंदगी को उन्होंने अपने आप चुना था। ऐसा इज्ज़त, शौहरत या आत्म प्रशंसा पाने लिए नहीं था, बल्कि मुख्य कारण (क्रांति) की शान बनाए रखने के लिए था।

क्रांतिकारी धरती पर मौजूद हर चीज़ के बारे में बहस करते चाहे वह राजनीति हो, सामाजिक हो या आर्थिक उनका मानना था कि असल में राष्ट्र अपने आप में कुछ नहीं था और इसका आदमी राज्य या कानून के लिए नहीं था, बल्कि राज्य और कानून की मौजूदगी इन्सान के लिए थी। यह इस बात की कसौटी होनी चाहिए थी कि कोई राजनीतिक या सामाजिक विचारधारा व्यक्ति को उसे उत्थान के साथ-साथ बाकी सबकी भलाई सोचने में कितना समर्थ बनाती है। यह एक कक्षा कि तरह था, जहां सभी लगभग रोज़ मिलते और मुद्दों पर चर्चा करते थे। उनकी लम्बी चलने वाली बहस से वहां के वातावरण में गंभीरता छा जाती। इसी माहौल से ज़रा सा आराम महसूस करने के लिए एक दिन राजगुरू ने एक पत्रिका में से नहाती हुई लड़की की फोटो फाड़कर दीवार पर चिपका दी। जब आज़ाद वापिस आए तो इस तस्वीर को देखकर आग बबूला हो गए और तस्वीर के टुकड़े-टुकड़े कर दिए। आज़ाद के गुस्से का सामना करने के लिए उस वक्त राजगुरू वहां नहीं थे। मगर जब वो वापिस पहुचें तो उनका ध्यान तस्वीर के न होने की तरफ गया। राजगुरू कुछ पूछ पाते इससे पहले ही आज़ाद ने स्वीकार कर लिया कि उन्होंने ही दीवार से उतारकर तस्वीर फाड़ डाली थी। राजगुरू को और धक्का तब लगा जब आज़ाद ने कहा कि वे हर सुंदर चीज़ को खत्म कर देंगे, यहां तक कि ताजमहल को भी।

राजगुरू ने टिप्पणी की कि ''हम दुनिया को सुंदर बनाने के लिए बाहर निकले हैं। वह (आज़ाद) इस तरह की बात कैसे कर सकते हैं।'' मगर आज़ाद यह सब कुछ गुस्से में कह गए

थे। कर्म और प्रगति की कमी क्रांतिकारियों पर हावी होती जा रही थी। जैसे ही गुस्सा ठण्डा हुआ आज़ाद ने अपनी गलती मानी और कहा कि वे सुंदरता के खिलाफ़ नहीं थे मगर वो सब अपने लक्ष्य से ध्यान नहीं हटा सकते थे।

इस घटना से सभी में कुछ गम्भीरता और काम के प्रति और जागरूकता आ गई। भगत सिंह सुबह के समय स्थानीय पुस्तकालय जाते और दोपहर का अपने साथियों के साथ वो सभी बातें बांटते जो किताबों से इक्कठ्ठी की गई थीं। एक दिन उन्होंने (भगत सिंह) कहा की उनकी पूरी कोशिशों के बावजूद एक भी ऐसी क्रांतिकारी पार्टी नहीं ढूंढ पाए हैं, जिसको यह साफ हो कि वह किस बात के लिए लड़ रहे हैं। उन्होंने कहा, इन सबमें अलग 'गदर' पार्टी है जो कि अमरीकी सरकार की तरीकों से प्रभावित थी, और पार्टी ने साफ तौर कहा था कि वह मौजूदा प्रणाली को गणतांत्रिक सरकार से बदलना चाहती है। भगत सिंह ने कहा बाकी सभी पार्टियों और उनके सदस्यों के दिमाग में एक ही विचार था : बाहर से आए 'इस शासक' के खिलाफ़ लड़ना। यह सराहना योग्य ज़रूर था मगर क्रांतिकारी विचार नहीं कहा जा सकता था। भगत सिंह ने कहाः "हमें यह बात बहुत अच्छी तरह समझ लेनी चाहिए कि क्रांति का मतलब उभरना नहीं है। क्रांति का मतलब आवश्यक रूप से उन तरीके बद्ध रूप से उन कार्यक्रमों को लागू करना था जिनसे नए और बेहतर मुद्दों के आधार पर समाज का पुनर्निर्माण किया जा सके, ऐसे में अक्सर यह भी ज़रूरी हो जाता है कि पहले से अस्तित्व में रहे राज्य और उसके काम काज का पूरी तरह सफ़ाया कर दिया जाए। यह हर पीढ़ी के लिए भ्रम होता है कि जिन सामाजिक परिस्थितियों में वे रह रहे हैं, वह स्थायी और प्राकृतिक है। अब भी सैकड़ों सालों से ये सामाजिक संस्थाएं दूसरों द्वारा अपनाई अस्थायी ज़रूरतों से प्रभावित रही हैं।"

उनकी प्रेरणाओं में से गदर पार्टी एक थी। यह भारत का पहला हथियार बंद दल था जिसने ताकत से हिंदुस्तान को आज़ाद कराने की कोशिश की, कुछ वैसा है जैसा कि वो (भगत सिंह) और उनके कॉमरेड करने की कोशिश कर रहे थे यह पार्टी 1913 में कनाडा और अमरीका में रह रहे हिंदुस्तानियों ने अंग्रेजी राज़ के खिलाफ बनाई एक पार्टी का लक्ष्य था, "हमारा नाम क्या है? गदर। हमारा काम क्या है? गदर। यह गदर कहां बरपेगा? हिंदुस्तान में। जल्दी ही वो वक्त आएगा जब स्याही और कलम की जगह खून और बंदूकें ले लेंगी।" यह पार्टी धर्म निरपेक्ष, यह एक ऐसा विचार था जो कि भगत सिंह के मन को बहुत प्रिय लगता था। गदर पार्टी की निकाली हुई पत्रिका में यह कविता थी :

हमें किसी पण्डित या मुल्ला की ज़रूरत नहीं है
हमें किसी तरह की प्रार्थना जपने की ज़रूरत नहीं है
यह हमारी नैया को डगमगएगी
तलवार खींचो : यह लड़ने का वक्त है।
चाहे हम हिन्दू, मुसलमान और सिक्ख हों,
तब भी हम *भारत* के बेटे हैं
अपनी बहस को किसी और दिन के लिए एक तरफ रख दो
समय की पुकार मारना है।
जब हम सब मूर्छा में डूबे हुए थे
विदेशी ने हमारी सरकार हथियाई

बिन बात की बहस में हम डूबे थे
झगड़ालू औरतों की तरह अपना वक्त बिताया
जबकि हम सब एक ही जमीन से पैदा हुए हैं
जात से हम ऊँचे और नीचे हैं
यह बेकार की चीज़ हमने ही बनाई है
और फूट के बीज हमने ही बोए हैं।
कुछ गाय को पूजते हैं, दूसरे, सूअर से नफरत करते हैं,
गोरा इन सबको हर जगह खाता है;
भूल जाओ तुम हिन्दू हो, भूल जाओ तुम मुसलमान हो,
अपने आपको अपनी ज़मीन और कौम के लिए लगाओ।

एक ऐसे समय में जब महाराष्ट्र और बंगाल में हिंदुओं की चेतना को जगाने का काम चल रहा था महाराष्ट्र में शिवाजी के नाम पर और बंगाल में 'काली' विनाश की देवी की भावनाओं के सहारे, गदर पार्टी ने अपना विश्वास धर्मनिरपेक्षता में कायम रखा। मुसलमानों को ऊपर उठने से दूर रखा गया। राष्ट्रवादी नेता तिलक उन्हें 'मलेच्छ' कहा करते थे।

सिक्ख गदर पार्टी की रीढ़ की हड्डी की तरह थे। गुरमुखी उनकी भाषा और गुरूद्वारा मिलने की जगह हुआ करते थे। पार्टी सिक्खों को मुख्य राजनीतिक धारा में वापिस लाई और सिक्ख समुदाय के सिर से उस कलंक को साफ़ कर दिया कि उन्होंने 1857 के पहले राष्ट्रीय आंदोलन में अंग्रेजों का साथ दिया। गदर पार्टी का विद्रोह उस समय शुरू हुआ जब पार्टी के लीडर, गुरगीत सिंह ने 1914 में जो कि अमृतसर के रहने वाले थे, कोमागाता मारू नाम का एक जापानी व्यापारिक जहाज किराए पर लिया और 376 हिंदुस्तानियों, जिनमें से ज्यादातर सिक्ख थे उनको लेकर कनाडा की ओर चला। उस वक्त हिंदुस्तानियों के इस देश में जाने पर कोई पाबंदी नहीं थी।

जब जहाज कनाडा की समुद्री सीमा में पहुंचा तो इसे चारों तरफ से घेर लिया गया और मुसाफिरों से कहा कि वो वहां नहीं उतर सकते। गुरगीत सिंह को उस जहाज का किराया एक ही बार में देने के लिए मजबूर किया गया। उन्होंने कहा कि वो जहाज पर लदा माल बेचने के बाद ही यह पैसा देंगे, मगर जहाज का माल नहीं उतारने दिया गया। चारों तरफ से घिरे हिंदुस्तानियों ने जहाज को छोड़ने के लिए प्रदर्शन किया उनमें सबसे ज़्यादा दबदबा रखने वाले एक वकील हुसैन रहीम थे। कुछ कनाडाई भी उनमें आ मिले। समाजवादी फिट्जगराल्ड ने एक आवाज उठाई जिसे भगत सिंह ने अपने साथियों के सामने दोहराया, "उठो और दुबारा आज़ादी के लिए अपने हाथों में हथियार उठाओ। अपने देशवासियों को हिंदुस्तान से सभी गोरों को साफ़ करने के लिए प्रेरित करो।"

नई दिल्ली में वायसराय ने निसहाय मुसाफिरो के प्रति कोई सहानुभूति नहीं दिखाई। न ही उनकी इस मुसीबत को हल करने में उसने कोई हस्तक्षेप किया। अन्ततः कनाडाई बंदूकों ने लगभग दो महीने बाद कोमागाता मारू को लौटने पर मजबूर कर दिया। पर्थ से लेकर कलकत्ता तक इसे रास्ते में कोई पड़ाव नहीं मिला। मेवा सिंह जो एक अन्जान स्थानीय ग्रंथी थे, उन्होंने इस अपमान का बदला विलियम हॉपकिन्स की गोली मार कर हत्या करने से लिया, उसको उस समय गोली मारी गई जब वह बैनकॉर कोर्ट में उस विचारधारा को गलत ठहराने के इंतजार में

था, जिसे गदर पार्टी बढ़ावा देने की कोशिश कर रही थी। मेवा सिंह को सज़ा होने से पहले उन्होंने एक बयान जारी किया, "मेरा धर्म किसी से भी दुश्मनी रखना नहीं सिखाता, चाहे वह किसी भी जाति या धर्म का हो। न ही हॉपकिन्स के साथ मेरी कोई दुश्मनी थी।"

अंततः कोमागाता मारू हुगली के बज बज बंदरगाह पर आ खड़ा हुआ। पुलिस ने इस जहाज की तलाशी ली, मगर कोई हथियार नहीं मिला। इन यात्रियों को रेल में जानवरों की तरह ठूंस कर पंजाब भेज दिया गया। इनमें से कुछ ने कलकत्ता के एक गुरूद्वारे में ग्रंथ साहिब जमा कराने के लिए आग्रह किया। पुलिस ने बंदरगाह से पवित्र ग्रंथ साहिब ले जाती भीड़ पर गोलियों की बौछार कर दी और 18 आदमी मारे गए। उनमें से 200 से ज़्यादा को जेल में डाल दिया गया।

कोमागाता मारू घटना ने विदेशों में रह रहे हिंदुस्तानियों में अवज्ञा की आग को भड़का दिया। गदर पार्टी का एक अंश इसने लोगों को विद्रोह में भाग लेने की सलाह देने के लिए बहुत कड़ाई के साथ लिखा। विदेशों में रह रहे बहुत से लोगों ने हिंदुस्तान आने के लिए पहले से पहला जहाज पकड़ लिया।

'पोर्टलैण्ड टेलीग्राम' (अखबार) ने इस घटना को एक साम्प्रदायिक रंग दिया :

हिन्दूज़ गो होम टू फाईट रैवोल्यूशन

इस्टोरिया (ओरिगॉन) अगस्त 7, "दक्षिण को जाने वाली हर रेल और नाव में इस शहर के हिंदू बड़ी संख्या में हैं और अगर यह विदाई और ज़्यादा समय तक चली तो एस्टोरिया से हिंदुस्तानियों का सफ़ाया हो जाएगा। ज़्यादातर हिंदू जो हैमॉन्ड मिल में काम करते थे जा चुके हैं और बाकी बचे जल्दी ही जाने की तैयारी कर रहे हैं। यह कहा जा रहा है कि ये लोग सॉन फ्रांसिस्को के रास्ते वापिस हिंदुस्तान पहुंच रहे हैं, जहां एक जहाज इस क्रांति में इनकी मदद के लिए किराए पर लिया गया है, यह क्रांति हिंदुस्तान में उभरने की उम्मीद है जिसे इंग्लैंड ने यूरोप की लड़ाई के बाद अपने कब्ज़े में ले लिया था। यह भी कहा जा रहा है कि एक जापानी स्टीमर हिंदुओं को उनकी ज़मीन तक ले जाएगा।" उस वक्त तक गदर पार्टी का कोई नेता नहीं था। इसके महासचिव हरदयाल स्विट्ज़रलैण्ड भाग गए थे, क्योंकि सॉन फ्रांसिस्को में उन्हें 'अलगाववादी' घोषित करार कर दिया गया था।

दो और नेता सोहन सिंह भाकना और करतार सिंह हिंदुस्तान पहुंच चुके थे। हरदयाल की जगह पर अब गदर पार्टी की कमान रामचंद्र के हाथ में थी, जिन्हें हरदयाल की जगह रखा गया था। उन्होंने सभी हिंदुस्तानियों से मोगा, पंजाब में इकट्ठा होने को कहा। "तुम्हारा काम एकदम साफ है। हिंदुस्तान जाओ। आततायी को देश के हर कोने से उखाड़ फेंको। अमीरों के यहां डाका डालों और गरीबों पर दया करो। इस तरह से सारी दुनिया में सहानुभूति पाओ। हिंदुस्तान पहुंचने पर तुम्हें हथियार दिए जाएंगे। ऐसा न होने पर, राइफलों के लिए तुम्हें पुलिस थानों को लूटना ही होगा। बिना किसी हिचकिचाहट के अपने नेताओं का कहा मानो।"

एक और जहाज़ 'कोरिया' जैसे ही कुछ और हिंदुस्तानियों को लेकर कलकत्ता पहुंचा उन सभी को गिरफ्तार कर लिया गया। थोड़े बहुत जो बच निकले, उनके पीछे पुलिस मोगा जा पहुंची। मगर उनमें से किसी को भी हथियार नहीं मिले, जबकि उन्होंने बहुत दिनों तक इंतज़ार किया। उनके पास अपने गांवों में वापिस चले जाने के अलावा और कोई रास्ता नहीं था। हांगकांग, चीन, जापान, बॅरेनो और फ़िलीपीन्स से आने वाले सभी लोगों ने उन इलाकों में काम कर रहे हिंदुस्तानी

दलों से सम्पर्क किया। सिंगापुर की 26वीं पंजाबी बटालियन को छोड़कर उनमें से किसी और ने पलट कर जवाब नहीं दिया। अंग्रेजों ने इन विद्रोहियों को बहुत निर्दयता से कुचला।

दूसरी तरफ़ उत्तरी तटों से आने वाले ज़्यादातर गदराइयों को गिरफ्तार कर लिया गया। मगर दक्षिणी भागों से आने वाले लोगों में से बहुत से - लगभग 1000 पंजाब पहुंच गए। 19 मार्च, 1915 को सरकार ने 'डिफेन्स ऑफ इंडिया एक्ट' पारित किया, जिसके चलते प्रशासन को यह अधिकार दे दिया गया कि "नागरिक या सैनिक प्रतिष्ठानों को और सशक्त किया जाता है ताकि वो किसी भी ऐसे आदमी जिस पर नागरिक सुरक्षा के खिलाफ़ काम करने का शक हो उसके प्रवेश या रिहाइश पर प्रतिबंध लगा सके या ऐसे व्यक्ति को रहने के लिए किसी स्थान विशेष पर भेज सकती है।"

उनको (गदराई) मुश्किलों का सामना करना पड़ा क्योंकि कोई कार्यक्रम और रणनीति नहीं थी। भगत सिंह ने कहा, "दुःख की बात है कि गदराईयों का सही इस्तेमाल करने के लिए कोई क्रांतिकारी नेता नहीं था। पंजाब के लोगों को, उन्होंने असहयोगी पाया। ब्रिटिश सरकार के खिलाफ़ किसी भी तरह के प्रदर्शन नहीं हो रहे थे, जबकि पहला विश्व युद्ध शुरू हो चुका था और ये सबसे अच्छा मौका था। इसके बदले गांधी ने फौजी मेडिकल सर्विस के लिए स्वयं सेवी दिए।

गदराईयों को किसी तरह का जवाब नहीं मिला। उनके साथ अनचाहे आदमियों जैसा व्यवहार किया गया। पुलिस ने बिना किसी रुकावट या विरोध के उन्हें गिरफ़्तार किया और प्रताड़ित किया। यहां तक कि उनमें से कुछ को मार दिया गया।

बज बज बंदरगाह पर हुए गोली काण्ड की कानूनी रिपोर्ट ने गदराईयों को मिले सौतेले व्यवहार को तय कर दिया। "किसानों ने उनके काम को किसी भी तरह ठीक नहीं माना, चाहे वो कितनी ही राष्ट्रभक्ति पूर्ण लक्ष्य से जुड़े थे। उनके लिए क्रांतिकारी, हत्यारे और ईमानदार आदमी पर डाका डालने वाले थे .... उन्हें किसी भी तरीके से रोकना और पकड़ा जाना चाहिए था।" तब भी 'गदराइयों' ने अपने लक्ष्य को नहीं छोड़ा। उन्होंने अपनी गतिविधियों का केंद्र कलकत्ता से लाहौर बदल लिया था। उनके आदमियों ने बहुत सी छावनियों में हिंदुस्तानी सिपाहियों के साथ संपर्क बनाया। फिरोज़पुर की एक छावनी को सबसे सही समझा गया। बोस को विश्वास था कि सिपाही विद्रोह कर देंगे और इस एक लोकप्रिय उभार को चिंगारी मिलेगी। उन्हें उम्मीद थी कि अफ़गानिस्तान उस क्रांतिकारी सरकार को मान्यता दे देगा, जिसकी वे स्थापना करेंगे।

बोस ने इस काम के लिए 21 फरवरी, 1915 का दिन तय किया। लाहौर में 23वीं कैवलरी और दूसरे छावनी दलों को ब्रिटिश अफ़सरों पर गोली चलानी थी और हथियारों के भण्डार पर कब्ज़ा करके राइफलें क्रांतिकारियों में बांटनी थीं। गदराईयों ने अमृतसर और लुधियाना के पास झबल में बम्ब बनाने के कारखाने लगाए। वे रेल को पटरी से उतारने और टेलीग्राफ़ लाइने काटने में माहिर थे। 'एलान-ए-जंग' के बहुत से पोस्टर बांटने के लिए तैयार थे।

मगर, दुर्घटना वश एक 'गदराई' मूला सिंह को गिरफ़्तार कर लिया गया और उसने पुलिस को सब कुछ बता दिया। बोस ने तारीख को 19 फरवरी कर दिया। मूला सिंह ने जिस रेजीमेंट को नाम लिया उसके हथियार ले लिए गए। बहुत से गदराईयों को उठाकर, मार डाला गया। कुछ और दूसरी जगहों पर उनके साथ सैनिकों के मिलने के इंतजार में थे। उनको भी पुलिस ने गिरफ़्तार कर लिया। बोस किसी तरह वहां से बच निकले।

लगभग 249 गदराईयों पर मुकद्दमें चलाए गए। उनमें से 42 को फांसी की सज़ा दी गई, 114 को अन्दमान भेज दिया गया और 93 को तरह-तरह की कैद सुनाई गई। 23 वीं कैवलरी का तबादला आसाम के लिए कर दिया गया, मगर वो बम जो कि उनके सामान में से फटे उन्हें मुक्ति दे गए। उनमें से बारह को फांसी दी गई और छः को उम्र कैद की सज़ा हुई। इस तरह से गदर आंदोलन को कुचल दिया गया। मगर इससे मौलिकतावादी अकाली आंदोलन का जन्म हुआ। गदर आंदोलन में से 'बब्बर अकाली' आंतकवादियों का जन्म हुआ। गदराईयों की मौत का बदला लेने के लिए उन्होंने बहुत से अंग्रेजों को मौत के घाट उतारा। उनमे से कुछ अपनी सज़ा काटने के बाद अंग्रेजों के ख़िलाफ विद्रोहियों को जगाने के लिए वापिस पंजाब लौट आए। कुछ वाप पंथी राजनैतिक आंदोलन भी चले। कीर्ति उनमें से एक था।

भगत सिंह ने अपने कॉमरेडो के सामने इस सबको इसलिए रखा ताकि वो समझ लें क्रांति में मौत एक दिनचर्या की तरह थी। गदराईयों की बहादुरी के बारे में कोई शक नहीं था, या उनके त्याग और बलिदान के बारे में। और बहुत से लोगो ने उनके उदाहरणों को अपनाया और बहुत से अपनाएंगे। वो कहां तक कामयाब हुए थे?

अक्सर भगत सिंह और उनके साथी अपने आपसे यही सवाल किया करते, "क्या वे उस चीज़ तक पहुंच पा रहे थे, जिसके लिए उन्होंने अपने घरों को छोड़ा था? क्या उनकी कोशिशों के कारण देश क्रांति के करीब था? उनको अपनी रणनीति में बदलनाव लाना चाहिए या समझौता कर लेना चाहिए?

उनके पास कोई जवाब नहीं था। न ही उन्हें कोई भ्रम था। उन्हें इस बात का पूरा विश्वास था कि उनकी सफलता सीमित भले ही हो, मगर उन्हें अपने लक्ष्य के प्रति कोई शक नहीं था। विदेशी हुकूमत के आधीन रहना देश के पतन का सबसे अहम कारण था। कोई भी देश जो अपने शोषण कर्त्ता के विरोध में खड़ा होता है, शुरूआत में कमज़ोर पड़ता ही है। अपनी मुहिम के चलते धीरे-धीरे निखरने लगता है। मगर यह एक दम आखिर में ही होता है कि पूरे सुनियोजित तरीके से सभी स्रोतों और ताकत के साथ वह विदेशी सरकार पर अपना आखिरी वार कर पाए।

तब भी भगत सिंह और उनके कॉमरेडों को इस बात से तवज्जो थी कि क्या जो परिणाम वो चाहते थे उनकी रणनीति से उसके कुछ परिणाम निकले। इस समय पर ध्यान आकर्षित करने के लिए बम्ब आवश्यक हो सकता था। मगर वो लोगों को अपने उदाहरण देकर और अपनी बातों से भी समझाना चाहते थे कि उनका रास्ता ही आम आदमी को विदेशियों की गुलामी से छुड़ाने के लिए ठीक था।

अपने हितों की रक्षा करने के लिए सरकारी मशीनरी, हुकूमत के हाथों में एक सुरक्षित हथियार था। भगत सिंह ने कहा था, "हम इस मशीनरी को उनके हाथों से छीन कर खुद चलाना चाहते हैं ताकि अपने सामाजिक पुनर्निर्माण के आदर्शों को लागू कर सकें।" मगर बाद में भगत सिंह ने कहा, "हमें आवाम को इस बात के लिए शिक्षित करना चाहिए कि वो हमारे सामाजिक कार्यक्रम के लिए एक सही वातावरण तैयार करें।"

क्रांतिकारियों का मानना था कि देश की प्रवृति दिन पर दिन स्वतंत्र होती जा रही थी। नेहरू ने भी देश में समाजवाद की हल्की सी हवा के बहाव को महसूस किया। कांग्रेस कार्यकर्ता भी ब्राईस की लोकतंत्र और माजिनी की क्रांतिकारी किताबें ले रहे थे। अंग्रेजों ने अपनी खुफिया रिपोर्टो से पता लगाया कि मजदूरों, छात्रों और नौजवानों में क्रांतिकारी प्रभाव फैलते जा रहे थे।

ट्रेड यूनियनों की गतिविधियों ने ताकत इकट्ठी की। यहां तक कि कुछ भारतीय अफ़सरों की क्रांतिकारियों के साथ सहानुभूति रखने पर शक किया जाने लगा था।

भगत सिंह और उनके कॉमरेड आगरा के मकान में सॉन्डर्स हत्याकाण्ड के बाद के परिणामों पर चर्चा कर रहे थे। उन्होंने इस बात को महसूस किया कि इसके मन चाहे परिणाम नहीं निकले थे। इससे अंग्रेजों का वापिस जाना नहीं हो पाया था जैसे कि वे सब सोच रहे थे। कुछ ने ही अपनी पत्नियों को इंग्लैंड वापिस भेजा था। इस शुरूआती डर ने अंग्रेजों में इस विश्वास को ज़रूर पैदा किया कि इस तरह के विरोध या रुकावटें आतताइयों को सबक ज़रूर सिखाएंगे। कांग्रेस और गांधी ने उनके लिए कोई मुसीबत खड़ी नहीं की। क्रांतिकारियों ने ज़रूर की थी। उस वक्त अंग्रेजों ने सैन्ट्रल असेम्बली के साम्हने राजनीतिक और श्रमिक गतिविधियों पर रोक लगाने और क्रांतिकारियों की अपील का सामना करने के लिए दो बिलों को रखने का फैसला किया।

ये दोनों बिल ब्रिटिश राज के खिलाफ़ प्रतिरोध को कमज़ोर करने के लिए थे। पहला बिल, नागरिक सुरक्षा बिल इस तरीके से बनाया गया था जिसके तहत सरकार को ताकत थी कि वह जिसे चाहे बिना मुकद्दमे के जेल में रख सकती थी। दूसरा ट्रेड डिस्प्यूट बिल मज़दूर/श्रमिक यूनियनों को हड़ताल करने से धमकाने के लिए था, खास-तौर से बम्बई में जहां मिल-मालिकों पर मेहनताना बढ़ाने का दबाव था।

क्रांतिकारी अपने आगरा के ठिकाने पर देश में इन दोनों बिलों के प्रभाव और उनकी गतिविधियों पर इनके प्रभाव के बारे में घंटों तक चर्चा करते। वे असेम्बली को एक नकारा संस्था मानते थे। उनका मानना था कि इस संस्था ने हिंदुस्तानियों के शोषण और निःसहायता को दुनिया के सामने रखा और एक ग़ैरजिम्मेदाराना और मनमर्जी से चलने वाले राज के एकाधिकार को बढ़ावा दिया। तब भी इस एसेम्बली की कुछ अहमियत थी क्योंकि इसने सरकारिया तौर पर दोगले पन के राज पर एक अकुंश सा लगा रखा था।

वो यह सोचकर कुछ हैरान से थे कि क्या इस मंच को इस मुद्दे के लिए इस्तेमाल किया जा सकता है कि ये दोनों बिल ब्रिटिश अत्याचारों को और बढ़ा देंगे? क्या असेम्बली उनके विरोध भरी आवाज़ उठाने के लिए एक सही जगह थी? असल में ये दोनों बिल क्रांतिकारियों के लिए एक खुला संदेशा थे कि और ज़्यादा रूकावटें और सज़ाएं झेलने के लिए तैयार रहें। क्या उन्हें इस चुनौती का जवाब देना चाहिए था? इसका मतलब उनकी अपनी और एच.एस.आर.ए. की लोकप्रियता को खुले में आकर परखना था।

हलांकि वो कुछ न कुछ रास्ता निकाल रहे थे, फिर भी उन्होंने अपने आप को लाचार महसूस किया क्योंकि जिस तरह का काम वो कर रहे थे वह प्रवृति से गोपनीय था। आगे चलकर यह बिल उनका गला घोट देता। आगरा के ठिकानों पर उनकी चर्चा का मुद्दा यही रहता कि उनका संदेश जनता तक कैसे पहुंचे? सॉन्डर्स हत्याकाण्ड ने उनको राष्ट्रीय ऊँचाईयों तक पहुंचा दिया। मगर इसे एक साल बीत चुका था। अब उन्हें दुबारा से अपने ऊपर और अपने संदेश के ऊपर प्रकाश केंद्रित करने के लिए क्या करना चाहिए था? एक और ब्रिटिश अफ़सर की हत्या? क्या इससे कुछ मदद मिलेगी? पहले से ही इस बात में गहरा विश्वास रखा जा रहा था कि जनता को जगाना ही असल काम था ना कि कभी कभार एक बम्ब धमाका या हत्या करना। वो इस बात से सचेत थे कि असेम्बली के बाहर किसी भी तरह का प्रदर्शन उन्हें मुसीबत में डाल सकता था। उन्हें गिरफ्तार करके सीधे जेल में डाल दिया जाएगा। बाद में उन्होंने सोचा कि प्रदर्शन की जगह

वे असेम्बली हॉल का इस्तेमाल अपने संदेश को फैलाने में कर सकते हैं। उनकी मौजूदगी और प्रदर्शन को दिखाने के लिए एक शांतिपूर्ण तरीके की जरूरत थी। यह तरीका अंग्रेजों के उस ईर्ष्यालू प्रचार को भी मात देता जिसमें उन्हें "हत्यारों का झुण्ड कहा जाता था।" उन्हें इस प्रचार का सफाया करना था। अगला कदम उठाने के लिए एच.एस.आर.ए. की एक औपचारिक बैठक बुलाई गई। हमेशा की तरह पहले बोलने वाले भगत सिंह ही थे। उन्होंने कहा, "अंग्रेज हमें अपनी आवाज़ उठाने का मौका दिए बिना ही लूटने और मारने के लिए बाहर निकल पड़े थे। इसी तरह दबाने वाले और कानून आएंगे। जिस तरह से हम गुलाम हैं, हमे अपनी आवाज़ तक उठाने को मौका नहीं होगा।" वो, सुखदेव के साथ पहले ही लाहौर विरोध में अपनी आवाज़ उठाने के लिए विचार विमर्श कर चुके थे। उत्तर प्रदेश से आए एक कॉमरेड तारा चंद ने भगत सिंह के मुद्दे को समझा। उसने कहा, "असेम्बली के सदस्यों की और ख़ासतौर से हिंदुस्तानियों की आंखे और कान खोलने के लिए इसके अलावा और कोई रास्ता नहीं था।" आज़ाद ने बीच में टोकते हुए पूछा, "कैसे?" अहम मुद्दा बिलों के ख़िलाफ गुस्सा दिखाना था। आखिरकार उन्होंने फैसला किया कि उनमें से दो कॉमरेड असेम्बली की सार्वजनिक गैलरी से सैंट्रल हॉल में ट्रैज़री बैंच पर बिना किसी को नुकसान पहुंचाए बम्ब बरसाएंगे। इस धमाके से इस बात पर बहस होना लाज़मी था कि इन दोनों नौजवानों ने इतने कड़े पहरे वाले असेम्बली सुरक्षा घेरे में ऐसा काम करके अपनी जान को जोख़िम में डालना क्यों चुना। यह लोगों को सोचने के लिए मज़बूर करता। लोग इस बात को मानते कि क्रांतिकारी किस बहादुरी के साथ खतरे ले रहे थे ताकि वो देश में आए अंग्रेजों के जंगल राज के खिलाफ़ अपना विरोध कर सकें। इस काम के लिए दो व्यक्तियों बी.के.दत्त और राम सरन दास को चुना गया। 1915 में अपराधी सिद्ध होने के बाद, अन्डमान में अपनी सज़ा पूरी कर वो हाल ही में वापिस लौट थे। अपनी रिहाई के बाद वो भगत सिंह से मिले और एच. एस.आर.ए. के सक्रिय सदस्य बन गए। दास ने 'ड्रीमलैण्ड' के नाम से एक किताब लिखी थी। जिसका परिचय भगत सिंह ने लिखा था। वे दोनों विचारों में एक दूसरे के एकदम उलट थे। तब भी वे एक दूसरे के करीब थे। भगत सिंह ने लिखा, "ब्रह्माण्ड के विषय में इसकी व्याख्या आदर्शवादी और आध्यात्मवादी है, जबकि मैं अनात्मवादी हूँ और मेरे लिए इस सिद्धांत की व्याख्या सामयिक है। इसका मतलब यह बिल्कुल नहीं कि यह स्थान या वर्तमान से परे है। हमारे देश में व्याप्त सामान्य विचार ज़्यादातर उसके (दास) द्वारा की गई व्याख्या के अनुसार हैं। इस उदास कर देने वाली अवस्था से लड़ने के लिए उसने प्रार्थनाओं का सहारा लिया है।"

भगत सिंह ने लिखा, "किताब की पूरी शुरूआत भगवान को ही समर्पित है। उसकी प्रशंसा, उसकी परिभाषा, भगवान में विश्वास उस रहस्य का परिणाम है जो कि न्यूनता के कारण होने वाली प्राकृतिक घटना है। यह संसार माया या मिथ्या है, स्वप्न या भ्रम है यह सब रहस्यवाद है और शंकराचार्य जैसे अन्य और हिंदु मुनि-साधुओं द्वारा पैदा किया गया और बढ़ाया गया है। मगर अनात्मवादी विचारधारा में इस तरह की सोच के लिए कोई जगह नहीं है। लेखक का यह रहस्यवाद किसी भी तरह नीच या सोचनीय नहीं है। इसकी अपनी ही सुंदरता और मज़ा है।"

भगत सिंह चाहते थे कि बम्ब फेंकने के लिए उन्हें चुना जाता। वे उस हॉल में यह एलान करते कि इस धमाके का उद्देश्य अंग्रेजों को इस बात की चुनौती देना है कि बैचेन लोगों की गिनती बढ़ती जा रही थी और यह परिस्थिति और गम्भीर हो सकती थी यदि समय रहते उन्हें संतुष्ट नहीं किया गया।

दास की जगह भगत सिंह के जाने के सुझाव से एक प्रतिक्रिया सामने आई। उनके इस सुझाव को तभी माना जा सकता था यदि वे बम्ब फेंकने के बाद वहां से बच निकलें जैसा कि उन्होंने सॉन्डर्स हत्याकांड में किया था। मगर उन्होंने (भगत सिंह) इस विचार को ठुकरा दिया। उन्होंने कहा कि अब पूर्ण लड़ाई का वक्त आ चुका है। लोगों के दिमाग मे लिपटी हुई बातों को छोड़कर किसी भी क्रांति की कोई भी चीज़ हमेशा के लिए नहीं रहती। शब्द यह काम कर सकते थे। इन्हें कहा ही जाना चाहिए। इस हुक्मरान को कटघरे में खड़ा करना ही था। एसेम्बली के गलियारों का क्रांतिकारी देशभक्त विचारों और देश की आज़ादी के उत्साह को दुबारा भड़काने के प्रसार के लिए इस्तेमाल करना जरूरी था। जनता को क्रांतिकारियों के उद्देश्य का पता जरूर लगना चाहिए था।

भगत सिंह ने कहा, ''यदि उद्देश्य को एक तरफ रख दिया जाए, तो ईसा मसीह को विघ्न पैदा करने वाले, शांति भंग करने वाले और विद्रोह भड़काने के लिए जिम्मेदार आदमी के रू. में देखा जाता और कानून की भाषा में उन्हें एक खतरनाक व्यक्तित्व माना जाता। मगर हम उनकी पूजा करते हैं।''

'दि एक्यूस्टिव सोसाइटी' आर.एच. टॉवने की वह किताब थी जिसे हाल ही में भगत सिंह ने पढ़ा था। उन्होंने कहा, ''दि एक्यूस्टिव सोसाइटी एक सच्चाई थी।'' टॉवने के समय में लोगों द्वारा समाजवाद को अपनाने का कारण तेज़ी से घट रही आर्थिक और नैतिक परिस्थितियाँ थीं जिनमें बहुत से लोग जी रहे थे। उन्होंने राजनीतिक स्वतंत्रता और आर्थिक गुलामी के बीच के अंतर पर ज़ोर दिया और आर्थिक सुधारों की आज़ादी की जरूरत को भी रेखांकित किया। भगत सिंह ने कहा, ''सभी सामाजिक रचनाओं का इतिहास, एक वर्ग की लड़ाई ---- का इतिहास था। यह लड़ाई उन लोगों के बीच थी ''जो काम नहीं करते'' और उनमें ''जो करते हैं।'' इसका कारण विनाश, षड्यंत्र या कार्यकुल नेता नहीं थे, बल्कि वैसे ही निष्ठुर सामाजिक कानून थे जिन्होंने यूरोप में जागीरदारी के पुराने तरीकों को खत्म कर दिया था।

भगत सिंह जिस बात को समझाने की कोशिश कर रहे थे, वह थी कि उनकी विचारधारा को समझाने के लिए वो सबसे सही व्यक्ति थे। मगर आज़ाद ने जो उस बैठक की अध्यक्षता कर रहे थे, उन्हें नकार दिया। वो, उन्हें काफ़ी फैल चुके ख़तरे से दो-चार नहीं कराना चाहते थे। उनको यह बात मालूम थी कि पंजाब पुलिस भगत सिंह की तलाश में है। अगर एक बार वे पुलिस के हाथ लग गए तो वह उन्हें अदालत तक ले ही जाएगी। मुकद्दमें में उनकी दोष सिद्धि और फांसी तय थी।

इस चयन के बाद एक गर्म मुद्दा जो पैदा हुआ, वह था कि क्या बम्ब फेंकने के बाद दत्त और राम सरन को बचाया जाना चाहिए था। आज़ाद ने सॉन्डर्स हत्याकांड के बाद अपने कॉमरेडों को सुरक्षित निकालने की बात याद की। मगर उस समय का लक्ष्य अलग था। इस बार आत्मसमर्पण का विचार था ताकि लोग देख सकें कि अंग्रेजों की दमनकारी नीतियों के खिलाफ विरोध प्रदर्शन में क्रांतिकारी बलिदान कर सकते थे। दत्त और राम सरन बच निकलने की कोशिश नहीं करेंगे बल्कि कोर्ट में अपने को और अपने क्रांतिकारी विचारों को सही साबित करेंगे।

जब सुखदेव को यह पता चला कि इस टीम में भगत सिंह नहीं है तो उन्हें बहुत दुःख हुआ। उन्होंने इस मुद्दे पर आज़ाद के साथ बातचीत भी की। सुखदेव ने इस बात पर ज़ोर दिया कि पूरी पार्टी में अपने विचारों को यदि कोई भी सहानुभूति पूर्ण तथा स्पष्ट तरीके से रख सकता

था और हिंसा के प्रयोग का बचाव कर सकता था तो वह भगत सिंह ही थे सुखदेव ने कहा, "हम अपने साथ लगे हिंसा के कलंक से परेशान हो चुके हैं न तो हम हत्यारे हैं और न ही आतंकवादी। हम देश और दुनिया को क्रांति में अपने विश्वास को दिखा देना चाहते हैं।" भगत सिंह के पास उनकी इस अभिलाषा की व्याख्या करने लायक सब कुछ था।

भगत सिंह भी उनके साथ हिंसा जुड़े होने से थक चुके थे। गांधी की "गैर जिम्मेदार नौजवानों" की व्याख्या से उन्हें चिढ़ थी। उन्होंने उस बात को याद किया जो लेनिन ने गोर्की से कही थी कि "वह (लेनिन) संगीत को बर्दाश्त नहीं कर सकते क्योंकि वह उनके पूरे नाड़ी तंत्र को परेशान कर देता है और उनको यह महसूस होता है जैसे एक कलाकार के सिर को थपथपा रहा हो।" उन्होंने आगे कहा, "मगर यह समय सिर को थपथपाने का नहीं है। हाथों को अब खोपड़ियां नीचे गिरानी चाहिए, जबकि हमारा एक मात्र लक्ष्य हिंसा (हर तरह की) को हटाना है।"

इस तरह से क्रांतिकारियों ने सीखा कि कब उन्हें बंदूकों और बम्बों का इस्तेमाल करना चाहिए था। जब आक्रमण सही हो तो यह जरूरत थी क्या गांधी कभी शाम को किसानों के साथ अलाव (गांव में शाम को जालाई जाने वाली आग) के चारो तरफ़ बैठे थे और यह जानने की कोशिश की कि वे क्या सोचते थे? क्या उन्होंने कोई एक शाम फैक्टरी के मज़दूरों के साथ गुज़ारी थी और उसके साथ उनके विचारों को बांटा था? क्रांतिकारी जानते थे कि लोग क्या सोचते थे। उनको विश्वास था कि वह दिन ज़्यादा दूर नहीं जब वो "क्रांति की इच्छा में काम" करने वाले हज़ारों को आकर्षित कर लेंगे।

जब वे अपनी गतिविधियों को 'नौजवान भारत सभा' और 'एच.एस.आर.ए.' के द्वारा बढ़ा रहे थे उनकी निगाह दो चीजों पर थी। एक, दमनकारी अंग्रेज अफ़सरों को डराना या खत्म करना। दूसरी, और ज़्यादा अहम थी मज़दूरों, किसानों, छात्रों और नौजवानों का एक बड़ा आंदोलन संगठित करना। भले ही उनकी दो धारी रणनीति की पहुंच सीमित थी मगर उनका विश्वास था कि उन्होंने आज़ादी की लड़ाई की रफ़्तार को तेज कर दिया था और लोगों को कल्पनावाद और विचारधारा के करीब ला दिया था।

भगत सिंह ने कहा था, "कई बार ऐसा समय भी आता है जब लोगों में विश्वास पैदा करने के लिए दुश्मन के घूंसे का जवाब तुरंत हथियार बंद हमले से देना चाहिए था।" इससे यह धारणा भी बन सकती थी कि उनका सारा ध्यान हिंसा पर ही था। मगर असल मुद्दा समाजवाद के उन विचारों को लोकप्रिय करना था जिसमें एक शोषण रहित राज्य हो, ताकत का नहीं।

अदालत में मुकद्दमे से उनको यह बात साफ़ करने में मदद मिलती कि उनकी हिंसा सबके लिए नहीं थी, यह विशेष तौर से अंग्रेजों के खिलाफ़ थी। वे (क्रांतिकारी) इस बात की उम्मीद रखते थे कि एक सार्वजनिक बहस जुटाने में कामयाब होंगे कि किस तरह से विदेशी राज ने औद्योगिक क्षेत्रों में झुग्गी में रहने वालों की रफ़्तार को बढ़ाया, गांवों में लोग टूटे-फूटे मकानों या खुले में रह रहे थे। वो लोगों से एक राजद्रोह चाहते थे, यह क्रांति की एक पूर्वाकाक्षा है।

सुखदेव ने भगत सिंह को टीम में शामिल न होने के लिए डांटा, कहीं ऐसा न हो कि वे जेल चले जाएं। यह सबसे निर्दयी बात थी। सुखेदव ने भगत सिंह की तुलना भाई परमानंद से की, जो कि एक क्रांतिकारी था और बाद में पक्का हिंदू नेता बन गया था। यह बात परमानंद काण्ड में लाहौर हाई कोर्ट की टिप्पणी के बाद कही गई थी, "हालांकि पार्टी के पीछे उसकी चेतना और दिमाग़ था, मगर वह डरपोक था। काम करने के लिए वह दूसरों को भेजता था, खुद व्यवस्था

करने के पीछे रहता था।"

भगत सिंह ने सुखदेव से कहा, "तुम मेरी बेज्ज़ती कर रहे हो।"

"मैं एक दोस्त के लिए अपना फर्ज़ पूरा कर रहा हूँ।" सुखदेव ने कहा।

सुखदेव इतने पर ही नहीं रुके। उन्होंने कहा, "तुम क्रांति के लिए किसी काम के नहीं रहोगे क्योंकि अब तुम एक औरत की पकड़ में हो।" उनका संदर्भ दुर्गा देवी से था जिन्होंने सॉन्डर्स की हत्या के बाद भगत सिंह को पुलिस की आंख से बचने और लाहौर से बच निकलने में मदद की थी।

उस वक्त भगत सिंह चुप रहे, बाद में, उन्होंने सुखदेव को एक भावुक चिट्ठी के माध्यम से जवाब दिया। उन्होंने यह तो नहीं माना कि उन्हें प्रेम था या नहीं, मगर उन्होंने यह कहा कि एक क्रांतिकारी की ज़िन्दगी के साथ प्रेम बेमेल नहीं था। उन्होंने, यह जोड़ा कि ज़रूरत के वक्त वे सब कुछ छोड़ सकते थे और 'यही सच्चा बलिदान है।'

उन्होंने माज़िनी का उदाहरण दिया, जिसने लिखा था कि नाकामयाबी और कुचल देने वाली हार के बाद ऊपर को उठने के दुख को वह नहीं सह सकते। उनके मरे हुए साथियों की सोच, उन्हें कचोटती थी। जिस लड़की से वे प्रेम करते थे उसकी एक चिट्ठी ने उन्हें पागल होने या आत्महत्या करने से बचा लिया था।

"प्रेम की आदर्श प्रतिष्ठा के आदर में," भगत सिंह ने लिखा; "मैं यह कह सकता हूँ कि यह अपने आपमें कुछ नहीं बल्कि कामुकता है, एक जानवर की कामुकता नहीं बल्कि एक इन्सानी और बहुत मधुर भी है। प्रेम अपने आपमें कभी भी पाशविक कामुक नहीं हो सकता। प्रेम एक आदमी के चरित्र को हमेशा ऊपर उठाता है। यह उसे कभी नहीं गिराता; बशर्ते प्रेम, प्रेम हो ...... और मैं, तुम्हें बता देना चाहूंगा कि एक जवान लड़का और एक जवान लड़की एक दूसरे को प्रेम कर सकते हैं और उनके प्रेम की मदद से वह उनकी कामुकताओं को जीत सकते हैं और उनकी पवित्रता बनाए रख सकते हैं।" ब्रह्मचर्य पर भगत सिंह, गांधी की तरह बोले।

भगत सिंह की चिट्ठी से ऐसा लगा कि भगत सिंह में एक बार प्रेम की भावना रही थी। उन्होंने माना, "मैंने एक आदमी के प्रेम की निंदा की थी ... और वह भी मायावादी स्तर पर और तब भी आदमी में प्रेम की पक्की भावना होनी चाहिए जिसे कि वह किसी एक में कैद न रखे और इसे विश्व व्यापक बनाए।"

भगत सिंह ने सुखदेव को कचोटा, "एक चीज़ मैं, तुम्हें बता देना चाहूंगा, जिन तात्विक विचारों के अत्यधिक मायावाद से दूर कुछ करने में सक्षम नहीं हो सके हैं। हम उन सभी तात्विक चीज़ों के बारे में चिकनी बातें कर सकते हैं जो कि पाई जा सकती हैं, मगर असल ज़िंदगी में हर शुरूआत पर हम कांपने लगते हैं।"

चिट्ठी ने भगत सिंह का कोमल पक्ष दिखाया। वे एक क्रांतिकारी थे मगर इसने उन्हें एक पत्थर की तरह भाव शून्य नहीं बनाया था। अब तक उनकी भावनाएं किसी भी तरीके से उनके क्रांतिकारी काम करने के रास्ते भी नहीं आई थी, चाहे वो रात में तारों को गिनते हुए जागे रहे हों या फिर कोई उदासी भरा गाना सुनने के लिए अपने कानों पर ज़ोर डालते हों।

स्पष्ट और बुद्धिमान, दुर्गा देवी ने पुलिस से बच निकलने में उनकी मदद की थी। उन्होंने, उनके (दुर्गा देवी) पति की भूमिका की थी। यह सच था, वे शादीशुदा थीं और एक बेटा भी था। मगर उन्होंने एक साथ काम किया था। उन्होंने खुशी और उदासी एक साथ बांटी थी। क्या इससे

परे भी कुछ था?

जो आरोप सुखदेव ने लगाया था, उसकी तरफ़ किसी और ने इशारा नहीं किया था, यहां तक कि 'आज़ाद' ने भी नहीं, जो कि भगत सिंह के लिए पिता की तरह थे। शायद 'आज़ाद' भी यह महसूस करते थे कि प्रेम कोई नीच काम नहीं था, नीचा देखने या हंसी-ठट्ठे के लिए नहीं, हालांकि उनको 'एक ख़तरनाक क्रांतिकारी' माना जाता था, जिनके सिर पर 30,000 रूपये का ईनाम था।

वे जानते थे कि भगत सिंह किस चीज़ से गुज़र रहे थे उनका सफ़र असेम्बली हॉल पर जाकर ख़त्म होता है। वे गिरफ़्तार कर लिए जाएंगे, सॉन्डर्स की हत्या के लिए उन पर मुकद्दमा चलाया जाएगा और फांसी हो जाएगी। 'आज़ाद' और 'भगत सिंह' सिर्फ़ क्रांतिकारी ही नहीं थे। क्रांतिकारी आंदोलन को शक्ल देने के लिए उन दोनों ने एक बहुत लम्बी यात्रा एक साथ तय की थी। उन्होंने एक साथ उस हिंदुस्तान के सपने लिए थे जो कि आज़ाद होगा और तब दुनिया के गुलाम मुल्कों की आज़ादी के लिए लड़ेगा। उस दुनिया में एक समाजवादी व्यवस्था होगी, उसकी हर क्षमता से लेकर, उसकी हर ज़रूरत तक।

भगत सिंह की दरख़ास्त पर, सैन्ट्रल कमेटी की एक और बैठक होनी थी। सुखदेव ने कुछ नहीं कहा। मगर उनकी आंखे लाल थी, जैसे कि सारी रात वे रोते रहे हैं। भगत सिंह, कमेटी के सदस्यों पर रामसरन दास की जगह नाम देने के लिए प्रबल होने में सक्षम थे। आत्मसमर्पण की बहस को भी उन्होंने यह कहते हुए ख़त्म कर दिया कि किसी को भी बचाया नहीं जाना चाहिए। वे और दत्त पब्लिक गैलरी से बम्ब फेंकेंगे और इस तहर से फेंकेंगे कि किसी को भी चोट न पहुंचे। चूंकि यह काम इसलिए था कि वे किस लिए खड़े हुए हैं, इस तरफ़ ध्यान खींच सकें, अपना काम पूरा करने के बाद अपने आपको पुलिस के हवाले कर देंगे।

दत्त, कानपुर के एक हिंदी दैनिक 'प्रताप' में भगत सिंह के साथी हुआ करते थे। उस वक्त भगत सिंह अपने पिता के शादी पर उपदेशों से बचने के लिए घर से भाग गए थे। कानपुर में वे 'प्रताप' के संपादक गणेश शंकर विद्यार्थी से मिले, जिन्होंने 1923 में उनको पत्रकारिता में पहली नौकरी दी उनकी आज्ञा पर, भगत सिंह ने दिल्ली में साम्प्रदायिक दंगों की रपट बनाई। धर्म के प्रति उनकी अनिच्छा इसके बाद ही बढ़ी थी। बाद में खुद विद्यार्थी सांप्रदायिक दंगों का शिकार हो गए थे। एक दंगे के दौरान, हिंदु इलाकों में से उन्होंने बहुत से मुस्लिम बचाए थे। मगर जब वे मुस्लिम इलाकों की तरफ़ हिंदुओं की अगुवाई कर रहे थे, उनकी हत्या कर दी गई।

दत्त ने कानपुर के दिनों को याद किया। भगत सिंह ने याद किया कि किस तरह वे दोनों क्रांति के माध्यम से हिंदुस्तान में परिवर्तनों के बारे में बातचीत किया करते थे। ये दत्त ही थे, जिन्होंने भगत सिंह को इस गीत से परिचित कराया था, जिसे वे अक्सर गुनगुनाया करते थे -

"एक हिलोरा इधर से आये
एक हिलोरा उधर से आए
सारा उलट-पुलट हो गया
धुंआ-धार जगत में छाए
नाश और सत्यानाश की धूल
उड़ चले दायें-बांए।"

यह कानपुर में ही हुआ जहां एक असली क्रांतिकारी, भगत सिंह पैदा हुए थे। यही वह

जगह थी जहाँ उन्हें एक नया नाम, बलवंत मिला और बहुत से क्रांतिकारी संगठनों के साथ जुड़े, खासतौर पर उनसे जो कि जानते थे, बम्ब कैसे बनाए जाते हैं। तब उन्हें 'आज़ाद' मिले। एक दूसरे के लिए उनकी पसंद इच्छानुसार थी। दोनों अंदर से क्रांतिकारी थे। कानपुर ही था जहां भगत सिंह ने सतही तौर पर क्रांति की सामान्य प्रकृति सीखी थी। लाहौर इसकी प्रयोगशाला के तौर पर सर्वश्रेष्ठ था। तब भी उन्हें यह जांचना था कि वे क्या सीखे या क्या सीखा है।

टीम में भगत सिंह का नाम जाने के बाद, 'आज़ाद' जानते थे कि भगत सिंह के गिनती के दिन रह गए थे 'आज़ाद' अपने आपको इस बात तक नहीं ला सकते थे कि विदाई के शब्द कह सकें। मगर उनको इस बात में कोई शक नहीं था कि अगली बार वे भगत सिंह को एक आज़ाद आदमी की तरह नहीं मिल पाएंगे। एक क्रांतिकारी की ज़िन्दगी कितनी छोटी थी। वे (भगत सिंह) उस टूटने वाले तारे की तरह थे जो कि कुछ देर के लिए चमक रहा था और खत्म हो जाएगा। वे दूसरों को प्रेरणा के लिए एक मिसाल थे। क्या उनका बलिदान क्रांति के महल की आधारशिला होगा? क्या लोग इस बात को मानेंगे कि वे (भगत सिंह) हिंदुस्तानियों की इज्ज़त में कमी को और बर्दाश्त नहीं करेंगे?

यहां तक कि जब रूस में लेनिन जीत चुके थे, यह लड़ाई में हार का दमन ही था कि रूसी ताकतों को कलंक मिटाने के लिए खड़ा होने का मतलब मिला। लेनिन ने उस तथ्य को सिर्फ स्पष्ट किया था। उनका (लेनिन) क्रांतिकारी काम उनके बीच छोटी सी मदद था।

आज़ाद ने एक और कॉमरेड शिव वर्मा से कहा, ''कुछ ही दिनों में इतिहास उन्हें (भगत सिंह व दत्त) दृढ़ता पूर्वक याद करेगा और सिर्फ़ पौराणिक कहानियाँ की वक्त के गलियारों में ज़िन्दा रह जाएंगी।

वायसरॉय इर्विन ने दोनों बिलों पर बहस कराने के लिए 8 अप्रैल, 1929 का दिन निर्धारित किया था। क्रांतिकारियों ने भी अपना विरोध दायर करने के लिए यही दिन चुना था। वे जानते थे कि उनकी गिरफ़्तारी के बाद अंग्रेज़ न्यायिक प्रक्रिया उनके साथ सही न होगी। वे न्याय का नाटक करेंगे, सच्चा न्याय नहीं।

क्रांतिकारी अंग्रेजों को यह बताने के लिए दृढ़निश्चित थे कि देश को स्वीकृति में न लें। असेम्बली हॉल में हमला, ताकतवर लंदन तक कंपन भेजेगा और इस चीज़ को साफ़ कर देगा कि क्रांतिकारी अपने लक्ष्य को पाने के लिए किसी भी जगह पहुंच सकते हैं

बम्ब फेंकने से दो दिन पहले, भगत सिंह और दत्त दोनों ने पुरानी दिल्ली में कश्मीरी गेट के पास की एक दुकान पर अपनी फोटों खिंचवाई। भगत सिंह आज़ाद आदमी के रूप में अपनी एक फोटो चाहते थे। उनको पहले से ही यह चेतावनी लग रही थी कि जो काम पूरा करने के लिए उन्होंने अपने हाथ में लिया है उसके बाद वे जीवित बाहर नहीं आएंगे।

साढ़े नौ महीने के बाद भी पुलिस, सॉन्डर्स को किसने मारा है यह ढूंढने में नाकामयाब थी। उस वक्त सैक्रेट्री ऑफ स्टेट को वायसरॉय की एक तार में कहा गया था, ''सॉन्डर्स हत्या की जांच में बहुत अधिक प्रगति नहीं है।'' लंदन से जवाब था, ''यह सुनना बहुत हतोत्साहित करने वाला था कि जांच इतनी संतुष्टिदायक नहीं है।''

चार

पुरानी दिल्ली की आवाजों और खुशबुओं से दूर, नई दिल्ली शहर, रोबदार और भाववाचक तरीके से ऊँची इमारतों और मेहराबों वाले निर्माणों के साथ उबर कर सामने आई। यह इसकी एकदम अलग खम्बों और लाल पत्थर की इमारतों से झलकता था। लंदन के एक अंग्रेज वास्तुकार, ल्यूटिन्स ने इस शहर का नक्शा बनाया था और इसके निर्माण का मार्गदर्शन किया। काऊन्सिल हाऊस, सैंट्रल लेजिस्लेटिव असेम्बली, ऐसी इमारत थी जिसे बेकर ने बनवाया था। यह महलों की याद दिलाने वाला गलियारों की खुली जगह के साथ ऐसा भवन था, जिसे आलोचकों ने 'ड्रैरी-गो-राऊण्ड' कहा था।

बिलों के पेश किए जाने से दो दिन पहले 6 अप्रैल, 1929 को भगत सिंह और दत्त दोनों ने सैंट्रल असेम्बली का दौरा किया। वो खासतौर पर यह देखना चाहते थे कि ऊपर पब्लिक गैलरी से हॉल कैसे दिखता था। वे इस बात को सुनिश्चित करना चाहते थे कि बम्ब जो कि फेंकेंने जाने थे किसी को नुकसान न पहुंचाए।

8 अप्रैल को सुबह 11 बजे अधिवेशन शुरू होने के कुछ ही मिनट पहले वे खाकी कमीज़ और निक्कर पहने, बिना किसी का ध्यान अपनी तरफ़ खींचे पब्लिक गैलरी में घुस गए। असेम्बली के एक हिंदुस्तानी सदस्य ने दरवाज़े पर उन्हें पास दिए थे और उसके बाद गायब हो गया। गैलरी आगन्तुकों से खचाखच भरी हुई थी। वे गैलरी में 'साईमन' को अलग से पहचान सकते थे, जिसके आयोग के ख़िलाफ उन्होंने लाहौर रेलवे स्टेशन के बाहर प्रदर्शन किया था। सदन के अंदर उन्होंने कुछ राष्ट्रीय नेताओं को भी पहचाना - मोती लाल नेहरू, मौहम्मद अली जिन्ना, एन.सी. केलकर और एम. आर. जयकर।

भगत सिंह जानते थे कि उनके बम्ब बिलों को एक्ट बनने से नहीं रोक सकते थे। अंग्रेजों के पास उन पर कानूनी मोहर लगाने के लिए 'हां में हां' मिलाने वाले लोग थे। वैसे भी, वायसरॉय के पास इसके लिए अत्यधिक विशेष ताकतें थीं। मगर वे कम से कम यह चुनौती देंगे कि अंग्रेजी सरकार के खिलाफ़ विरोध का सुलगता हुआ लावा और इसके तरीके एक दिन बह निकलेगा और विदेशी राज को जला देगा। भगत सिंह ने फ्रांसीसी, 'वेलियन्ट' के शब्द याद किए, "एक बहरे को सुनाने के लिए ज़ोर से बोलना पड़ता है।" बम्बों का धमाका ध्यान खींचने के लिए पर्याप्त आवाज़ करेगा।

भगत सिंह ने बहुत सावधानी से समय चुना। सैंट्रल लैजिस्लेटिव असेम्बली ने 'ट्रेड डिस्प्यूट बिल' पास कर दिया था, जिसके तहत औद्योगिक मज़दूरों की हड़ताल पर पाबंदी लगा दी गई थी। मगर अध्यक्ष विट्ठलभाई पटेल ने अभी तक 'पब्लिक सेफ्टी बिल*' पर अपनी राय नहीं दी थी, जो कि सरकार को मजबूत बनाता कि जिस पर शक हो, बिना किसी मुकद्दमे के वह उसे जेल में रोक सकती थी।

पहला बम्ब बहुत सावधानी से भगत सिंह द्वारा जमीन पर लुढ़का दिया गया। यह एक धमाके के साथ फटा। हॉल में अंधेरा छा गया। आगन्तुक दीर्घा में अफ़रा-तफ़री मच गई। शोर-शराबे में औरतों की चीखें सबसे ऊपर थीं। तभी दत्त ने दूसरा बम्ब फेंका, जिससे गाढ़े काले

* बिल पर 'सिलैक्ट कमेटी' की रिपोर्ट को वोट के लिए रखा गया था और वोटों के दौरान इसे हरा दिया गया था। वोटों के बाद कहा गया, "61–61 की संख्या में बराबर वोट पड़े हैं। मेरी राय में अगर कोई पार्टी या सदस्य इस पर कोई विशेष बात चाहता है, वह सदन को आगे बढ़ा सकता है और अपने पक्ष में मत इकट्ठा करे।"

रंग का धुंआ निकल रहा था। आगन्तुक दीर्घा में लोग निकासी की तरफ भागे, हड़बड़ाहट में रास्ता रोक दिया।

पहले धमाके ने सदन में सदस्यों को बेचैन कर दिया। दूसरे ने उन्हें डरा दिया। 'होम मैम्बर' सहित बहुत से शरण के लिए भागने लगे। कुछ सदन में लकड़ी के बैन्चों के पीछे छुप गए। बम्ब, जिनकी ताकत जान बूझकर कम रखी गई थी, इस तरह से फेंके गए थे कि वो ऐसी जगह जाकर गिरें जहां कोई नहीं बैठा था।

सदस्यों ने उस वक्त चैन की सांस ली जब पर्चों का एक पुलन्दा फड़फड़ाते हुए पत्तों की बौछार की तरह गैलरी से नीचे आया। तभी उन्होंने "इन्कलाब ज़िन्दाबाद" और लॉग लिव प्रोलिट्रेट" के नारे सुने। पर्चों ने ज़मीन का कुछ भाग और कुछ कुर्सियों को ढक लिया। भगत सिंह ने वह लेख खुद ही लिखा था और पार्टी के 'लैटरहैड' पर 30 से 40 प्रतियां उस मशीन से टाईप की थीं, जो कि पार्टी के एक सदस्य जयदेव कपूर मारवाड़ी स्कूल के ड्रिल-मास्टर से लाए थे।

सदस्यों ने पर्चे उठा लिए और पढ़ना शुरू कर दिया कि उन पर क्या लिखा था।

हिन्दुस्तान सोशलिस्ट रिपब्लिकन पार्टी

नोटिस

"बहरे को सुनाने के लिए ज़ोर की आवाज़ करनी पड़ती है। इसी तरह के अवसर पर फ्रांसीसी शहीद वैलिएन्ट द्वारा कहे गए इन अमर शब्दों के साथ हम अपने इस काम को न्यायसंगत ठहराते हैं।"

"पिछले दस साल के सुधारों (मॉन्टेग्यू-चैल्मस्फोर्ड सुधार) के दमनकारी कामों ने दोहराते हुए और भारतीय राष्ट्र की उस बेज्ज़ती का जिक्र न करते हुए जो कि इस सदन - नाम के लिए भारतीय संसद - ने की है - हम दुबारा यह देखते हैं कि लोग साईमन कमीशन से सुधार के कुछ और टुकड़ों की उम्मीद करते हैं, हमेशा मिलने वाले टुकड़ों के बंटवारे के लिए लड़ते रहते हैं, सरकार हम पर नई-नई रोकें लगाती जा रही है जैसे कि 'पब्लिक सेफ्टी बिल' और 'ट्रेड डिस्प्यूट्स बिल,' 'प्रैस सैडिशन बिल' अगले अधिवेशन के लिए सुरक्षित रखे हैं। खुले मैदानों में काम कर रहे श्रमिक नेताओं की अव्यवस्थित गिरफ़्तारियों ने साफ़ तौर पर इशारा कर दिया है कि हवा किस तरफ़ बह रही है।"

"इन उकसाने वाले हालातों में 'हिंदुस्तान सोशलिस्ट रिपब्लिकन एसोसिएशन', पूरी गंभीरता के साथ, अपनी पूरी जिम्मेदारी मानते हुए फैसला करती है और अपनी सेना को यह कार्य विशेष करने का हुक्म देती है ताकि इस दमनकारी स्वांग पर एक रोक लगाई जा सके और बाहर से आए नौकरशाही शोषकों को यह बता सके कि जो वह चाहते हैं करें मगर लोगों की आंखों के सामने उन्हें नंगा करके लाया जाए।"

"लोगों के प्रतिनिधि अपने इलाकों में वापिस जाएं और लोगों को आने वाली क्रांति के लिए तैयार करें और सरकार को यह पता लग जाए कि 'पब्लिक सेफ़्टी बिल' और 'ट्रेड डिस्प्यूट्स बिल' और लाला लाजपत राय की नृशंस हत्या के विरोध में हिंदुस्तान की मजबूर जनता की तरफ़ से हम इतिहास द्वारा कई बार दोहराए गए उस सबक पर ज़ोर डालना चाहते हैं कि एक आदमी को मारना आसान है मगर तुम विचारों को नहीं मार सकते। बड़े राज ढह गए लेकिन विचार जिंदा रहे। बॉरबन्स और क्ज़ार गिर पड़े, जबकि क्रांति जीतते हुए आगे बढ़ गई।"

"हम इस बात को मानते हुए माफ़ी चाहते हैं कि हम जो कि इन्सान की ज़िन्दगी की पवित्रता से बहुत जुड़े हुए हैं, हम जो कि इन्सान के उस कल का सपना देखते हैं जब वह पक्की शांति और पूरी आज़ादी का आनंद लेगा, इन्सानी खून बहाने को मजबूर किए गए हैं। मगर महान क्रांति की वेदी पर एक-एक आदमी का यह बलिदान सबके लिए आज़ादी लाएगा, आदमी का आदमी द्वारा शोषण खत्म करने के लिए यह जरूरी है।"

बलराज

कमाण्डर-इन-चीफ़

जैसे ही सदस्यों ने अपनी सीटों पर पहुंचना शुरू किया। उन्होंने पब्लिक गैलरी में दो नौजवानों को खड़ा देखा। बम्ब फेंकने के बाद घबराहट का जो माहौल बना था, भगत सिंह और दत्त ने वहां से बच निकलने की कोशिश नहीं की थी। इसके बदले जैसा कि पार्टी ने फैसला किया था, वे वहीं खड़े रहे। वे गिरफ्तार हो जाना चाहते थे, ताकि इस मौके का इस्तेमाल अपनी वजहों का खुलासा करने के लिए कर सकें। वे अदालत में मिलने वाले मौके की तरफ देख रहे थे।

पुलिस के आदमी उनसे दूर खड़े रहे, वे डर रहे थे कि उनके पास हथियार होंगे। उनके पास हथियार नहीं थे और ऐसा ही उन्होंने पुलिस से कहा। उनका मकसद सिर्फ धमाका करना था और शासकों के कान खोलना चाहते थे, और ऐसा करने में वे कामयाब हुए।

भगत सिंह ने अपनी स्वचालित पिस्तौल जिससे उसने सॉन्डर्स के बदन में गोलियां दागीं थी, पुलिस को सौंप दी। हलांकि उन्होंने और दत्त ने अधिकारियों को भरोसा दिला दिया था कि उनके पास कोई हथियार नहीं है फिर भी पुलिस कुछ रुक कर उन तक पहुंची। तब दोनों को हथकड़ियाँ लगाई गई और उनकी तलाशी ली गई। एक अंग्रेज अफ़सर जो कि धमाका सुनने के बाद भाग गया था, अब जल्दबाज़ी से वापिस आया और उसने गिरफ़्तारी का निरीक्षण किया। दोनों को अलग-अलग पुलिस थानों में ले जाया गया, भगत सिंह को मुख्य थाने में और दत्त को चांदनी चौक थाने में। इसका मकसद उनसे अलग-अलग पूछताछ करना था। दोनों को अकेलेपन में रोक कर रखा गया।

अधिकारियों का भरोसा था कि इन बम्बों का फेंका जाना, आने वाली चीजों की एक खटखटाहट थी। उनको डर था कि असेम्बली बम्ब विस्फोटों के बाद, क्रमवार हिंसक घटनाएं होंगी। प्रैस से असेम्बली काण्ड में अहम भूमिका निभाने को कहा गया। हलांकि जो कुछ भी छापा गया वह बहुत पढ़े लिखे लोगों जैसी भाषा बोलता था, दिल्ली के 'दि हिंदुस्तान टाइम्स' ने यह खबर तीन लाईनों की मुख्य ख़बर में छापा :

बम्ब और पिस्तौलों ने असेम्बली में उपद्रव मचाया; दो बम्ब विस्फ़ोट, पिस्तौलों से गोलियाँ चलीं।

महिला गलियारे में चीखती औरतें; सर फोमन जी दलाल गंभीर रूप से घायल; दो गिरफ़्तार

सर जॉर्ज शस्टर, मि. एस. सी. गुप्ता और कुछ अधिकारियों को हल्की चोटें

वायसरॉय ने एक खास वक्तव्य जारी किया कि 'दोनों हत्यारों' ने किसी को भी न मारने का ध्यान रखा। उसने यह माना कि अगर वे ऐसा चाहते वो बहुत बड़ा विनाश कर सकते थे। मगर उसने कहा कि उनका निशाना सैन्ट्रल असेम्बली की 'संस्थान' था। कांग्रेसी सदस्य चमन लाल, सबसे पहला आदमी था जिसने क्रांतिकारियों को सबसे पहले कसूरवार ठहराया। उसने कहा

बम्ब फेंकना पागलपन का काम था। क्रांतिकारियों ने उसकी बात को बहुत अपमानजनक माना।

हलांकि इतनी आसानी से समर्पण कर देने से क्रांतिकारियों ने सरकार को कपट करने का मौका दे दिया था। क्या वे जेल से भागेंगे? क्या यह शासकों को बेवकूफ बनाने के लिए था? अंग्रेज किसी भी तरह की ढिलाई नहीं चाहते थे। यहां तक कि दोनों को सम्मन भी जेल में ही दिए गए।

अधिकारियों का मानना था कि भगत सिंह के रूप में उन्होंने एक बड़ी मछली फांस ली थी। उनका मानना था कि हिंदुस्तान में क्रांतिकारी गतिविधियों के पीछे संभवतः वे ही थे। यहां तक कि उनको यह शक भी था कि सॉन्डर्स को मारने वालों में से एक वे भी थे। पर्चों में दी गई भाषा, अंग्रेजी जासूसी को जानी-पहचानी थी। सॉन्डर्स की हत्या का एलान करने वाले पोस्टर जो कि लाहौर की दीवारों पर चिपकाए गए थे, उन्हें छांटने के लिए एक सीनियर पुलिस अफ़सर को लाहौर भेजा गया।

टाईप किए गए पर्चों में और हाथ से लिए गए पोस्टरों में कुछ एक सा था। दोनों ही गुलाबी कागज़ पर थे। दोनों को हिंदुस्तान सोशलिस्ट रिपब्लिकन एसोसिएशन ने जारी किया था और दोनों में पार्टी का नाम सबसे ऊपर था। कुछ और समानताएं भी थीं। दोनों पर कमान्डर-इन-चीफ़ बलराज के दस्तख़त थे। दोनों ही 'नोटिस' शब्द से शुरू होते थे और 'इन्कलाब जिंदाबाद' (लॉंग लिव रैवोल्यूशन) के नारे से खत्म होते थे।

यहां तक कि इस्तेमाल किए गए शब्द भी एक से थे। असेम्बली में फेंके गए पर्चों के आखिरी पैराग्राफ में लिखा था, "हम इस बात को मानते हुए माफ़ी चाहते हैं कि हम जो कि इन्सान की ज़िन्दगी की पवित्रता से बहुत जुड़े हुए हैं, हम जो कि इन्सान के उस कल का सपना देखते हैं जब वह पक्की शांति और पूरी आज़ादी का आनंद लेगा, इन्सानी खून बहाने को मजबूर किए गए हैं। मगर महान क्रांति की वेदी पर एक-एक आदमी का यह बलिदान सबके लिए आज़ादी लाएगा, आदमी का आदमी द्वारा शोषण ख़त्म करने के लिए, यह जरूरी है।"

लाहौर के पोस्टर का आखिरी पैराग्राफ इस तरह था, "इन्सानों का खून बहाने के लिए हम माफ़ी चाहते हैं; मगर एक-एक आदमी का क्रांति की वेदी पर बलिदान जो कि सबके लिए आज़ादी लाएगा और आदमी का आदमी द्वारा शोषण असंभव बनाएगा, ज़रूरी है।"

जैसे-जैसे जांच पड़ताल आगे बढ़ती गई, भगत सिंह के खिलाफ़ शक भी गहरा होता गया। जिस दिन बम फेंकने थे उस दिन उन्होंने दास को अपने आपसे बदल दिया था, उसी दिन से उस केस की दिशा भी बदल दी थी। तभी से वे अदालत में सार्वजनिक रूप से पेश होने के लिए तैयार होने लगे थे। वे अदालत को क्रांतिकारियों के नज़रिए की वकालत करने के लिए एक प्लेटफार्म की तरह इस्तेमाल करना चाहते थे। अगर कोई संघर्ष नहीं होता, तो तरक्की भी नहीं होती। वो लोग जो यह कहते थे कि वो आज़ादी के हक में हैं और प्रदर्शनों का विरोध करते थे, उन लोगों की तरह थे जो कि ज़मीन पर बिना हल चलाए फसल चाहते थे।

भगत सिंह पर आई. पी. सी. की धारा 307 के तहत हत्या की कोशिश का आरोप लगाया गया। भगत सिंह के साथ पहली मुलाकात में उन्होंने चमन लाल से कहा कि वो पागल नहीं हैं। "हम विनम्र होकर यह दावा करते हैं कि हम बेहतर तरीके से गंभीर इतिहास और अपने देश के हालातों और उसकी इच्छाओं के छात्र हैं।"

अंग्रेजों ने भगत सिंह के काम में उस चीज़ को ज़िंदा होते हुए देखा जो कि 1909 में

मदन लाल ढींगरा कर चुके थे। उन्होंने लंदन में 'इन्स्टीट्यूट ऑफ इम्पीरियल स्टडीज़' में हिंदुस्तान के 'सैक्रेटरी ऑफ स्टेट' के 'एडी-डी-डैम्प' सर विलियम कर्ज़न विली को मारने के बाद किसी तरह का बचाव नहीं किया था। अंग्रेजों के खिलाफ अपनी भावनाओं को दिखाने के लिए अदालत में पेश होने से ढींगरा ने इन्कार कर दिया था। असल में उन्होंने लंदन के 'दि डेली न्यूज़' के ज़रिए एक वक्तव्य जारी किया।

"मैं मानता हूँ कि जिस दिन मैंने अंग्रेजों का खून बहाने की कोशिश की यह देश भक्त हिंदुस्तानी नौजवानों की अमानवीय फांसियों और निर्वासन के विनम्र बदले जैसा था। इस कोशिश में मैंने अपने होश-ओ-हवास के अलावा किसी की सलाह नहीं ली। मैंने यह काम अपने कर्तव्य के अलावा और किसी के साथ मिलकर नहीं किया है।

"मैं विश्वास करता हूँ कि विदेशी संगीन की चोट से घायल एक राष्ट्र लगभग युद्ध की स्थिति में है, जबकि निहत्थों के लिए खुले आम लड़ाई करना असंभव है। मैंने हैरानी के साथ हमला किया है, जबकि बंदूकों ने मुझे जवाब दे दिया था। मैंने अपनी पिस्तौल को आगे बढ़ाया और गोली चलाई। एक हिंदू होते हुए मैंने इसे अपने देश और अपने भगवान का अनादर पाया। यह राम की धरती है, इसकी सेवा कृष्ण की सेवा में है। पैसे और बुद्धि से गरीब, मेरे जैसे इसके एक बेटे के पास अपनी मां को देने के लिए अपने खून के अलावा कुछ नहीं था और इसलिए उसकी वेदी पर मैंने इसी का बलिदान दिया। हिंदुस्तान को वर्तमान में सिर्फ एक ही सबक सीखने की ज़रूरत है, कैसे मरा जाए और इसे सिखाने का अकेला तरीका यही है कि हम खुद मरकर सिखाएं। इसलिए मैं मर रहा हूँ और अपनी शहादत की शान में भगवान से मेरी प्रार्थना है कि मैं दुबारा इसी मां के बेटे के रूप में पैदा होऊं और मैं दुबारा इसी पवित्र कारण के लिए मरूं जब तक कि यह सफल न हो जाए और वह (मां) इन्सानियत की भलाई व भगवान की शान में आज़ाद न हो जाए - *'वन्दे मातरम'*

यहां तक कि बीस साल बाद भी, अंग्रेजों को गोलियों व बम्बों से उनको भगाने के लिए वैसा ही दृढ़ निश्चय नज़र आ रहा था। उन्होंने भगत सिंह और दत्त को उन बीसियों क्रांतिकारियों से तौला जिनका अंत फांसी के तख्तों पर हो चुका था। बतौर नेता गांधी की बहुत इज्ज़त थी। मगर उन्होंने (अंग्रेज) नौजवानों को उनके (गांधी) मुकाबले क्रांतिकारियों से ज़्यादा जुड़ा पाया। भगत सिंह और दत्त जैसे लोग उनके 'हीरो' थे।

उनको (भगत सिंह और दत्त) समर्थन इतनी उत्तेजना भरा था कि अंग्रेजों ने अदालत दिल्ली जेल (अब मौलाना आजाद मैडिकल कॉलेज) में रखने का फैसला किया। जेल की तरफ जाने वाली सभी सड़कों पर पहरा था। कई जगहों पर सी. आई. डी. के आदमियों को सादे कपड़ों में लगाया गया था। अदालत में पहुंचने वाले हर आदमी की तलाशी ली जा रही थी। यहां तक कि प्रैस वालों को भी नहीं छोड़ा गया।

अंग्रेजी ताज की नुमाइन्दगी सरकारी वकील रायबहादुर सूर्यनारायण ने की थी। मुकद्दमे का जज एक अंग्रेज पी. बी. पूल था। भगत सिंह के माता-पिता भी अदालत में मौजूद थे।

जब भगत सिंह और दत्त को अदालत में लाया गया, उन्होंने बंधी हुई मुट्ठियां हवा में उछालीं और चिल्लाए, "इन्कलाब जिंदाबाद", "साम्राज्य मुर्दाबाद" (डाऊन विद इम्पीरियलिज़्म) अदालत ने इन नारों को रिकॉर्ड किया। जज ने पुलिस को हुक्म दिया कि उन दोनों को हथकड़ी लगा दे। उन्होंने किसी तरह का विरोध नहीं दिखाया और लोहे के जंगले के पीछे एक बैन्च पर

बैठ गए, जो वहां अस्थिर तौर पर लगाया गया था।

प्रॉसीक्यूशन का सबसे बड़ा गवाह सार्जेन्ट टैरी था, जिसने कहा कि जब असेम्बली में उन्हें (भगत सिंह) गिरफ़्तार किया गया था, तो उनके पास से एक पिस्तौल बरामद हुई थी। असल में यह बात सच नहीं थी क्योंकि जब भगत सिंह ने पुलिस से उन्हें गिरफ़्तार करने को कहा था, उन्होंने ही पिस्तौल पुलिस को सौंपी थी।

यहां तक कि जिन ग्यारह गवाहों ने यह कहा कि उन्होंने, दोनों को बम्ब फेंकते हुए देखा था, सिखाए-पढ़ाए लग रहे थे सारी वारदात इतनी जल्दी हुई कि किसी ने भी न तो इसकी उम्मीद की थी और न ही इस पर ध्यान दिया। असल में भगत सिंह और दत्त भी बहुत सतर्क थे। वो एक जेब में बम्ब ले गए थे और दूसरी जेब में डिटोनेटर ले गए थे। इस बात को सुनिश्चित करने के लिए कि दुर्घटनावश कोई विस्फोट न हो जाए वे बहुत धीरे-धीरे चले थे। यह एक बहुत मुश्किल काम था। इसके साथ जुड़े रहना था और उसी वक्त यह भी ध्यान रखना था कि वे किसी प्रकार का शक खड़ा न करें।

जिस तरीके से प्रॉसीक्यूशन ने मुकद्दमे की शुरूआत की भगत सिंह को कोई शक नहीं था कि अंग्रेज उन्हें घेरने के लिए बाहर आ गए थे। उन्होंने अपनी यह भावना अपने पिता जी को बताई, जब वो खाने की छुट्टी के दौरान पुलिस कर्मियों की मौजूदगी में अपने माता और पिता से मिले।

भगत सिंह ने अदालत से दरख़ास्त की कि जेल में उन्हें अख़बार दिया जाए, जैसा कि सुनवाई के दौरान राजनीतिक बंदियों को दिए जाने की प्रथा थी। अदालत ने इस दरख़ास्त को यह कहते हुए ठुकरा दिया कि वह किसी भी तरह की तकरीर को मानने को बाध्य नहीं थी। इसने उनके साथ एक 'अपराधी' जैसा बर्ताव किया।

जब अगले दिन 8 मई, 1929 को उन दोनों को अदालत में पेश किया गया, उनको हैरानी हुई कि इस वैरी जज से, वे किस तरह न्याय पा सकेंगे। जैसे ही वे अदालत में आए, हमेशा की तरह चिल्लाए, "इन्कलाब जिंदाबाद", "साम्राज्य मुर्दाबाद"।

जब पूछा गया तो भगत सिंह ने अपना नाम बताया। मगर जब उनसे काम के बारे में पूछा गया तो उनका जवाब था "कुछ नहीं।" जब उनके घर के बारे में पूछा गया तो उन्होंने कहा, "हम हमेशा एक जगह से दूसरी जगह पर जाते रहते हैं।"

जज : "क्या 8 अप्रैल, 1929 को तुम असेम्बली में मौजूद थे?"

भगत सिंह : "जहां तक इस केस से जुड़े होने की बात है, मैं इस मंच से किसी भी तरह का वक्तव्य देने की ज़रूरत महसूस नहीं करता हूँ। जब महसूस करूंगा, दे दूंगा।"

जज : "जब तुम अदालत में पहुंचे तो तुम चिल्लाए 'इन्कलाब ज़िन्दाबाद'। इससे तुम्हारा क्या मतलब है?"

आसफ अली ने इस सवाल पर आपत्ति उठाई। अदालत ने इसे मान लिया। भगत सिंह और दत्त ने बहुत गुस्से में इस आरोप का खण्डन किया कि उन्होंने असेम्बली में गोलियाँ चलाई थीं। तब अदालत ने दत्त से कुछ सवाल पूछे। मगर उन्होंने उनमें से किसी का भी जवाब देने से इन्कार कर दिया। उन्होंने सोचा नेता होते हुए सारी पूछताछ का निबटारा भगत सिंह ही करेंगे।

ऐसा लग रहा था कि अदालत ने पहले से ही अपना मन बना रखा था, इसने 'आई. पी. सी.' की धारा 307 और 'एक्सप्लोसिव सबस्टॅान्स एक्ट' की धारा 3 के तहत आरोप बनाए।

भगत सिंह और दत्त पर "किंग्ज़ मैजस्टीज़ सब्जैक्ट्स को मारने या चोट पहुंचाने के लिए" बम्ब फेंकने का आरोपी बताया गया। अदालत ने एक बाद फिर उनसे वक्तव्य देने को कहा, मगर उन्होंने कहा, "नहीं"।

जज ने उन दोनों को जज लिओनार्ड मिडिलटन की अध्यक्षता वाली सेशन कोर्ट को सौंप दिया। मुकद्दमे की शुरूआत जून, 1929 के पहले हफ्ते में हुई। पब्लिक प्रॉस्क्यूटर ने कुछ और गवाह पेश किए उन सबने भी कहा कि उन्होंने भगत सिंह और दत्त को असेम्बली हॉल में बम्ब फेंकते हुए देखा था। हवा में गोलियाँ चलाने के उस आरोप को दोहराया गया। आरोपियों ने एक बार फिर से इससे इन्कार किया।

दोनों को गोली चलाने के आरोप से खास दर्द हुआ था। यह लग रहा था कि सरकार इस केस को असेम्बली में बम्ब फेंकने तक बांधकर नहीं रख रही थी। वह इसमें कुछ बाहरी तत्व भी डाल रही थी ताकि उनकी पार्टी और क्रांतिकारी कार्यक्रम के बारे में जान सके। यह अवस्था थी जब उन्होंने अपना वक्तव्य जारी करने का फैसला किया, जिसे उन दोनों ने जेल में तैयार किया था। इसे आसफ अली ने पढ़ा।

वक्तव्य में बम्ब फेंकने की बात से इन्कार नहीं किया गया था। उन्होंने कहा, " इंग्लैण्ड को उसके सपने से जगाने के लिए यह जरूरी था। हमने बम्ब असेम्बली के फ़र्श पर डाला, उन लोगों की तरफ से अपना विरोध जताने के लिए जिनके पास दिल के टुकड़े कर देने वाले दर्द को बयान करने के लिए और कोई तरीका नहीं बचा था। हमारा एक मात्र उद्देश्य बहरे को सुनाना और असावधान को समय रहते सावधान करना था।"

भगत सिंह ने गांधी को भी कुरेदा। "हमने काल्पनिक अहिंसा के एक युग के अंत को अंकित किया है जिसकी निरर्थकता से उठती हुई पीढ़ी को शक की छाया के परे संतुष्ट किया गया।"

हिंसा के विचार का वर्णन करते हुए, जिसे कि क्रांतिकारियों ने अपनाया था, भगत सिंह ने कहा, "युगों की सामाजिक समस्या को सुलझाने का यही एक अकेला तरीका है - मजदूर और किसान, जो कि लोगों का एक बड़ा हिस्सा बनाते हैं उनके लिए आर्थिक और राजनीतिक आज़ादी लाने की समस्या।" 'ट्रेड डिस्प्यूट बिल' पारित हो जाने के बाद उन्होंने, उनकी हरकत को सही ठहराया। "जिन्होंने इस आर्थिक ढांचे को बनाकर खड़ा करने में चुपचाप अपना खून-पसीना दे दिया, उनके लिए जिस किसी का भी दिल रोता है वह उस चीख़ को नहीं दबा सकते जो कि इस धमाके ने हमारे दिलों से बाहर की है।"

"इन्सानियत के लिए हमारे प्यार में हम किसी से कम नहीं हैं। किसी भी व्यक्तिगत से विरूद्ध ईर्ष्या से परे, हम इन्सानी ज़िन्दगी को शब्दों से परे पवित्र समझते हैं ... हर कीमत पर ताकतों का सफाया काल्पनिक है, और नया आंदोलन जो कि देश में खड़ा हुआ है और उसकी सांझ में हमने एक चेतावनी दी है, यह उन विचारों से प्रेरित है जो कि गुरू गोबिंद सिंह, शिवाजी, कमाल पाशा, रिजा खान, वॉशिंगटन, गरिबॉल्डी, लफपैटे और लेनिन ने दिखाए। जैसे कि बाहर से आए राज और हिंदुस्तानी जनता के नेताओं दोनों ने इस आंदोलन से अपनी आंखे बंद की हुई हैं, हमने इसे अपना कर्तव्य समझा कि एक चुनौती दें ताकि यह अनसुना न रह जाए ... हम दोहराते हैं कि इन्सानी ज़िन्दगी को हम शब्दों से परे पवित्र समझते हैं, और जल्दी ही अपनी ज़िन्दगियों को किसी और को चोट पहुंचाने के बजाय इन्सानियत की सेवा में लगा देंगे .... और

अब भी हम यह मानते हैं कि असेम्बली में जानबूझकर बम्ब फेंके गए। सच अपने बारे में खुद बोलते हैं और हमारे इस काम को काल्पनिक, अत्यधिक काल्पनिक हालातों और पहले से मानी गई बातों को लाए बिना देखा जाएगा ....''

वक्तव्य में कहा गया, ''क्रांति से हमारा मतलब देश में अति आवश्यक सामाजिक व्यवस्था को कायम करना है, जिसे कि इस तरह की किसी रुकावट से डर न हो और जिसमें गरीब से गरीब मजदूर की सम्प्रभुता को भी माना जाए और दुनिया का संघ इन्सानियत को साम्राज्यवाद के बंधनों और राजवंशों की लड़ाईयों के दुःख से छुड़ाए ...''

उन्होंने कहा, वायसरॉय ने जब यह कहा कि वे (भगत सिंह व दत्त) सदन को चोट पहुंचाना चाहते थे, वह ठीक था। ''प्रयोगात्मक रूप से हमारा विरोध सदन के खिलाफ़ था, जिसने कि अपने जन्म के समय से ही न सिर्फ़ अपनी बेकारी बल्कि ग़लतियों के लिए अपनी लम्बी पहुंच भी दिखाई है।''

मिडिलटन, पूल से बेहतर नहीं था। यह पहले से ही सोचा-समझा था? जज ने मुंह जुबानी बयान को पक्का सबूत मान लिया कि भगत सिंह और दत्त ने असेम्बली पर बम्ब फेंके थे यहां तक कि मिडिलटन ने भी कहा कि पर्चे फेंकते वक्त भगत सिंह ने अपनी पिस्तौल से गोलियां चलाईं।''

अदालत ने भगत सिंह और दत्त दोनों को गैरकानूनी तरीके से और ईर्ष्या से जिंदगी के लिए खतरा पैदा करने वाले बम्ब विस्फोट करने के लिए दोषी पाया जो कि 'एक्सप्लोसिव सब्स्टैन्स एक्ट' 1888 की धारा 3 के तहत दण्डनीय था। उन्हें उम्र कैद की सज़ा सुनाई गई।

मिडिलटन ने अपने फैसले में ज़ोर दिया कि उसे इस बात में कोई शक नहीं है कि उनका (भगत सिंह व दत्त) काम 'जानबूझकर' किया गया था और उन्होंने 'बहुत जटिल हरकतों' की तैयारी की थी। उसने इस दलील को ठुकरा दिया कि बम्बों को जानबूझकर कमज़ोर बनाया गया था, जबकि धमाके का असर इतना तेज था कि, इसने असेम्बली की डेढ़ इन्च मोटी लक्कड़ के चिथड़े कर दिए।

जज ने आरोपियों के इस बचाव से इन्कार कर दिया कि वे इन्सानी ज़िन्दगी को पवित्र मानते हैं। उसने कहा कि उनकी हरकतें न्यायोचित नहीं थीं। ''यह संभवतः ऐसा है कि उन्होंने एक बार किया है, वे दुबारा भी कर सकते हैं।'' मिडिलटन ने कहा, ''सामान्यतः इन नौजवानों को एक दोषपूर्ण सज़ा नहीं दी जानी चाहिए।'' जज ने कहा, ''तभी वह उन्हें फांसी की सज़ा नहीं देना चाहता है।''

हलांकि भगत सिंह और दत्त दोनों ही अपील दायर करने के इच्छुक नहीं थे, उन्हें ऐसा करने के लिए आगे किया गया। अगर मतलब यह था कि क्रांति के संदेश को फैलाने के लिए अदालत का इस्तेमाल किया जाए तो हर एक मौके को क्यों न लिया जाए? आवाज़ जितनी तेज़ होती, लोगों को उनकी नींद और गुलामी से जगाने का मौका उतना ही बड़ा था। भगत सिंह और दत्त की अपील को ठुकरा दिया गया था। 14 साल, उम्र कैद की मियाद के लिए उन्हें जेल भेज दिया गया।

जेल के साथ भगत सिंह की यह पहली मुलाकात नहीं थी। लाहौर में एक बगीचे से गुज़रते हुए उन्हें मई 1927 में भी गिरफ़्तार किया गया था। उस वक्त उन्होंने कोई सनसनाहट महसूस नहीं की थी। न ही उन्होंने कोई उत्तेजना महसूस की थी। पहले उन्हें रेलवे पुलिस के लॉक-अप

में ले जाया गया, जहां उन्हें एक महीने तक रखा गया। कुछ दिनों के बाद पुलिस ने उन्हें बताया कि वे दशहरे के दौरान भीड़ पर बम्ब फेंकने के लिए जिम्मेदार थे, जो कि कुछ हफ्ते पहले हुआ था।

जब उनसे यह मानने के लिए कहा गया तो वे हंस पड़े। जवाब में उन्होंने कहा कि उनके जैसे विचारों के लोग मासूम लोगों पर बम्ब नहीं फेंकते। एक सुबह सी. आई. डी. का सुपरिंटेन्डेन्ट न्यूमैन, भगत सिंह के पास आया और उन्हें एक लम्बा लैक्चर दे डाला कि किस तरह नौजवानों को समाज में बुरे तत्वों द्वारा रास्ते से भटकाया जा रहा था। जिन सहानुभूति पूर्ण शब्दों को उसने प्रकट किया, उनसे भगत सिंह बहुत चकित हुए। न्यूमैन ने उनसे कबूलने को कहा, उसने कहा, नहीं तो वह भगत सिंह को न सिर्फ दशहरे में 'हत्याओं के मुकद्दमे पर बल्कि काकोरी काण्ड में लड़ाई छेड़ने के षडयंत्र में शामिल होने के मुकद्दमे पर भेजने को मजबूर होगा। अंग्रेज ने भगत सिंह को चेतावनी दी कि सरकार के पास उन्हें दोषी ठहराने और फांसी देने के लिए पर्याप्त सबूत हैं।

इस घटना ने भगत सिंह को सच्चाई से रूह-ब-रूह कर दिया। अंग्रेज अपने राज के खिलाफ विद्रोह को दबाने के लिए किसी भी हद तक जाएंगे। जो उनके खिलाफ़ अपना सिर उठाएगा, वो उनके ऊपर मुकद्दमा बना देंगे। वो (अंग्रेज) उम्र भरके लिए जेल में डाल देंगे या यहां तक कि उन्हें फांसी लगा देंगे। भगत सिंह के लिए वह वक्त आ गया था कि वे ज़िम्मेदारियाँ अपने कंधे पर उठाएं। पहले उन्हें खुद को ही शिक्षित करना था। 'पाठ' था वह सीखें जो उनके दिमाग के गलियारे से आ रही थीं। उनको कुचलने का पाठ जिसका बेड़ा उन्होंने उठाया था। आलोचकों की बहस का जवाब देने का पाठ और आज़ादी की लड़ाई के लिए अपनी भावनाओं की आवाज़ को पुख्ता करने का पाठ।

उन्होंने अपने पिता से बहुत कुछ सीखा था, जिन्हें शासकों के खिलाफ लड़ाई के लिए हिंदुस्तान से बाहर भेज दिया गया था। सिद्धांतों के आदमी, उनके दादा ने, खुल कर कांग्रेस का साथ दिया, अकेली ऐसी पार्टी जिसने भगत सिंह का सोचना था, अंग्रेजों के साथ इस मुद्दे को उठाया।

भगत सिंह अंग्रेजों को कैसे माफ़ कर सकते थे या भूल सकते थे, जिन्होंने उनको बचपन में ही पिता और चाचा से अलग कर दिया था। जब भगत सिंह 10 साल से भी कम उम्र के थे तब वे और उनके दोस्त अक्सर ऐसे ख़याल बनाते थे कि वे एक दिन अंग्रेजों के ख़िलाफ लड़ेंगे। उनकी मां अक्सर इस बात का ध्यान रखतीं कि उन्हें अपने पिता के कदमों पर या उससे अधिक चाचा के कदमों पर नहीं चलना चाहिए। वो अक्सर उनसे कहती, "भगतू, तुम्हें अपने परिवार का ध्यान रखना है और रात में वे चुपके से उनके बिस्तर पर जा कर देखती कहीं वे मोटी किताबों के साथ या सोच में जगे तो नहीं हैं। जिस तरह की किताबें वे पढ़ते थे, उनकी मां को वह पंसद नहीं था। वह इस बात को निश्चित रूप से जानती थीं कि इस तरह की किताबें स्कूल में पाठ पढ़ाने के लिए नहीं थीं। वे उस वक्त और ज्यादा चिंता करती जब वे बड़े आदर के साथ टिप्पणियों को देखते।

दशहरा बम्ब कांड की थोड़ी सी कैद के बाद भगत सिंह ने जेल की हालत के खिलाफ़ विरोध किया था ढाई साल के बाद उन्होंने हालात को पहले से भी बुरा पाया। वे जानवरों जैसे उस व्यवहार को नहीं झेल सकते थे जो बंदियों के साथ किया जाता था, तब उन्होंने बेकार में

अधिकारियों का ध्यान जेल की बदहाल स्थिति की तरफ़ खींचा था।

वापिस जेल में, उन्होंने इस मुद्दे को दुबारा उठाने का फैसला किया। हलांकि उनको इस बात से इत्तेफ़ाक था कि जब तक वे कैदियों का विरोध संगठित नहीं करेंगे, सरकार इस पर कोई प्रतिक्रिया नहीं दिखाएगी। वे गांधी को यह भी साबित करना चाहते थे कि क्रांतिकारी भी कठोर उपवास और आती हुई मौत के डर से कैसे गुज़रा जाए, यह जानते थे। वे भी भूख के थपेड़ों को सह सकते थे, कुछ ऐसा जो कि अहिंसा के फूलों ने प्रत्यक्ष रूप से दिखाया था।

मगर इससे पहले कि वे किसी बात की योजना बना पाते, सॉन्डर्स हत्या के लिए उन्हें दुबारा गिरफ़्तार कर लिया गया। असेम्बली बम्ब कांड में सुनाई गई उम्र कैद की सज़ा को हत्या कांड के मुकद्दमे का फैसला आने तक वैसे ही रखा गया।

जब असेम्बली बम्ब कांड खत्म होने के कगार पर था, तो भगत सिंह को कुछ अपशगुन सा महसूस हुआ था। जज जल्दबाज़ी में था। यहां तक कि उसने यह भी कहा था कि भगत सिंह को और किसी केस के साथ भी जुड़ा पाया गया है।

पुलिस ने भगत सिंह के खिलाफ़ 'खास सबूत' इकट्ठे कर लिए थे। सहारनपुर और लाहौर के पुलिस छापों में बम्ब, पिस्तौल और गोलियाँ जब्तत की गईं। कहा जाता है कि लाहौर में अकेले मैक्लायॅड रोड से जहां भगवती चरण रहते थे, 22 बम्ब बरामद किए गए थे। झांसी में भी बम्ब पाए गए। ऐसा लग रहा था कि उनके किसी क्रांतिकारी साथी ने पुलिस को बम्ब फैक्टरियों की सही-सही स्थिति के बारे में खबर दी थी। सालों में किया गया उनका सारा काम, अब उजागर हो चुका था।

सबसे बुरी बात थी कि साथी, जय गोपाल और हंस राज वोहरा सरकारी गवाह बन गए थे। वो, जो कभी सरकार के खिलाफ़ लड़े थे, अब क्रांतिकारियों से लड़ने के लिए सरकारी पिट्ठू बन गए थे।

सॉन्डर्स और सिपाही चानन सिंह को मारने में भगत सिंह के शामिल होने का शक था। उनके खिलाफ़ करीब 21 केस, जिनमें कुछ गम्भीर किस्म के दायर किए गए थे। अधिकारियों ने उनके खिलाफ़ अपने आरोपों को साबित करने के लिए करीब 600 गवाह इकट्ठे कर लिए थे।

अधिकारी जानते थे कि भगत सिंह अकेले नहीं थे। दूसरे कौन थे? क्या वो एक षडयंत्र बना सकते थे और दिखा सकते थे कि सब क्रांतिकारी योजनाएं बनाने और हत्याओं को अन्जाम देने में एक साथ थे? गोरों को मारने के लिए उनको व्यक्तिगत हिसंक हरकतों के सुनियोजित जाल को सरकार एक तार में कैसे बांध सकती थी?

सरकार चाहे कुछ करती, उसे इस सच्चाई का ध्यान था कि असेम्बली कांड में एक तरफा मुकद्दमे से उसकी छवि खराब हुई है, पहले मजिस्ट्रेट के सामने और बाद में सेशन जज़ के सामने लोग, खासतौर पर देश में नौजवान इस बात को समझ चुके थे कि नौजवान क्रांतिकारियों को खत्म करने के लिए अंग्रेज एक षडयंत्र बना चुके हैं। भगत सिंह को लाहौर के मियांवाली और दत्त को बोर्सतल जेल में भेज दिया गया। दोनों को 12 मार्च को एक ही रेल, मगर अलग-अलग डिब्बों में बिठाया गया।

भगत सिंह हैरान थे कि क्या क्रांति का मतलब समझा गया था। यह पिस्तौल के साथ रोमान्स करना नहीं था बल्कि स्वयं प्राणदंड को सहन करने वाली एक कठिन परीक्षा थी। उस समाज में पूरी तरह से डूबा हुआ, जिसने उसे दबा रखा हो, क्रांतिकारी इस बात के लिए सक्षम

थे कि उसे बदल सके। वे भी उन अधिकारों और मूल्यों से बंधे हुए थे जो पहले से ही दिए गए थे, मगर उनको अपना खुद का रास्ता पाना था, कभी ताकत से और कभी आगे बढ़कर। भूख हड़ताल भी एक रास्ता था।

जेलों में रहन-सहन के हालातों में सुधार की मांग करना, अधिकारियों का ध्यान खींचने का एक रास्ता था। भगत सिंह ने फैसला किया जैसे ही वे और दत्त अपनी-अपनी जेलों में पहुंचेंगे 15 जून से वे भूख हड़ताल शुरू कर देंगे। मगर वो परेशान थे कि उपवास की तारीख दत्त तक कैसे पहुंचाई जाए?

एक अंग्रेज अफ़सर ने जिसे खासतौर पर भगत सिंह पर निगाह रखने के लिए लगाया गया था, यात्रा के दौरान कई बार कहा कि उनके जैसे नौजवान को अपनी ज़िन्दगी ख़राब नहीं करनी चाहिए। भगत सिंह ने महसूस किया कि अफसर पटाने लायक है। भगत सिंह ने अफसर से दरखास्त की कि कुछ दूर के लिए उन्हें दत्त के साथ यात्रा करने दे, हो सकता था कि एक साथ उनकी यह आखिरी यात्रा हो। वे पुराने दोस्त थे और यह उनकी आखिरी जुदाई थी। विदाई की कुछ घड़ियां किसी भी तरह से कायदे का हनन नहीं करती, भगत सिंह ने तर्क दिया। न ही वे भाग सकते थे क्योंकि उन्हें हथकड़ियां लगी हुई थीं।

अफसर को दया आ गई और अगले स्टेशन तक के लिए भगत सिंह को दत्त के डिब्बे में भेज दिया। भगत सिंह ने दत्त से कहा कि 15 जून से बोर्सतल जेल में भूख हड़ताल पर चले जाएं और ऐसा ही वे मियांवाली जेल में करेंगे।

मियांवाली पहुंचने के बाद, भगत सिंह ने अपने साथी-बंदियों से कहा कि हलांकि काकोरी क्रांतिकारियों ने जेल की स्थिति में सुधार के लिए लम्बी लड़ाई लड़ी और यहां तक कि छूट के कुछ वादे भी करवा लिए, प्रकट रूप में कुछ नहीं हुआ। अंग्रेज अपने वादे से पीछे हट गए थे।

जब वो जेल पहुंचे तो सबसे पहले जो चीज़ की वह थी हिंदुस्तानी और यूरोपी दोनों कैदियों को दी जाने वाली सुविधाओं की लिस्ट को हासिल करना। उन्होंने पाया कि यूरोपी रहने के लिए बेहतर जगह, खाना और रोज़मर्रा में इस्तेमाल की चीज़े पाते थे। जेल के अधिकारियों के हाथों दुर्वव्यवहार को साबित करना मुश्किल था, मगर राशन को गलत साबित करना मुश्किल नहीं था।

हलांकि उन बंदियों को राजनीतिक कारणों से रोका गया था, लग रहा था कि अपने-आपको इन स्थितियों से मिला चुके थे। भगत सिंह ने पाया कि बब्बर अकाली के सदस्यों के साथ अपराधियों जैस बर्ताव होता था। यहां तक कि उनकी मूलभूत ज़रूरतों से भी मना कर दिया जाता था। उन्होंने पर्याप्त राशन पाने और सहनशील माहौल के साथ-साथ कैदियों के साथ मानवीय व्यवहार करने की मुख्य समस्या को पहचाना।

अक्सर उनको खाना इस तरह फेंककर दिया जाता था जैसे कि यह जानवरों के पिंजरे में फेंका जा रहा हो। अधिकारी अपनी बोली में गालियों का इस्तेमाल करते थे।

भगत सिंह ने उनका बीड़ा उठाया और विरोध में भूख हड़ताल कर दी - एक गांधीवादी तरीका। वो यह साबित करना चाहते थे कि क्रांतिकारी अंग्रेजों के खिलाफ लड़ने के लिए कोई भी तरीका अपनाने की इच्छा रखते थे। भूख हड़ताल के दो दिन बाद, उन्होंने जेल के सुपरिंटेंडेन्ट को 17 जून को एक चिट्ठी लिखी। "राजनीतिक बंदियों के बतौर, हमें बेहतर खुराक दी जानी चाहिए और हमारी खुराक का स्तर कम से कम यूरोपी बंदियों की खुराक के बराबर होना चाहिए।

(यह वो खुराक नहीं है जो कि हमने मांगी है, बल्कि खुराक के स्तर जैसी है) हमें किसी भी तरह से कठिन और गिरी हुई मज़दूरी करने पर मज़बूर नहीं किया जाना चाहिए। सभी किताबें, बहिष्कृत किताबों से अलग, लिखने की सामग्री के साथ बिना रोक-टोक हम तक आने की इजाज़त दी जानी चाहिए। कम से कम एक अच्छा दैनिक अखबार हर राजनीतिक कैदी को दिया जाना चाहिए। हर जेल में राजनीतिक कैदियों का अपना एक विशेष वार्ड होना चाहिए, जिसमें यूरोपियों वाली सभी सुविधाएं होनी चाहिए और एक जेल के सभी राजनैतिक कैदियों को उस वार्ड में एक साथ रखा जाना चाहिए। पाखाने की सुविधा दी जानी चाहिए। बेहतर कपड़े देने चाहिए।"

पांच

यह एक अजीब बात थी कि उनका ख़त मिलने तक जेल के अधिकारियों ने उनकी भूख हड़ताल की ओर ध्यान नहीं दिया था। भगत सिंह ने अपने ख़त में ध्यान दिलाया था कि "जब कोई यूरोपवासी अपने स्वार्थों की पूर्ति के लिए कानून तोड़ता है, तो उसे जेल में सभी तरह की सुविधाएँ दी जाती हैं। उसे बिजली वाला, हवादार कमरा, बढ़िया खाना जैसे दूध, मक्खन, मांस आदि, अच्छे कपड़े मिलते हैं, जबकि हम राजनैतिक बंदियों को इन सब चीज़ों से वंचित रखा जाता है।

जेल के सुपरिन्टेन्डेन्ट को खत लिखने के दिन ही उन्होंने पंजाब के जेलों के इन्स्पेक्टर जनरल को भी ख़त लिखा, "इस तथ्य के बावजूद कि सॉन्डर्स काण्ड में गिरफ्तार अन्य नौजवानों के साथ मुझ पर भी मुकद्दमा चलाया जाएगा, मुझे दिल्ली से मिंयावाली भेज दिया गया है। इस मामले की सुनवाई 29 जून, 1929 से होगी। मुझे यहाँ भेज दिए जाने का तर्क मेरी समझ से एकदम बाहर है। इसका मतलब कुछ भी हो न्याय का तकाज़ा यह है कि हर विचाराधीन कैदी को वे सुविधाएँ दी जाएं जिनसे कि वह अपने पक्ष को रखने की सही तैयारी कर सके। यहाँ होते हुए मैं अपना वकील कैसे तय कर सकता हूँ? यहाँ से अपने पिता और रिश्तेदारों से मेरा संपर्क नहीं हो सकता है। यह जगह बिल्कुल अलग-अलग है, रास्ता कठिन है और लाहौर से बहुत दूर है।

इस ख़त का असर हुआ और भगत सिंह को लौहार सैंट्रल जेल भेज दिया गया। उनको इस बात का अंदेशा नहीं था कि इस तबादले के पीछे कुछ गुप्त कारण थे।

जेल भेजने से पहले अधिकारी उन्हें लाहौर छावनी पुलिस स्टेशन ले गए। जांच अधिकारियों ने जो गवाह इकट्ठे किए थे उन्हें भगत सिंह को नज़दीक से दिखाया गया ताकि पहचान की कार्यवाही शुरू होने पर उन्हें दिक्कत न आए।

भगत सिंह ने सैंट्रल जेल में भूख भड़ताल जारी रखी। वहां उनकी मुलाकात ऊधम सिंह से हुई, जिन्होंने बताया कि वो किसी न किसी दिन लंदन जाकर मिखेल ओ डायर की हत्या कर देंगे, जो कि पंजाब का गवर्नर रहते हुए जलियांवाला हत्याकांड के लिए जिम्मेदार था। यह भूख भड़ताल दूसरे जेलों तक फैल गई। जब भगत सिंह ने भूख हड़ताल का आह्वान किया, बाबा सोहन सिंह 15 साल जेल की सज़ा पूरी कर अपनी रिहाई का इंतजार कर रहे थे। वो भी भूख हड़ताल पर चले गए। अधिकारियों ने दण्ड के रूप में उनकी सज़ा तीन साल और बढ़ा दी।

भूख हड़ताल की ख़बर मिलने पर पूरे देश में व्यापक विरोध प्रदर्शन हुए। कांग्रेस ने इसे गंभीरता से लिया। मोतीलाल नेहरू ने सरकार की भर्त्सना की और कहा, "भूख हड़ताल एक सामूहिक हित के लिए है, उनके हित के लिए नहीं।"

बिना किसी हल के जब भूख हड़ताल लम्बी खिंचती गई तो, जवाहर लाल नेहरू ने भगत सिंह और दूसरे भूख हड़तालियों से मुलाकात की। अपना सरोकार जताते हुए उन्होंने एक वक्तव्य जारी किया, "इन बहादुरों की यह बदहाली देखकर मुझे बहुत पीड़ा हुई। इस संघर्ष में उन्होंने अपनी जान की बाज़ी लगा दी है। वे चाहते हैं कि राजनीतिक बंदियों के साथ राजनीतिक बंदियों जैसा बर्ताव किया जाए। मुझे भरोसा है कि उनके बलिदान सफलता का ताज पहनेंगे।"

किन्हीं मतभेदों की वजह से कांग्रेस से अलग हो चुके मोहम्मद अली जिन्ना ने सैंट्रल

लेजिस्लेटिव असेम्बली में भूख हड़ताल का मुद्दा उठाया। अपने भाषण में उन्होंने कहा, "उनके (भगत सिंह और दत्त) जेल में यूरोपवासियों के लिए सुनिश्चित मानदण्डों के मुताबिक व्यवहार किया जा रहा है, भोजन और जीवन की न्यूनतम आवश्यकताओं की दृष्टि से। यह कोई मामूली सवाल नहीं था कि यूरोपवासियों को मिलने वाली सुविधाएं चाहते हैं।" जिन्ना ने उपहास (मज़ाक) भी किया। "जहां तक मैं जानता हूँ भगत सिंह और दत्त असेम्बली हॉल की पब्लिक गैलरी में सबसे पहले टोपी और हॉफ पैन्ट पहने दिखे। इस तरह तो उन्हें यूरोपवासियों जैसा बर्ताव ही मिलना चाहिए था।

जिन्ना ने हिंदुस्तानियों और यूरोपवासियों के बीच फर्क करने के लिए सरकार की आलोचना की। "आप मुझसे पूछते हैं कि राजनीतिक बंदी कौन हैं? इसकी कोई पक्की परिभाषा देना बहुत मुश्किल है। लेकिन यदि आप अपनी सामान्य बुद्धि का प्रयोग करें तो आप इस मामले विशेष में एक निष्कर्ष तक पहुंच सकते हैं और कह सकते हैं कि ये राजनीतिक बंदी हैं और हम इन्हें समुचित सुविधाएं नहीं देना चाहते। हम उनको विचाराधीन बंदियों जैसी सुविधाएं देना चाहते हैं। अगर आप इस तरह की बात कहते तो सवाल बहुत पहले हल हो चुका होता। आप उन पर मुकद्दमा चलाना चाहते हैं या उन्हें सज़ा देना चाहते हैं?"

उन्होंने कहा, "मुझे खेद है कि सही या गलत कुछ भी समझा जाए आप हिंदुस्तान के नौजवानों से विक्षुब्ध हैं और जबकि तीन करोड़ लोगों का सवाल है आप कैसे अपराधों को रोक नहीं पाएंगे, आप चाहे कितनी भी चिंता व्यक्त करें या ये कहें कि वो भटके हुए हैं ... लेकिन याद रखें हज़ारों नौजवान बाहर खड़े हैं। सिर्फ यही देश नहीं है जहां इस तरह की गतिविधियाँ चलाई जा रही हैं। यह दूसरे देशों में भी हुआ है, सिर्फ नौजवानों ने ही नहीं पकी दाढ़ी वाले अधेड़ उम्र के लोगों ने भी गंभीर अपराध किए हैं, देश भक्ति की भावना से भर कर ...."

सरकार की ओर से कोई प्रतिक्रिया नहीं थी। कई दिनों के बाद कुछ प्रतिक्रिया हुई मगर भूख हड़तालियों की सेहत पर चिंता दिखाने के लिए, उठाई बातों पर विचार करने के लिए सरकार के वक्तव्य ने बंदियों को और अधिक गुस्से में कर दिया और उन्होंने इसे अनदेखा कर दिया। भूख हड़ताल में कोई ढिलाई नहीं आई। बंदी अक्सर झुण्ड बनाकर एक-दूसरे से मिलते या इकट्ठे होकर इस तरह के देश भक्ति भरे गाने गाते -

कभी वो दिन भी आयेगा
कि जब आज़ाद हम होंगे
ये अपनी ही ज़मीं होगी
ये अपना आसमाँ होगा
शहीदों की चिताओं पर
लगेंगे हर बरस मेले
वतन पर मरने वालों का
यही नाम-ओ-निशाँ होगा।

कभी-कभी भगत सिंह भूख हड़तालियों का ध्यान आंदोलन के लक्ष्यों को सामने रखने का आग्रह करते हुए आकर्षित करते। वे सोलह आने पाने के लिए प्रदर्शन करते रहे और एक आना ही पा पाते और बाकी के लिए लड़ते रहते। क्रांतिकारियों को यह बात हमेशा अपने दिमाग़ में रखनी चाहिए कि वे एक पूर्ण क्रांति के लिए जूझ रहे थे और सत्ता की पूरी ताकत अपने हाथ

में लेने के लिए जूझ रहे थे। ब्रिटेन के श्रमवादी नेताओं ने अपने संघर्ष के साथ धोखा किया और साम्राज्यवादी बन कर रह गए। कट्टर रूढ़ीवादी परिष्कृत साम्राज्यवादी श्रम नेताओं से बेहतर थे।

उन्होंने कहा क्रांति या भयग्रस्त लोगों की आस्था नहीं है। यह एक जीवंत शक्ति के रूप में, पुराने तथा नए के बीच, जीवन एवं जीवित मृत्यु के बीच, प्रकाश एवं अंधकार के बीच हमेशा चलने वाले संघर्ष का सूचक है। क्रांति के बिना कोई संगीत, कोई सुरसंवाद या लय संभव नहीं। क्रांति एक नियम, क्रांति एक व्यवस्था और क्रांति एक सच है। इसके बिना न तो प्रकृति और न ही मनुष्य में कोई उन्नति हो सकती है।

बंदियों की भूख हड़ताल अब देश के हर आदमी की ज़ुबान पर थी। सहज सहानुभूति का माहौल बन गया था। खुद भूख हड़ताल रखकर उनमें से बहुतों ने इसे समर्थन दिया। कुछ अखबार भूख हड़तालियों के रोज की सेहत की खबरें छापने लगे। अंग्रेजों के खिलाफ़ आवाज़ उठाने के लिए बहुत-सी सभाएं की गईं। अमृतसर के जलियांवाला बाग में एक सभा कर नौकरशाहों को चेतावनी दी गई कि बंदियों को किसी तरह का नुकसान होने पर वे ही जिम्मेदार होंगे। लाहौर में एक सभा में दस हज़ार लोगों ने भूख हड़तालियों के साथ एकजुटता का इज़हार किया। यह सहानुभूति इतनी व्यापक थी कि 21 जून सारे देश में भगत सिंह दिवस के रूप में मनाया गया।

सरकार का रूख फिर भी नहीं बदला। जेल में बंद दूसरे कॉमरेडों ने भी इस चुनौती को स्वीकारते हुए भूखहड़ताल पर जाने का फैसला किया। नौजवान लेकिन कठोर क्रांतिकारी जतिन्द्र नाथ दास इस तरह की भावुक पहुंच के खिलाफ़ थे। उन्होंने, उन सबको चेतावनी दी। उन्होंने चेताया कि यह एक लम्बा संघर्ष होगा। "भूख हड़ताल से मौत की तरफ बढ़ना, बंदूक की गोली या फांसी के फंदे से मरने से ज़्यादा मुश्किल होगा।" उन्होंने कहा। भूख हड़तालियों ने कहा कि लक्ष्य पाने से पहले भूख हड़ताल वापिस लेना क्रांतिकारी परंपरा के खिलाफ़ होगा। जतिन्द्र ने कहा, "लक्ष्य पूर्ति से पहले पीछे हटने से अच्छा है कि इस हड़ताल में शामिल न हुआ जाए।" उन्होंने, उनकी (जतिन्द्र की) बात नहीं सुनी। वे (जतिन्द्र), उनके खिलाफ़ नहीं थे। लेकिन वो उन्हें पहले एहसास दिला देना चाहते थे कि आगे का काम कठिन होगा। उन्होंने भूख हड़ताल की अगुवाई की।

सरकार ने हड़ताल को तोड़ने के लिए कई तरकीबों का इस्तेमाल किया। बंदियों के सामने तरह-तरह के पकवान रखे गए और उनके सब्र का इम्तहान लेने के लिए सामने से हटा लिया गया। लेकिन उनमें से कोई भी नहीं मचला। उनकी कोठरियों के पानी के बर्तन दूध से भर दिए गए ताकि या तो बंदी प्यासे रहें या अपना उपवास तोड़ दें।

जब सरकार ने भूख हड़ताल को खतरनाक मोड़ लेते हुए देखा तो उसने वही तरीके अपनाए जो कि काकोरी काण्ड के बंदियों को तोड़ने के लिए अपनाए थे - छूट देने पर राजी होने की हाँमी भरना मगर उस पर अमल न करना। सरकार ने इस बात का एलान कर दिया कि वो राजनीतिक बंदियों को बेहतर सुविधाएं और खाना देंगी। कुछ बंदियों को चिकित्सीय आधार पर खास बर्ताव का वादा किया गया। लेकिन कोई भी इस झांसे में नहीं आया। भगत सिंह ने अधिकारियों से कहा कि यह सब कुछ पहले से ही बहुत जाना पहचाना था। भूख हड़तालियों ने यह प्रस्ताव ठुकरा दिया।

अधिकारियों ने ज़बरदस्ती खाना खिलाने का फैसला किया। भूख हड़तालियों ने इसका

प्रतिरोध किया। इसमें खतरे को देखते हुए सरकार ने जल्दी ही अपना इरादा छोड़ दिया। एक बंदी 'कसूरी' ने अपनी खाने की नली को जाम करने के लिए लाल काली मिर्च निगल ली और गरम पानी पी लिया। समझौते के अलावा सरकार को और कोई रास्ता दिखाई नहीं दिया। जेल के अधिकारियों से मिलने के लिए शिमला से गवर्नर आया। लेकिन कोई कामयाबी नहीं मिली।

मामले की छानबीन के लिए अंग्रेजों को पंजाब जेल इन्क्वारी कमेटी बनाने के लिए मजबूर होना पड़ा। कमेटी ने सरकार की तरफ से यह वादा किया कि राजनीतिक बंदियों को विशेष खुराक और दूसरी सुविधाएं दी जाएंगी। कुछ भूख हड़तालियों ने अपना अनशन तोड़ दिया। लेकिन कमेटी के अध्यक्ष दुनीचंद को उन्होंने एक नोट भेजा कि भूख हड़ताल फौरी तौर पर तोड़ी गई है, उसे खत्म नहीं किया गया है। बंदियों को यह समझने के लिए ज़्यादा इंतजार नहीं करना पड़ा कि सरकार अपने वादे से पीछे हट चुकी है।

भगत सिंह और दत्त को भी ऐसे ही लालच दिए गए। मगर उन्होंने इसे मानने से इन्कार कर दिया जब तक कि कोई अधिकारिक वक्तव्य जारी न किया जाए। काकोरी काण्ड के बंदियों की नियति से वे दोनों सबक सीख चुके थे।

जब सरकार ने यह देखा कि अनशन पर आम जनता का ध्यान बढ़ता जा रहा है तो उसने मुकद्दमा चलाने की कार्यवाही तेज कर दी जिसे लाहौर षडयंत्र काण्ड के नाम से जाना जाता है। यह मुकद्दमा लाहौर को बोरस्तल जेल में 10 जुलाई 1929 को शुरू हुआ। पहले दर्जे के मजिस्ट्रेट राय साहिब पंडित श्री किशन इस मुकद्दमे के जज थे। अंग्रेजों की वफ़ादारी के लिए उन्हें राय साहब की पदवी दी गई थी।

भगत सिंह तथा अन्य 27 लोगों पर हत्या, राजा के खिलाफ़ षडयंत्र और युद्ध छेड़ने का जुर्म लगाया गया। इन क्रांतिकारियों की औसत उम्र 22 साल थी।

मजिस्ट्रेट की अदालत को चारों तरफ से पुलिस ने घेर रखा था, आम लोगों को अंदर घुसने की इजाज़त नहीं थी। यहां तक कि आरोपियों के सलाहकारों को भी अंदर घुसने से रोक दिया गया। कुछ देर के बाद ही उन्हें घुसने की इजाज़त दी गई। वहां आने वाले लोगों में भगत सिंह के माता-पिता भी थे।

क्रांतिकारियों ने अपनी तरफ से मुकद्दमे में कोई रूचि नहीं दिखाई और बिल्कुल बेपरवाह बने रहे। अंग्रेजों द्वारा बनाई गई अदालत में न तो उनका कोई विश्वास था और न ही उसकी इज्ज़त करते थे। उन्होंने कहा अंग्रेजों को अपनी ही आज़ादी पंसद है और खुद किए गए अन्याय को छोड़कर सभी अन्यायों से नफरत थी।

फिर भी वो यह जानना चाहते थे कि कहीं वो ग़लत तो साबित नहीं होते। वो जनता को यह भी दिखाना चाहते थे कि अदालत ने अपनी मंशा पहले से ही तय कर ली थी। अब भी भूख हड़ताल जारी रखे हुए भगत सिंह को हाथों में हथकड़ी लगाए स्ट्रेचर पर अदालत में लाया गया। उनका वज़न 14 पौण्ड कम होकर 133 पौण्ड से 119 पौण्ड रह गया था।

तब तक जतिन्द्र नाथ दास की हालत बहुत खराब हो चुकी थी। जेल कमेटी ने उन्हें बिना किसी शर्त रिहा करने की सिफ़ारिश की। सरकार ने इसे अपनी इज्ज़त का सवाल बनाते हुए, सिफ़ारिश को ठुकरा दिया। उन्हें बेल पर छोड़ने का प्रस्ताव रखा गया। मगर इस पर वे (जतिन्द्र) राजी नहीं हुए। किसी ने बेल का पैसा जमा करा दिया लेकिन जतिन ने इसे लेने से मना कर दिया। वे इतने कमज़ोर थे कि बिस्तर में करवट भी नहीं ले सकते थे। सरकार ने इस बात का

बढ़ा-चढ़ाकर प्रचार कर दिया कि वे सभी भूख हड़तालियों और आरोपियों को बिना शर्त रिहा करवाना चाहते हैं। यह सच नहीं था। उन्होंने सतर्कता के साथ जेल की सुविधाओं को इस मामले से अलग रखा था।

जतिन्द्र की हालत तेजी से बिगड़ रही थी। किसी भी दिन अंत हो सकता था। भगत सिंह और उनके कॉमरेड अपने-आप को असहाय महसूस कर रहे थे। सारा देश भी बड़े दुःखी भाव से यह सब कुछ देख रहा था। जेल कमेटी के आश्वासन के बाद से अधिकांश कॉमरेडों ने भूख हड़ताल तोड़ दी थी, मगर जतिन्द्र ने ऐसा नहीं किया।

भगत सिंह के निजि आग्रह के बाद जतिन्द्र ने अपने पाचन तंत्र से गंदगी साफ कराने के लिए 'अनीमा' लेना मान लिया। "भगत सिंह को 'न' कौन कह सकता है", उन्होंने जेलर से कहा। तब भी जतिन ने किसी भी तरह के खाने को हाथ लगाने से मना कर दिया। न ही उन्होंने इस बात की इजाज़त दी कि उन्हें ज़बरदस्ती खाना खिलाया जाए। बंगाल के क्रांतिकारी बम्ब और पिस्तौल का रास्ता छोड़ चुके थे। लेकिन वे अपने बलिदान से लोगों पर अमिट छाप छोड़ने का हल पा चुके थे। जतिन ने इस हल का अंतिम समय तक पालन किया। उनका अनशन 63 दिन तक चला।

13 सितम्बर को जतिन का स्वर्गवास हो गया। बंगाल से चोटी के कांग्रेसी नेता सुभाष चंद्रबोस ने जतिन का शरीर कलकत्ता लाने के लिए 600 रुपये भेजे। बम्बई और पंजाब से भी पैसे आए। जतिन के आखिरी शब्द थे, "मैं काली बाड़ी में किसी रूढ़ीवादी बंगाली तरीके से अंतिम संस्कार नहीं चाहता हूँ। मैं एक भारतीय हूँ।" उनकी मृत्यु के बाद वायसराय ने लंदन को खबर दी, "षडयंत्र काण्ड के जतिन दास जो कि भूख हड़ताल पर थे इस दोपहर 1 बजे गुज़र गए। पिछली रात पांच भूख हड़तालियों ने भूख हड़ताल तोड़ दी। इसलिए अब सिर्फ़ भगत सिंह और दत्त हैं जो कि भूख हड़ताल पर हैं ...."

जतिन की मृत्यु पर अधिकारिक घोषणा भावना रहित और औपचारिक थी, "कल दोपहर करीब 1.10 बजे जे.एन. दास की मृत्यु हो गई। उनके भाई के.सी. दास ने उनके शरीर का कार से भाड़ा देने के लिए कलकत्ता से सुभाष चंद्र बोस से 600 रूपये प्राप्त किए हैं।

सारा देश शांत हो गया। लोगों ने ऐसा महसूस किया जैसे कि उनके अपने परिवार से कोई मर गया हो। वो जतिन की लम्बी भूख हड़ताल को समयानुसार निरंतर सुनते रहे थे। अब सब कुछ खत्म हो चुका था। वे सभी उदास और खिन्न थे मगर उन्हें इस बात का गर्व था कि वे (जतिन) अपने रास्ते से हटे नहीं थे। सारे देश के लिए यह बहुत संतुष्टि की बात थी जो कि समझौता न करने वाले जतिन में ताकतवर अंग्रेजी राज के खिलाफ विजेता के रूप में थी।

अंतिम यात्रा पंजाब के लगभग अस्सी कांग्रेसी नेताओं और स्वयं सेवकों के साथ बोर्सतल जेल से दोपहर लगभग चार बजे शुरू हुई मगर जैसे ही शव यात्रा रेलवे स्टेशन की ओर बढ़ी सैकड़ों शोकाकुल लोग इसमें आ मिले। ज़्यादातर दुकानें बंद थीं।

आनन-फानन में जतिन की मौत की खबर सारे देश में फैल गई। एक बहुत बड़े नुकसान का अहसास था, लेकिन असहाय हो जाना भी महसूस हो रहा था। जिस भी स्टेशन पर रेल पहुंची, लोगों ने इसका अहसास शांत और नंगे सिर खड़े रह कर दिखाया।

हावड़ा स्टेशन पर और उसके बाहर करीब-करीब छः लाख लोग इंतजार में खड़े थे। जैसे ही शव यात्रा की गाड़ी कलकत्ता की गलियों के दोनों तरफ खड़ी भीड़ में से आगे बढ़ी और बहुत

से लोग इसमें मिल गए। अंतिम संस्कार के लिए हुगली के किनारे पहुंचने में कई घंटे लगे। रास्ते भर फूल बरसाए गए। दीवारों पर बांग्ला में पोस्टर चिपकाए गए थे, "हमारे बेटे जतिन जैसे हों।" जैसे ही उनके भाई ने चिता को आग लगाई, लोगों की चीखें आसमान को छू गई।

वायसराय ने इस शव यात्रा के बारे में लंदन में स्टेट सक्रैटरी को तार से खबर दी, "बताया जाता है कि कलकत्ता का यह जुलूस अब तक का रिकार्ड है लगभग 5 लाख लोग इसमें शामिल हुए .... पक्के तौर पर बिना किसी शक के भीड़ बहुत ज़्यादा थी .... बहुत सी जगहों पर दास के साथ सहानुभूति में और सरकार की आलोचना में सभाएं की गईं, मगर अब तक अधिकारियों के साथ किसी भी तरह के टकराव की कोई खबर नहीं थी।"

देश के लगभग सभी नेताओं ने जतिन को सही मायनों में श्रद्धांजली अर्पित की। पंजाब के दो नेताओं मौहम्मद आलम और गोपीचंद ने इसके विरोध में पंजाब लैजिस्लेटिव काऊन्सिल से इस्तीफ़ा दे दिया। लाहौर जेल के बंदियों के साथ हुए बर्ताव पर सरकारी नीति के खिलाफ़ आवाज़ उठाते हुए मोतीलाल नेहरू ने सैंट्रल असेंबली स्थगित करने का प्रस्ताव दिया। उन्होंने सरकार पर 'अमानवीयता' का आरोप लगाया और सरकार पर ऐसा रूख अपनाने का आरोप लगाया जिससे, 'जतिंद्र नाथ दास की मौत हुई और बाकी बंदियों का जीवन खतरे में था।' एक अन्य सदस्य "नियोगी" ने गृहमंत्रालय के सदस्यों को "डायर और ओ डायर की नस्ल" से संबंध ा रखने वाला बताया। सेंसर प्रस्ताव 47 के खिलाफ़ 55 मतों से पास हुआ।

गांधी ने भूख हड़ताल से पैदा उत्साह से कोई सरोकार नहीं रखा। उन्होंने कांग्रेस बुलेटिन में छपे भगत सिंह और दत्त के उस संयुक्त वक्तव्य से भी असहमति जताई जो कि सेंट्रल असेम्बली में पर्चों के रूप में उड़ाया गया था। गांधी ने अपनी नाराज़गी को उस वक्त के कांग्रेस के जनरल सेक्रेटरी नेहरू को लिखी एक चिट्ठी में जताई।

नेहरू को इसके स्पष्टीकरण में एक वक्तव्य जारी करना पड़ा, "दरअसल, मैं भूख हड़ताल के हक में नहीं हूँ। इस मामले में मुझसे मिलने जितने भी नौजवान आए मैंने यह बात सभी से कही, फिर भी इस अनशन की सार्वजनिक आलोचना को मैंने ठीक नहीं समझा।

भगत सिंह ने जतिन्द्र का नुकसान इस कदर महसूस किया कि उसे शब्दों में नहीं बताया जा सकता। क्योंकि वे बहुत भावुक थे इसलिए फूट-फूटकर रो पड़े। उन्होंने अपनी नोटबुक निकाली और धीरे से एक छंद बुदबुदाने लगे, जिसको उन्होंने "द नोबलेस्ट फॉलेन" का शीर्षक दिया था।

"सर्वश्रेष्ठ जा चुके हैं। वे किसी निर्जन स्थान पर गुमनामी में दफन किए जा चुके हैं।
उनके लिए कोई आँसू नहीं गिरे,
अनजान हाथों ने उन्हें कब्र तक कंधा दिया,
कोई पदक, स्मारक या समाधी पर उनका शानदार नाम नहीं मिलता।
उनके स्थान पर घास उग आती है और उसकी नरम पत्तियाँ झुककर रहस्य बनाए रखती हैं। अकेली गवाह बनती हैं वो उफनती लहरें जो किनारे के साथ उठती हैं।
लेकिन ये ताकतवर लहरें भी उनके इतनी दूर बने घर तक विदाई गीत नहीं पहुंचा पातीं।"

इन पंक्तियों के लेखक यू. एन. फिग्नर ज़्यादा जाने पहचाने नहीं थे। मगर भगत सिंह को ये शब्द ठीक वैसे ही लगते थे जैसा कि वो खुद कहना चाहते थे। जतिन की मौत ने

क्रांतिकारियों को और ज़्यादा मज़बूत कर दिया था। उन्होंने अपने आपको अगली अग्नि परीक्षा के लिए तैयार कर लिया था। उन्हें यकीन था कि यह षड़यंत्र का मुकद्दमा भगत सिंह व उनके कुछ और कॉमरेडो को फांसी तक पहुंचाने के लिए अंग्रेजों का एक बहाना था। उन्होंने भी अदालती कार्यवाही को एक ढकोसला सिद्ध करने की ठान ली। वे इसे सार्वजनिक रूप से बेनकाब करना चाहते थे।

रणनीतिक फैसले लेने के लिए भगत सिंह, सुखदेव और विजय कुमार सिन्हा जैसे भरोसेमंद दिमागो को मिलाकर एक विचार समिति बनाई गई। उन्होंने इस बात का फैसला किया कि कुछ दिनों तक अदालत की कार्यवाही में शामिल नहीं होंगे ताकि यह जता सकें कि आज़ादी की लड़ाई लड़ने वालों पर मुकद्दमा चलाने के लिए विदेशी ताकत द्वारा नियुक्त जज को वे नहीं मानते हैं। उन्होंने यह भी फैसला किया कि कुछ दिनों वे अदालत सिर्फ इस तरह के नारे लगाने के लिए जाएंगे। 'इन्कलाब जिंदाबाद, साम्राज्यवाद खत्म हो।' इन नारों के बाद एक साथ राष्ट्र गान गाया जाना था। किसी दिन वे अदालत सिर्फ इस लिए जाएंगे ताकि यह जता सकें कि हमारे देश का भला आज़ादी की लड़ाई और क्रांति से ही हो सकता है।

मुकद्दमे की कार्यवाही में अक्सर रुकावट होती थी। क्योंकि अदालत के सामने एक सड़क थी और उस पर आस-पास के स्कूलों तथा कॉलेजों के छात्र अदालत के बाहर भगत सिंह और उनके साथियों को देखने के लिए इकट्ठे हो जाते थे। जैसे ही क्रांतिकारी यह गीत गाना शुरू करते वे सब भी उनके साथ गाने लगतेः

कभी वो दिन भी आएगा
कि जब आज़ाद हम होंगे
ये अपनी ही ज़मीं होगी
ये अपना आसमाँ होगा
शहीदों की चिताओं पर
लगेंगे हर बरस मेले
वतन पर मरने वालों का
यही नाम-ओ-निशाँ होगा।

कभी-कभी वे एक और गीत गाते :

सरफ़रोशी की तमन्ना अब हमारे दिल में है
देखना है ज़ोर कितना बाजु-ए-कातिल में है
वक्त आने दे बता देंगे तुझे ए आसमाँ
हम अभी से क्या बताएँ, क्या हमारे दिल में है।

अक्सर अदालत का इस्तेमाल उन्होंने ऐसी जगह के तौर पर किया जहाँ वे अपनी क्रांतिकारी आस्था व्यक्त करते थे। पहले तो वे हिंदुस्तान को विदेशी राज से आज़ाद कराना चाहते थे, फिर इसे एक समाजवादी व्यवस्था में बदलना चाहते थे। उनकी पार्टी के घोषणा पत्र के अनुसार, "क्रांति भले ही भगवान के खिलाफ़ हो मगर इन्सान के खिलाफ़ बिल्कुल नहीं है।" उनको बिल्कुल साफ था कि भारत में यह लड़ाई तब तक ख़त्म नहीं होगी जब तक कि, "मुट्ठी भर शोषक आम जनता की मेहनत को अपने हाथों बर्बाद करना बंद नहीं कर देगें।" मुद्दा यह नहीं है कि शोषण करने वाले अंग्रेज पूंजीपति हैं या फिर हिंदुस्तानी।

जेल कमेटी ने भगत सिंह और दत्त से उनकी भूख हड़ताल ख़त्म करने की दरख़ास्त की। लेकिन उन्हें मना नहीं पाई। आख़िरकार, भगत सिंह के पिताजी इस काम के लिए आगे आए। उनके पास भूख हड़ताल खत्म करने के लिए कांग्रेस का दिया एक आग्रह था। क्रांतिकारी इस पार्टी की इज्ज़त करते थे, क्योंकि भारत की आज़ादी की लड़ाई के लिए वे इसका संघर्ष जानते थे। वे गांधी को एक 'असंभव सपना देखने वाला' मानते थे, मगर देश में जो जनजागरण वो लाए थे इसके लिए उनकी इज्ज़त करते थे।

भगत सिंह और दत्त दोनों पार्टी की दरख़ास्त पर अपनी भूख हड़ताल ख़त्म करने पर राज़ी हो गए। यह 5 अक्टूबर, 1929; 116वां दिन था जब भगत सिंह एक आयरिश क्रांतिकारी के 97 दिन भूख हड़ताल के विश्व रिकार्ड को पार कर गए थे।

भूख हड़ताल ख़त्म करते समय भगत सिंह और दत्त ने कांग्रेस को एक संदेश भेजा, "अखिल भारतीय कांग्रेस कमेटी के आग्रह को मानते हुए आज हमने अपनी भूख हड़ताल तब तक ख़त्म करने का फैसला किया है जब तक कि सरकार का हिंदुस्तान के जेलों में राजनीतिक बंदियों के साथ बर्ताव के संबंध में कोई आखिरी फैसला नहीं आ जाता। हम इस बात पर भी गहरी चिंता रखते हैं कि वे सब जो हमारे साथ सहानुभूति में भूख हड़ताल पर चले गए थे उनको भी अपनी भूख हड़ताल अगली कार्यवाही तक तोड़ देनी चाहिए ...."

भगत सिंह ने अपना ध्यान फिर से मुकद्दमे पर लगाया। उन्होंने मजिस्ट्रेट की अदालत का वह पहला दिन याद किया जब उन्होंने बिना रूके "इन्कलाब जिंदाबाद (लॉग लिव रेवोल्यूशन)" और "साम्राज्यवाद ख़त्म हो (डाऊन विध इम्पीरियलिज़्म)" के नारे लगाए थे।

अंग्रेजी राज की पैरवी कलन्दर अली ख़ान, गोपाल लाल और पुलिस के प्रॉस्क्यूटिंग इन्स्पेक्टर के साथ सरकारी वकील सी. एच. कार्डेन नोड कर रहे थे। आरोपियों का बचाव दुनी चंद, बिशन नाथ, अमोलक राम कपूर, डब्ल्यू चंद्र दत्त और मेहता पूरण चंद कर रहे थे।

अदालत ने एक ऐसा आदेश जारी किया जिससे अदालत के अंदर नारेबाज़ी पर रोक लगा दी गई। मगर दुनी चंद ने जो कि बचाव पक्ष के थे और मजिस्ट्रेट के सबसे नज़दीक बैठे थे, इस बात की तरफ ध्यान दिलाया कि इस आदेश को कलन्दर अली ख़ान, पब्लिक प्रोसीक्यूटर ने लिखाया था। दुनी चंद ने पूछा क्या यह अंग्रेजी राज के सलाहकारों की ड्यूटी का हिस्सा था कि वह अदालत के आदेश बनवाए? दुनी चंद ने पूछा क्या पुलिस अदालत पर राज करती है? हालाँकि ख़ान ने इस आरोप को मानने के इन्कार किया।

सरकारी वकील ने सरकार के आदेश के चलते एक्सप्लोसिव सब्स्टॉन्स एक्ट और धारा 121, 121 ए, 122 और 123 के तहत मुकद्दमा दायर किया।

सरकार के आदेशानुसार लाहौर के वरिष्ठ पुलिस सुपरिन्टेन्डेन्ट ने औपचारिक शिकायत दर्ज कराई। उसने पहले आरोपियों के नाम पढ़े और फिर शिकायत पढ़ी जिसमें कि उन पर शासक के ख़िलाफ लड़ाई छेड़ने के षड़यंत्र रचने का आरोप लगाया गया था।

आरोपियों पर सरकार का तख़्ता पलटने के लिए आदमी, हथियार और गोलाबारूद इकट्ठा करने के आरोप भी लगाए गए थे। शिकायत में हिंदुस्तान रिपब्लिकन आर्मी और लाहौर के साथ-साथ हिंदुस्तान में दूसरी जगहों पर उनकी सभाओं का जिक्र था "जिसमें वे अपनी जगह एक जनतांत्रिक सरकार चाहते थे।" क्रांतिकारियों ने इसके बदले में अपना जवाब 'इंक़लाब जिंदाबाद' का नारा लगाकर दिया।

अदालत : "हर अच्छा इंसान इन नारों का विरोध करेगा।"

दुनी चंद ने इस बात पर आपत्ति जताई कि अदालत जेल के एक हिस्से में लग रही है। उन्होंने कहा इस तरह की जाने वाली अदालत छोटी थी और चारों तरफ़ से पुलिस से घिरी हुई थी। आरोपियों के रिश्तेदार और दोस्त बाहर सड़क के किनारे इंतजार कर रहे थे और अंदर आने की इज़ाज़त नहीं दी गई।

अदालत : "क्या सारे शहर को यहाँ आ जाना चाहिए?"

सलाहकार समिति : "हर आदमी जो चाहता है उसे अंदर आने देना चाहिए अगर वहाँ जगह हो।"

कार्डेन नोड ने इस तरफ ध्यान दिलाया कि बार के सदस्यों और किसी और के बीच या मुकद्दमा चलाने वाली समिति और बचाव समिति के बीच कोई फर्क नहीं किया गया था। हॉल में इतनी जगह नहीं थी कि सभी जो इस मुकद्दमे को देखना चाहें उन्हें अंदर लाया जाए।

समिति के बरकत अली ने इस वक्तव्य को चुनौती दी। उन्होंने ध्यान दिलाया कि सरकारी वकील के साथ एक और यूरोपी से बाहर किसी ने कोई सवाल नहीं किया और न ही उसे कोई परमिट दिखाने को कहा, वे सीधे अंदर आ गए, जबकि अली को गेट के बाहर रोका गया था। अली ने ड्यूटी पर मौजूद सब-इन्स्पैक्टर से इस फ़र्क की वजह पूछी और उनको यह बताया गया कि सरकारी वकील और यूरोपी को किसी तरह के पास ही ज़रूरत नहीं थी।

इस हालत में कार्डेन नोड ने मजिस्ट्रेट का ध्यान आरोपियों की बीच बांटे गए फूलों की तरफ खींचा। उसने कहा वह अपनी इस आपत्ति को दर्ज कराना चाहता है।

अदालत ने कार्डेन नोड की आपत्ति को दर्ज किया लेकिन बचाव पक्ष के प्रवेश पर रोक से संबंधित विरोध को नज़रअंदाज कर दिया। मजिस्ट्रेट अपनी बात पर टिका रहा कि लोगों की घिच-पिच और भीड़ को काबू करने के लिए इसे 'पास' से बांधना ज़रूरी था, लेकिन आरोपियों के रिश्तेदारों को हर तरह की सुविधा दी जाएगी।

बहुत से लोगों को अंदर न आने देने का सरकारी फैसला क्रांतिकारियों के तथ्य को हरा रहा था। उन्हें अपना संदेश फैलाने का पर्याप्त अवसर नहीं मिल रहा था। उन्होंने भी प्रवेश के मुद्दे को मजिस्ट्रेट के साथ कड़ाई से लिया। रोक उठा ली गई। नौजवानों को इजाज़त दे दी गई लेकिन एक सीमित संख्या में।

उस समय यह अफवाह शुरू हो गई कि अंग्रेजों और कांग्रेस किसी तरह के समझौते पर पहुंचेगे। भगत सिंह ने नौजवान राजनीतिक कार्यकर्ताओं को उस कार्यप्रणाली के ख़िलाफ सावधान किया जो चल रही थी। उन्होंने उनसे (कार्यकर्ताओं), मजदूरों और किसानों के बीच काम करने को कहा। असली क्रांतिकारी फौजें कारखानों और गांवों में थीं। उन्होंने, उनसे अपनी विचारधारा में मार्कस्सिम को अपनाने के लिए कहा।

क्रांतिकारियों के नज़दीकी दोस्त दुर्गा दास खन्ना एक दिन अदालत में मौजूद रहने में कामयाब हो गए। उनको आगन्तुकों की गैलरी में देखकर, भगत सिंह अपने आपको उनके पास धकेल दिया और कहा, "तुम कितने बेवकूफ़ हो! तुम यहाँ क्यों आए थे? तुरंत यहाँ से चले जाओ और यहाँ बिल्कुल नज़र मत आना।"

अदालत में एक सिक्ख डिप्टी सुपरिंटेंडेट पुलिस था जो कि क्रांतिकारियों का प्रशंसक था। वह उनके पास आया। उसने वह सब कुछ सुन लिया था जो कि भगत सिंह ने खन्ना से कहा

था। पुलिस अफसर ने कहा, "ठीक है, तुम्हारे नेता तुम्हें ठीक सलाह दे रहे हैं। मैं किसी तरह की कार्यवाही करने नहीं जा रहा हूँ। मैं भी तुम्हें सलाह दूंगा कि तुरंत चले जाओ।" असल में पुलिस में भी कुछ लोग क्रांतिकारियों से सहानुभूति रखते थे।

सरकार इस बात से संतुष्ट थी कि तमाम दिक्कतों के बावजूद इस मुकद्दमें की कार्यवाही दुबारा से अपने रास्ते पर थी। भगत सिंह और उनके कॉमरेड इस तरह से नहीं सोचते थे। एक दिन उन्होंने काकोरी काण्ड के बंदियों की बहादुरी याद की। 31 जनवरी, 1930 के दिन आरोपी लाल स्कार्फ पहने अदालत में हाज़िर हुए। जैसे ही मजिस्ट्रेट अपनी कुर्सी में बैठा उन्होंने, "समाजवादी क्रांति जिन्दाबाद (लॉग लिव सोशलिस्ट रैवोल्यूशन), इंसान जिंदाबाद (लांग लिव पिपल), लेनिन का नाम कभी नहीं मिटेगा (लेनिन्ज़ नेम विल नेवर डाई) और सम्राज्यवाद खत्म हो (डाऊन विद इम्प्रीलिज़्म) जैसे नारे लगाना शुरू कर दिया।

तब भगत सिंह ने एक तार पढ़ा जिसे वे तीसरे अंतराष्ट्रीय सम्मेलन में भेजना चाहते थे। तार में लिखा था, " लेनिन दिवस पर हम उन सबको बधाई भेजते हैं जो कि महान लेनिन के विचारों को आगे बढ़ा रहे हैं। हम उन महान प्रयोगों की प्रशंसा करते हैं जो रूस कर रहा है।" तब उन्होंने शायद ही सोचा हो कि 60 साल बाद उनका भगवान असफल हो जाएगा।

इस मुकद्दमे पर मजिस्ट्रेट ने बहुत मशीनी रूख अपनाया। वह शिकयतों को सुनता और उनको इस तरह ठुकरा देता जैसे कि उसे ऐसा करने के लिए कहा गया हो। इसकी एक पेचीदा मिसाल आरोपियों में से एक प्रेम दत्त वर्मा की थी। उन्होंने अदालत से इस बात की शिकायत की कि पुलिस के एक सिपाही ने जो कि उन निगरानी के लिए रखा गया था उसमें, उनसे बात करते वक्त गालियों का इस्तेमाल किया। उन्होंने उस सिपाही को हटाने की दरख़ास्त की। उन्होंने कहा, नहीं तो वे कानून अपने हाथ में लेने को मजबूर होंगे। दत्त के वकील मेहता पूरन चंद ने इस शिकायत को देखते हुए बहस की कि उस सिपाही को उसकी मौजूदा ड्यूटी से हटा देना चाहिए।

अदालत ने पूछा यह कैसे साबित हो सकता है कि सिपाही ने आरोपी को गाली दी थी। बचाव पक्ष के वकील अमोलक राम कपूर ने कहा कि यह वारदात अदालत लगने के कुछ ही मिनट पहले हुई थी और वहां बहुत से गवाह थे। यह मुद्दा तुरंत अदालत की निगाह में लाया गया है और यह अदालत का काम है कि वो इन्क्वारी करे। यह एक गंभीर मुद्दा था, अगर अदालत इसे लेने से मना करती है तो आरोपी को एक औपचारिक शिकायत दर्ज करनी पड़ेगी। अदालत ने इस मुद्दे पर ध्यान देने से मना कर दिया और आगे की कार्यवाही शुरू कर दी।

मुद्दा एक दिन सिर चढ़ गया जब सरकारी गवाह, जय गोपाल अपनी मूंछे एंठता हुआ कटघरे में गया और भगत सिंह पर गालियों की बौछार कर दी। वहां मौजूद लोगों से "शेम", "शेम" की आवाज़ें आने लगीं। आरोपियों में सबसे छोटे वर्मा ने जय गोपाल की तरफ़ एक चप्पल फेंकीं। कार्यवाही रोक दी गई। मजिस्ट्रेट ने एक आदेश पारित किया कि आरोपियों को अदालत में भी हथकड़ियों में रखा जाए। भगत सिंह ने वहीं और उसी वक्त कहा कि जब तक यह आदेश वापिस नहीं लिया जाता उनमें से कोई भी अदालत में मौजूद नहीं होगा।

चप्पल की वारदात के बाद बंदियों पर अनकहा जंगलीपन थोप दिया गया था। बम्बई से छपने वाले 'यंग लिबरेटर' ने लिखा, "इस व्यवहार ने बंदियों को ऐसे नापा कि उन्हें मध्यकालीन जानवरों और असभ्य देहातियों से भी नहीं मिलाया जा सकता है।"

अगले दिन पुलिस ने क्रांतिकारियों को अदालत तक ले जाने के लिए ताकत का इस्तेमाल

किया। मगर वो उनमें एक को भी ले जाने में कामयाब नहीं हुई। 16 में पांच को शारीरिक तौर पर उठा कर जेल की गाड़ी में रख दिया गया। मगर जब गाड़ी अदालत के दरवाज़े पर पहुंची तो वे भी अपनी सीट पर जमे रहे और नीचे नहीं उतरे।

जेल सुपरिन्टेन्डेन्ट ने उनसे एक सौदा किया, हथकड़ियां अदालत के अंदर खोल दी जाएंगी। वे अपना यह बॉयकाट (विरोध) छोड़ने पर राजी हो गए। मगर वे यह जानकर बहुत हैरान हुए कि यह सिर्फ एक छल था। हथकड़ियां नहीं खोली गईं। उन्होंने भी अधिकारियों को उसी तरह से लिया। उन्होंने दोपहर के खाने के वक्त, खाने के बाद जब पुलिस ने हथकड़ी लगाना चाही तो उन्होंने इसका विरोध किया, बात हाथापाई तक पहुंच गई। कुछ तगड़े पुलिस वालों ने अदालत में लोगों के सामने उन्हें पीटा।

भगत सिंह को पुलिस ने अकेले में अलग कर लिया और उन पर लाठियाँ और बूट मारे गए। उन्होंने गुस्से में मजिस्ट्रेट से पूछा, "क्या तुमने पुलिस को हमें लाते मारने का आर्डर दिया है?" क्या तुम उन्हें काबू में नहीं कर सकते?" वर्मा ने इस बात की शिकायत की कि पुलिस वालों ने बंदियों की गुदा में अंगुली घुसाई और उनके अण्डकोष पर लातें मारीं। उन्होंने गुस्से से पूछा, "तुम इसे सभ्य व्यवहार कहते हो?"

मजिस्ट्रेट ने इस मामले में बहुत थोड़ा किया। मगर जब लंदन के कुछ अखबारों सहित प्रैस ने बंदियों की "क्रूरता से पिटाई" के बारे में लिखा तो उसे हथकड़ियों वाला आदेश वापिस लेना पड़ा।

वक्त के गुज़रते यह मुकद्दमा हिंदुस्तान की हदों से बाहर भी चर्चा में हो गया - भगत सिंह और उनके कॉमरेड कुछ चाहते थे मगर यह नहीं जानते थे कि वैसा होगा। एच.एस.आर.ए. के लिए देश के सभी हिस्सों से पैसा आने लगा। कनाडा, जापान और अमरीका में रह रहे हिंदुस्तानियों ने अपना हिस्सा भेजा। एक औरत ने पोलैंड से पैसा भेजा और कार्यवाही के बारे में सब कुछ जानना चाहती थी।

सारे देश भर की दुकानों और घरों में भगत सिंह के फोटो दिखाई देने लगे। उनकी तस्वीर के कलैण्डरों ने अच्छा पैसा कमाया। क्रांतिकारी अदालत में जो कुछ भी कर रहे थे, लोगों को उस पर गर्व था। मोतीलाल नेहरू, रफ़ी अहमद किदवई और उत्तर प्रदेश की रियासत कलाडरकर के राजा जैसे बहुत से जाने माने लोग अपनी रूचि व्यक्त करने के लिए अदालत गए।

अपने एक दौरे में, मोतीलाल नेहरू ने भगत सिंह की, क्रांतिकारियों द्वारा किए गए शानदार काम के लिए तारीफ़ की। उन्होंने कहा उनकी बहादुरी आज़ादी को और पास ले आई थी। भगत सिंह ने उनकी सेवाओं का अपने मुकद्दमे से अंग्रेजों को सावधान करने के लिए पूरा पूरा इस्तेमाल किया कि जब विदेशी राज देश से पूरी तरह नहीं चला जाता तब तक वो नौजवानों का निशाना रहेगा।

भगत सिंह दो चीजों के बारे में जानते थे, सी. आई. डी. के सुपरिंटेंडेंट खान बहादुर अब्दुल अज़ीज को गोली मारना और बिजली से चलने वाले बम्ब से वायसराय की रेल को उड़ाना। जैसे ही यह हुआ, दोनों बाल-बाल बचे थे। अज़ीज पर चलाई गई गोली चूक गई। वायसराय की रेल के पिछला डिब्बा खत्म हो गया था, मगर जिस डिब्बे में वायसराय सफ़र कर रहा था उसे कोई नुकसान नहीं पहुंचा था। यह सारा काम 'आज़ाद' का था। भगत सिंह अपने क्रांतिकारी दोस्त की क्षमताओं को जानते थे।

वायसराय पर यह हमला उस समय हुआ था जब मजिस्ट्रेट की अदालत में इस मुकद्दमे की सुनवाई ने सरकार की छवि को गिरा दिया था। क्रांतिकारियों के हौसले बुलन्द हो गए थे। एक, वे मुकद्दमे के ताने-बाने को उजागर करने में सक्षम थे। दो, चारों तरफ़ ऐसा माहौल हो गया था कि उनके हथियार सरकार में किसी भी आदमी तक पहुंच सकने के लिए बहुत थे।

अभियोगियों ने यह मुकद्दमा तैयार किया था कि एक क्रांतिकारी षड़यंत्र रचा गया था, तब नहीं जबकि सॉन्डर्स की हत्या की गई बल्कि उससे दो साल पहले सितम्बर 1928 में। उस वक्त बहुत सी क्रांतिकारी पार्टियों ने लाहौर से कलकत्ता तक भारत के उत्तर और पूर्व में काम करने के लिए अपने आपको एक साथ, एक संगठन में बांध लिया था।

एकीकरण का यह काम सही था। असल में एच.एस.आर.ए. कई अलग-अलग जगहों की क्रांतिकारी गतिविधियों को मिलाकर सामने आई। मगर 1928 से पहले और बाद में क्रांतिकारी गतिविधियों के बीच लाईन खींचना, पानी को बांटने की तरह था। सभी क्रांतिकारी, चाहें वे जहां भी हों बहुत सालों से एक ही चीज़ के लिए काम कर रहे थे, समाज को बदलने के लिए।

मुकद्दमा घेंघे की रफ़्तार से बढ़ रहा था। सरकार इससे इतनी ज्यादा गुस्सैल को गई थी कि वो मजिस्ट्रेट को निर्देश दिलाने के लिए लाहौर उच्च न्यायालय तक जा पहुंची कि, मजिस्ट्रेट को यह अधिकार होना चाहिए कि वह जब भी यह देखे कि मुख्य रूप से एक मसखरा मसला खड़ा किया गया है तो आगे की गवाही की जांच करने को मना कर सके।

मुख्य न्यायाधीश सर शादी लाल के नेतृत्व में लाहौर उच्च न्यायालय की एक डिवीज़न बैन्च ने कार्डेन नॉड की अर्ज़ी को ख़ारिज कर दिया। शादी लाल ने अपने फैसले में कहा, "यह अर्ज़ी क्रिमिनल प्रोसीजर कोड की सैक्शन 561 के तहत अंग्रेजी राज की तरफ से सरकारी वकील ने एक ऐसे मुकद्दमे के लिए लगाई है जो कि मजिस्ट्रेट के सामने लंबित है। जिन हालात में अर्जी लगाई गई है किसी तरह का विवाद का निर्वाह नहीं करती।"

सरकार को इनाम के तौर पर जो गवाह मिल गए थे वो थे जय गोपाल और हंस राज वोहरा। दोनों ने माफ़ी मांग ली थी और दोनों ही एच.एस.आर.ए. की केंद्रीय समिति (सैंट्रल कमेटी) के सदस्य थे। जय गोपाल स्वीकारने वालों में पहला था। भगत सिंह व्यक्तिगत रूप से बहुत बुरा महसूस कर रहे थे क्योंकि उन्होंने पार्टी में जय गोपाल को 'एक गहने' के जैसा कहा था। जय गोपाल ने याद किया कि कैसे सुखदेव ने उससे पूछा था कि क्या वो देश की सेवा करना चाहता था। बचाव पक्ष के एक वकील ने उससे सुखदेव को पहचानने को कहा। उसने, उनकी तरफ अंगुली से इशारा कर दिया। "मैं खद्दर पहनूंगा और कांग्रेस में रहूंगा", जय गोपाल ने कहा।

उसका मतलब गांधी की अहिंसा और क्रांतिकारियों के सरकार और व्यवस्था को हिंसात्मक तरीके से उतार फेंकने के विश्वास में अंतर करना था। वह पिछले समय को अस्वीकार कर देना चाहता था क्योंकि जब वह पार्टी में शामिल हुआ था, वह जानता था कि यह किस लिए है। पार्टी के मेनिफेस्टो (घोषणा पत्र) में पहला वाक्य था, "जिस खाने पर आजादी का पौधा बहुत यतन से बड़ा होगा, वह शहीदों का खून होगा।"

जय गोपाल ने कहा, सुखदेव ने उसे इस गुप्त सोसाइटी का सदस्य बनने के लिए उकसाया, जिसका मकसद सरकार को उखाड़ फेंकना था। "मैंने स्कूल की लाईब्रेरी से सुखदेव के लिए 'मैन्यूफैक्चर एण्ड यूज़ ऑफ एक्सप्लोसिव' नाम की किताब चुराई थी।"

* यह सच नहीं था। सुखदेव ने मुकद्दमे की रिपोर्ट में एक नोट लिखकर इससे इंकार किया। उन्होंने लिखा, "बकवास"। "समिति का सदस्य होते हुए, मैं ऐसा नहीं कर सकता था।" सुखदेव ने लिखा, "मैं उस पर बहुत भरोसा करता था। बहुत सी बार मैं उसके सामने खुल गया जो कि मुझे नहीं करना चाहिए था।" भगत सिंह, सुखदेव और राजुगरू - तीनों को सुनवाई खत्म होने के बाद मुकद्दमें की एक-एक कॉपी दी गई। उन तीनों में से सुखदेव अकेले थे जिन्होंने हाशिए में करीब-करीब 241 टिप्पणियाँ लिखी।

जय गोपाल ने एक वाक्या* याद दिलाया कि जब सॉन्डर्स हत्याकांड के तीन या चार दिन बाद वह, सुखदेव और किशोरी लाल फिरोज़पुर रोड पर कॅनाल ब्रिज की तरफ जा रहे थे और उन्होंने उस रास्ते से स्कॉट और उसकी पत्नी को कार में जाते हुए देखा। जय गोपाल ने कहा कि उसने सुखदेव को सलाह दी कि अगर वे चाहते हैं, "मैं स्कॉट को गोली मार सकता हूँ।" सुखदेव ने जवाब दिया कि जब एक बार किस्मत ने उसे बचा लिया है तो उसे मारना बेकार था। जय गोपाल के बाद हंस राज वोहरा ने मटर भुनाई। वोहरा को भी मजिस्ट्रेट ने माफ कर दिया था।

अधिकारियों को ही कारण मालूम था, जिसकी वजह से एक दिन भगत सिंह के कानूनी सलाहकार दुनी चंद को अदालत में उनकी जगह नहीं लेने दी गई - न तो बचाव पक्ष में, न ही बार के सदस्य की हैसियत से या प्रेस गैलरी में। दुनी चंद इसके विरोध में यह कहते हुए अदालत से बाहर चले गए कि, "दुनिया के किसी भी हिस्से में बार के सदस्यों के साथ ऐसा व्यवहार नहीं किया जाता जैसा कि इस अदालत में किया गया है।"

जिस दिन दुनी चंद की बेज्ज़ती की गई, भगत सिंह और उनके कॉमरेडों ने अदालत से दूर रहने का फैसला किया। उन्होंने अपनी भूख हड़ताल भी दुबारा शुरू कर दी। उन्होंने मजिस्ट्रेट से कहा कि उनके पास इसके अलावा और कोई रास्ता नहीं था क्योंकि सरकार कैदियों के साथ अच्छे व्यवहार, बेहतर सुविधाओं और बेहतर खुराक के अपने फैसले से पीछे हट गई थी। लाहौर से छपने वाले एक अंग्रेजी दैनिक *'सिविल एण्ड मिलिट्री गैज़ेट'* ने अदालत का बॉयकाट करने के लिए उन्हें लताड़ा। भगत सिंह ने इसका विरोध किया और अदालत में हाज़िर न होने की वजह को बयान किया।

मजिस्ट्रेट को एक चिट्ठी में भगत सिंह ने कहा कि *'सिविल एण्ड मिलिट्री गैज़ेट'* पढ़ने के बाद अपनी भूख हड़ताल दुबारा शुरू करने की वजह को बयान करना उन्होंने ज़रूरी समझा। उन्होंने उस दर्द की शिकायत की जिससे उनके समर्थकों को गुज़रना पड़ रहा था। उनके अधिकतम शुभ चिंतकों को उनसे मिलने की इजाज़त नहीं थी। उन्होंने कहा, "मैं खुद पूरे समय के लिए वकील नहीं रख सकता, इसलिए मैं चाहता हूँ कि मेरे भरोसेमंद दोस्त वहां रहकर अदालत की कार्यवाही पर नज़र रखें, मगर बिना किसी पुख़्ता वजह के उन्हें इजाज़त नहीं दी गई ..."

भगत सिंह ने अपनी चिट्ठी इस विचार के साथ खत्म की, "न्याय के नाम पर खेले जा रहे इस नाटक को हम पसन्द नहीं करेंगे, क्योंकि हमें अपने आपको बचाने की कोई सुविधा या फायदा नहीं मिला है। एक और गंभीर शिकायत अख़बारों का न दिया जाना है। विचाराधीन कैदियों के साथ सिद्ध कैदियों जैसा बर्ताव नहीं किया जा सकता। हमें रोज़ कम से कम एक अख़बार दिया जाना चाहिए। हम एक अख़बार उनके लिए भी चाहते हैं जो अंग्रेजी नहीं जानते हैं।" आगे उन्होंने इसमें जोड़ा, "हम सुनवाई में फिर से हाज़िर होंगे जब यह दिक्कतें हटा दी जाएंगी।"

भूख हड़ताल के दस दिन बाद, १९ फरवरी को सरकार ने विचाराधीन और सिद्ध बंदियों का दर्ज़ा बताते हुए एक प्रेस वक्तव्य जारी किया। अरोपियों ने अगले दिन अपनी भूख हड़ताल तोड़ दी। लेकिन सरकार फिर से अपने आश्वासन से पीछे हट गई। सभी आरोपियों को 'सी-क्लास' तीसरे दर्जे की कोठरी में डाल दिया गया और उनके साथ 'बदला लेने जैसी क्रूरता' का बर्ताव किया गया।

सहूलियतों की लम्बी लिस्ट का एलान करना और वापिस ले लेना सरकार के कपट का एक लम्बा रिकॉर्ड बन गया था। वह क्रांतिकारियों को हालात के ऐसे झांसे में फंसाना चाहती थी ज़हां वे सहूलियतें मिलने से पहले ही अपनी भूख हड़ताल तोड़ दें। सरकार ने अपने वादे इतनी बार और बेशर्मी से तोड़े थे, यहां तक कि क्रांतिकारियों को भी अजीब सी घबराहट महसूस होने लगी थी।

मार्च भर सुनवाई कुछ ठीक रही। मगर अधिकारी और क्रांतिकारी दोनों यह महसूस कर चुके थे कि अब वे सड़क के आखिरी छोर पर हैं, मजिस्ट्रेट ने महसूस किया कि विचाराधीन बंदियों की मदद के बिना वह कोई रास्ता नहीं निकाल सकता। वे भी इस बात को मान चुके थे कि यह सुनवाई एक धोखा थी। यह उन दोनों के लिए मुश्किल इम्तहान था।

यह नाटक 1 मई, 1930 को उस वक्त खत्म हुआ जब वायसरॉय इर्विन ने लाहौर षडयंत्र के मामले अब तक क्या हो चुका था यह जानने के लिए एक ट्रिब्यूनल बिठाने के नियम की घोषणा की।

इस नियम ने मजिस्ट्रेट की अदालत में लंबित सुनवाईयों को खत्म कर दिया। यह मामला उच्च न्यायालय के तीन जजों के ट्रिब्यूनल के पास चला गया जिसमें अपील का अधिकार नहीं दिया गया, सिवाय इसके कि अपील 'प्रिवी काऊन्सिल' में की जाए। यह ट्रिब्यूनल ठीक वैसा ही था जो पहले विश्व युद्ध के दौरान गदराईयों से निपटने के लिए बनाया गया था। इसको जानबूझ कर पैदा की गई रुकावटों ओर आरोपियों की हाजरी से निपटने के अधिकार भी दिए गए थे।

नियमों के साथ लक्ष्यों के जारी किये गये वक्तव्य इस तरह थे :

(1) अपराध बहुत असामान्य और गम्भीर थे।

(2) आरोपियों के कामों ने 'एक निश्चित समय में इसे सामान्य तरीकों से नाप पाना और एक नतीजे पर पहुंचना' असंभव बना दिया था।

वायसरॉय ने क्रांतिकारियों पर यह आरोप भी लगाया कि उन्होंने अपनी भूख हड़ताल से सुनवाई को तमाशा बना दिया था। भगत सिंह ने वायसरॉय को एक चिट्ठी लिख कर इन आरोपों से इंकार किया, उन्होंने इस बात पर ज़ोर दिया कि भूख हड़ताल का मामले से कोई लेना-देना नहीं था। उन्होंने कहा कि अगर सारी ज़िम्मेदारी उनके कंधों पर नहीं डाली जाती तो वे चुप रह सकते थे।

भगत सिंह ने आरोप लगाया, "यह भूख हड़ताल नहीं थी जिसने कि आपको इस ऑर्डिनेन्स की घोषणा करने पर मज़बूर किया। इसके अलावा कुछ और भी था जिसकी सोच ने आपकी सरकार के दिमाग में भ्रम पैदा कर दिया। यह न तो इस केस की सुरक्षा थी और न ही कोई और आपातकाल जिसने कि आपको यह बिना किसी नियम का कानून बनाने पर मज़बूर किया। निश्चित रूप से यह कुछ अलग है। लेकिन हम यह बतला देना चाहते है कि यह ऑर्डिनेन्स हमारे हौंसलों को नीचे नहीं गिरा सकता। आप किसी एक आदमी को कुचल सकते हैं मगर इस देश को नहीं कुचल सकते। जहां तक इस ऑर्डिनेन्स का सवाल है, हम इसे अपनी जीत मानते हैं।"

इस ट्रिब्यूनल के गठन ने एक संदेश तो साफ़-साफ़ दे डाला कि अंग्रेज अपने राज और व्यवस्था को चुनौती देने वाली किसी भी चीज़ को कुचलने के लिए तैयार थे। इसका मतलब न्याय की हर आवाज़ को ख़त्म कर देना था, मगर अंग्रेज साफ़ तौर पर इसके लिए तैयार थे।

इस ट्रिब्यूनल को सामान्य तौर पर बड़े क्रांतिकारियों, ख़ासकर भगत सिंह को फांसी देने के लिए बनाई गई साजिश के रूप में देखा जा रहा था। नौजवानों ने उनकी (भगत सिंह) मूर्तियाँ बना ली थीं। इस मुकद्दमे ने आज़ादी की लड़ाई में एक नई जान फूंक दी थी, जिससे असहयोग आंदोलन के कामयाब न होने के बाद एक हताशा सी नज़र आने लगी थी। असल में लोग इतने गुस्से में थे कि गांधी ने इस माहौल को समुद्र के पानी से नमक बनाने के हक के लिए, दाण्डी मार्च के लिए ठीक अवसर पाया।

जब अदालत में ट्रिब्यूनल के गठन की घोषणा हुई तो, भगत सिंह ने आरोपियों की तरफ़ से मजिस्ट्रेट का धन्यवाद किया। उन्होंने कहा, निजी तौर पर उनके मन में उसके खिलाफ़ कुछ नहीं है। वे डर और नफ़रत से आज़ाद थे। भगत सिंह ने उसे भरोसा दिया कि उनके लम्बे दु:खों ने उन्हें कठोर बनाया था।

क्रांतिकारी जो कि 'कर्म से प्रचार' - सुखदेव के दिए नारे के रास्ते पर बढ़ रहे थे, उन्हें इसका भरोसा हुआ कि वे कहीं न कहीं ज़रूर पहुंच रहे थे। एसेम्बली काण्ड और मजिस्ट्रेट की अदालत दोनों ही मुद्दों ने उन्हें लोगों का ध्यान खींचने में मदद की। वे न सिर्फ़ आज़ादी पाने के विचार को स्थापित करने में कामयाब हुए थे बल्कि बिना किसी ऊँचे या नीचे दर्ज़े का समाज बनाने का विचार रख सके थे, जो कि गांधी के विचारों से कुछ अलग था जो यह चाहते थे कि अमीर रहें तो मगर जो दौलत उन्होंने पैदा की है उसके संरक्षक बनकर। क्रांतिकारियों को इस बात में कोई शक नहीं था कि आज़ादी मिल जाने के बाद भी यह लड़ाई तब तक जारी रहेगी, जब तक कि आम लोगों का शोषण करने वाले हाथ रहेंगे।

ट्रिब्यूनल उनकी आवाज़ को एक बार में और हमेशा के लिए शांत कर देने के लिए औपचारिकता ही था। ज़िन्दगी या मौत? इससे क्या फर्क़ पड़ता था? उन्होंने कब्र से हमेशा घृणा की थी। वे गुलामी की बेड़ियाँ तोड़ने के लिए बाहर आए थे वे सारी दुनिया के लोगों की आज़ादी के लिए लड़ रहे थे।

छः

उत्तरी भारत में मई का महीना बहुत निर्दयी होता है। इस महीने के बाद तक भी मानसून नहीं आया था। यहाँ तक कि अप्रैल में बसन्त का चिरकालीन स्पर्श भी उस वक्त तक गुज़र जाता है। असल में लाहौर बिना किसी आराम के सूरज की गर्मी में मुरछाया हुआ था। 5 मई, 1930 के दिन सभी रास्ते अदालत में तब्दील, शानदार 'पुंछ हाऊस' की तरफ जाने चाहिए थे। मगर ऐसा नहीं था। लोग डरे हुए थे, उनके 'हीरो' भगत सिंह और उनके दो साथियों सुखदेव और राजगुरू पर सार्वजनिक रूप से मुकद्दमे चलाए जा रहे थे। अंग्रेजों की चाकरी से हिंदुस्तान को आज़ाद कराने के लिए तीनों ने बंदूक उठा ली थी।

यह एक गर्म दिन था, तापमान 106.3° फॉरेनहाईट को छू रहा था। मगर यह गर्मी उतनी नहीं थी, जितनी कि उस डर में थी, जिसने लोगों को अदालत में उपस्थित रहने से डरा रखा था। बहुत से लोगों ने इससे पीछे रहना ही ठीक समझा क्योंकि उन्होंने सुना था कि जो भी वहाँ जाएगा बाद में उसे, उसके रिश्तेदारों के साथ परेशान किया जाएगा।

बहुत दिनों से अधिकारी लोगों को एकाएक उठा रहे थे। 200 से भी ज़्यादा लोगों को इस शक के बिनाह पर रोका गया था कि वे क्रांतिकारियों के साथ सहानुभूति रखते थे। पूरे शहर में पगड़ी बांधे पुलिसकर्मी और 'सोला-हैट' पहने सफेद अफसर उमड़ रहे थे।

'पुंछ हाऊस' एक छोटी-सी छावनी की तरह दिखाई पड़ रहा था, हथियारबंद पुलिस वालों का कड़ा पहरा था। खुफ़िया विभाग ने सरकार को भगत सिंह को बचाने की कोशिश के बारे में चेतावनी दी थी। प्रवेश 'पासों' से हो रहा था, जो कि चुनिन्दा तौर पर जारी किए गए थे।

40 कुर्सियाँ भी नहीं भरी थीं जब ट्रिब्यूनल के तीन सदस्य- जस्टिस जे. कोल्डस्ट्रीम, के पीछे जस्टिस आग़ा हैदर और जस्टिस जी. सी. हिल्टन - सुबह 10 बजे के दो मिनट बाद अदालत के कमरे में घुसे। दर्शकों में किशन सिंह थे, जिन्होंने अपने बेटे के विरोध के बावजूद एक बचाव कमेटी बनाई थी। भगत सिंह ने व्यर्थ ही अपने पिता से कहा था कि राजनीतिक कार्यकर्ताओं को अदालत नज़रअंदाज करनी ही चाहिए और कड़ी-से-कड़ी सज़ा भी अपने चेहरे पर मुस्कान के साथ सहने को तैयार रहना चाहिए।

एक बड़ा आयताकार कमरा, धारीदार चादरों की ऊँची छत के साथ अदालत का काम दे रहा था। लकड़ी के एक चबूतरे पर मेज़ रखा था। इस मेज़ के पीछे लम्बी कुर्सियों पर जज बैठे थे। उनके सिरों के ऊपर जॉर्ज-पंचम की एक छोटी सी तस्वीर थी।

लकड़ी के कुछ पंखे छत से लटक रहे थे। पूरी रफ़्तार पर होने से भी, बहुत असरदायक नहीं थे। वहाँ आने वाले ज़्यादातर लोग पंखे के तौर पर भगत सिंह के फोटो को इस्तेमाल कर रहे थे जो कि बड़े पैमाने पर शहर भर में बांटे गए थे। हलांकि वे आराम से नहीं थे, उनकी आंखें मंच पर नहीं टिकी थीं बल्कि बगल के उस दरवाज़े पर थी जहाँ से भगत सिंह और उनके साथियों के आने की उम्मीद थी। उन्होंने गाड़ियों के रुकने की, घिसते हुए कदमों की आवाज़ और नारे सुने। आदर के रूप में वे खड़े हो गए।

उनके 'हीरो', उनमें से 18 कमरे के अन्दर फूट पड़े, जो कि 'इन्कलाब ज़िन्दाबाद' और 'गोरा जा जा, जा जा' के नारों से गूंज उठा।

तब भगत सिंह और उनके साथी जाने-पहचाने गीत के साथ गरज उठे,

सरफ़रोशी की तमन्ना अब हमारे दिल में है
देखना है ज़ोर कितना बाजुए कातिल में है
वक्त आने दे बता देंगे तुझे ए असमाँ
हम अभी से क्या बताएँ, क्या हमारे दिल में है।

जज भाव शून्य तरीके से बैठे रहे। आगन्तुकों ने ज़मीन पर पड़ने वाले उनके कदमों को थपथपाया। क्रांतिकारियों और आगन्तुकों दोनों में एक लय-ताल थी जैसे कि दोनों एक हो गए थे।

कुर्सी पर बैठे, कोल्डस्ट्रीम ने पब्लिक प्रॉसीक्यूटर गोपाल लाल को सम्मन किया और उससे ट्रिब्यूनल के सामने इस गीत का प्रमाणिक अनुवाद रखने को कहा। आग़ा हैदर ने अर्थ को खोलकर रखने की कोशिश की, मगर उसकी आवाज़ गाने में डूब गई। कोल्डस्ट्रीम ने पुलिस की तरफ़ देखा, जो कि उसके ऑर्डर का इंतज़ार कर रही थी।

अचानक गीत रुक गया। राजगुरू अपने साथियों से अलग हो गए और अपने ख़ास तौर पर बनाए गए अवरोधों के पीछे, जज के सामने स्थित कर लिया। उन्होंने ट्रिब्यूनल के कानून को चुनौती दी। उन्होंने कहा यह ग़ैर कानूनी था, 'अल्ट्रा वायरस'। उन्होंने कहा, वायसरॉय के पास सामान्य कानूनी प्रक्रिया को छोटा करने की ताकत नहीं है। भारत सरकार के 1915 के एक्ट ने उसे (वायसरॉय) एक ट्रिब्यूनल बिठाने के एक नियम की घोषणा करने के लिए अधिकृत किया था, मगर तभी जब कि स्थिति की वैसी मांग हो। उसके कदम उठाने लायक ऐसी कोई स्थितियाँ नहीं थीं। कानून और व्यवस्था की स्थिति में कोई गिरावट नहीं थी। न ही ऐसा कोई बलवा हुआ था। उसे (वायसरॉय) अदालत के सामने यह साबित करना चाहिए कि क्या आपातकाल जैसी स्थिति पैदा हुई थी।

राजगुरू ने अदालत से सुनवाई तब तक रोक देने को कहा जब तक कि इस बात का फैसला नहीं हो जाता कि क्या वायसरॉय के पास सामान्य समय में अतिविशेष ताकतों को इस्तेमाल करने का अधिकार था। नियम की वैधता पर सवाल उठाने वाले वह अकेले नहीं थे। कटघरे में खड़े बहुत से दूसरे क्रांतिकारियों ने भी उनकी आवाज़ में आवाज़ मिलाई। उनमें से पांच ने पंन्द्रह दिन के लिए अदालत को स्थगित करने की मांग भी की ताकि वो अपने बचाव के लिए ज़रूरी इंतज़ाम कर सके।

ट्रिब्यूनल ने इस दरख़ास्त को असामयिक माना। कोल्डस्ट्रीम ने राजगुरू के एतराज़ को भी नामन्जूर कर दिया और कार्यवाही को स्थगित करने से मना कर दिया। उसका विश्वास था यह सब कुछ उस 'चाल' का एक हिस्सा था जिसका इस्तेमाल पहले मजिस्ट्रेट श्री किशन के सामने सुनवाई में खलल डालने के लिए किया गया था।

कोल्डस्ट्रीम आगे बढ़ने के लिए किसी तरह के एतराज़ को नकारने के लिए दृढ़निश्चित था। ट्रिब्यूनल को आगे न बढ़ने देने के लिए भगत सिंह और उनके साथी भी बराबर दृढनिश्चित थे। ऐसा दिखाई दे रहा था कि उन दोनों के बीच टकराव की एक लड़ाई थी। सुनवाई को रोकने के लिए उन्होंने एक बार फिर से 'इन्कलाब ज़िन्दाबाद (लॉग लिव रैवोल्यूशन)' का नारा लगाया। एक बार फिर से राजगुरू अपनी जगह से उठ खड़े हुए, मगर इस बार का भाषण उर्दू में दिया। उन्होंने इस बात पर दुःख जताया कि अंग्रेजी राज ने हिंदुस्तान का खून चूस लिया था और इसे गरीबी और लाचारी पर ला दिया था। उन्होंने कहा कि सिर्फ एक तरह की सरकार थी, इसे चाहे

कुछ भी पुकारा जाता, जहां अन्तिम नियंत्रण कुछ लोगों के हाथ में था।

वे अब भी बोल रहे थे जब कोल्डस्ट्रीम ने उन्हें यह कहते हुए टोका कि जिस भाषा में वे बोल रहे हैं, ट्रिब्यूनल उसे नहीं समझता। राजगुरू ने तपाक से वापिस जवाब दिया कि वे भी अदालत की भाषा (अंग्रेजी) नहीं समझते। वे एक मतलब समझाने वाला आदमी चाहते थे। कोल्डस्ट्रीम ने उनकी दरख़ास्त मान ली।

सुबह के 11:00 बजे के बाद कुछ देर हुई थी, जब केस शुरू हुआ। कॉर्डेन-नोड, सरकारी वकील, ने मुद्दई की हैसियत से मुकद्दमे की सच्चाईयों को बयान करने के लिए अदालत की इजाज़त चाही। मलिक बरकत अली, दुनी चंद, मेहता अमी चंद और दूसरे सलाहकारों ने इस बात पर एतराज़ जताया, उन्होंने तर्क दिया कि कॉर्डेन-नोड मुद्दई नहीं था क्योंकि उसने, उस स्थान के लिए शपथ नहीं ली थी। चूंकि अदालत के सामने कोई सबूत नहीं था शाही ताज (क्राऊन) के सलाहकार को रोकना संभव नहीं होता, अगर वह असंबद्ध मामलों में भटका हुआ था। यह बचाव पक्ष के साथ पक्षपात के लिए बाध्य था। बिना कोई फ़ैसला दिए कि कॉर्डेन-नोड बिना शपथ लिए वक्तव्य दे सकता था, ट्रिब्यूनल ने इस मामले को छोड़ दिया।

कॉर्डेन-नोड ने अभियोग की ओर से अपना शुरूआती भाषण दिया और भगत सिंह व उनके साथियों पर हत्या और राजा के खिलाफ़ लड़ाई छेड़ने के षड़यंत्र करने का आरोप लगाया। उसने (नोड), उनपर बंदूक की उपासना (विश्वास) की पहल का अरोप लगाया जो कि उसने कहा पूरे देश में फैल गई थी। कॉर्डेन-नोड ने कहा कि उनका **हिंदुस्तान सोशलिस्ट रिपब्लिकन आर्मी** कहा जाने वाला संगठन था, जिसने हथियारों, बम्बों और विस्फ़ोटकों का इस्तेमाल किया। उसने, उनपर उनकी गतिविधियों के लिए विदेशों से पैसा लेने का आरोप भी लगाया। कॉर्डेन-नोड ने सॉन्डर्स हत्या का संबंध जताया और कहा यह एक बहुत बड़ी साजिश का हिस्सा था। उसने विचाराधीनों द्वारा इस्तेमाल किए जाने वाले बहुत से झूठे नामों की चर्चा की।

तब कॉर्डेन-नोड ने हथियारों, आदमियों, गोला-बारूद को इकट्ठा करना और बैंक डाकों, खजानों को लूटने, डकैतियों से पैसा पाने, बम्ब-विस्फोटकों को बनाने, पुलिस और दूसरे अफ़सरों की हत्या, रेलों को उड़ाने, असेम्बली में बम्ब फेंकने, राजद्रोही साहित्य को फैलाने, अपराधियों को बचाने और पढ़े-लिखे नौजवानों को जो कि हिंदुस्तान में क्रांति के पूरक थे, ऐसी चर्चा करते हुए आरोपों का खुलासा किया।

कॉर्डेन-नोड ने कहा कुल 28 आरोपी थे। अट्ठारह मौजूद थे, पांच फरार थे और पांच सरकारी गवाह बन गए थे। उसने नीचे दिए तरीके में उन 18 के नाम पढ़े :

1. सुखदेव उर्फ दयाल, उर्फ स्वामी, उर्फ विलेजर
2. किशोरी लाल रतन, उर्फ डी. दत्त रतन, उर्फ मस्त राम शास्त्री
3. देस राज
4. प्रेम दत्त उर्फ़ मास्टर, उर्फ अमृत लाल
5. जय देव, उर्फ हरीश चंद्र
6. शिव वर्मा, उर्फ प्रभात, उर्फ हमरैन, उर्फ राम नारायण कपूर
7. गया प्रसाद, उर्फ डॉ. बी. एस. निगम, उर्फ राम लाल, उर्फ राम नाथ, उर्फ देशभगत
8. महाबीर सिंह, उर्फ परतब
9. भगत सिंह

10. अजय कुमार घोष, उर्फ नीग्रो जनरल
11. जतिन सान्याल (जतिन्द्र नाथ सान्याल)
12. बिजय कुमार सिन्हा, उर्फ बच्चू
13. शिवराम राजगुरू, उर्फ "एम"
14. कुन्दन लाल, उर्फ परतब, उर्फ नं. 1
15. कंवल्क नाथ त्रिवेदी, उर्फ कंवल्क नाथ तिवारी

पुलिस के सीनियर सुपरिंटेंडेन्ट, जी. टी. हैमिल्टन की गवाही ने अदालत को हैरान कर दिया। उसने कहा कि उसने आरोपियों के खिलाफ़, 'फर्स्ट इन्फॉर्मेशन रिपोर्ट (एफ.आई.आर.)," चीफ सेक्रेटरी ऑफ पंजाब के निर्देशों पर दर्ज की थी। मैं मामले की सच्चाईयों को नहीं जानता हूँ, न ही मैंने वक्तव्य बनाए हैं। मैं सरकार के निर्देशों के नीचे सिर्फ एक औपचारिक मुद्दई की भूमिका निभा रहा हूँ।"

जज़ों को धक्का लगा। कार्डेन-नोड ने यह कहते हुए हेमिल्टन की गवाही को साधने की कोशिश की कि फ़रार लोगों से उसे खतरा था, उसने कहा कि भगवती चरण, आज़ाद, कालीचरण और यशपाल को तुरंत गिरफ़्तार करने की कोई उम्मीद नहीं थी।

कार्डेन-नोड मुश्किल से अपनी बात खत्म कर ही पाया था जब जे. एन. सान्याल, आरोपियों में से एक, खड़ा हो गया और कहा कि वह अदालत को आरोपित महावीर सिंह, प्रेम दत्त, गया प्रसाद निगम, कुन्दन लाल और खुद की तरफ से संबोधित करना चाहता है।

अदालत की इजाज़त का इन्तज़ार किए बिना, उसने अंग्रेज सरकार पर 'प्रचण्ड प्रहार' कर डाला। सान्याल ने कहा कि अंग्रेजों ने इतनी हत्याएं की थी कि हिंदुस्तानी अगर चाहें तो भी उनका बदला नहीं ले सकते थे। लोगों को अपना गुलाम करना दुनिया में सबसे बड़ा अपराध था और अंग्रेज़ इसके अपराधी थे। उसने कहा, उनकी (अंग्रेज) निर्दयी ताकत से, वो आदमी के जन्म सिद्ध अधिकार, आज़ादी की लड़ाई को दबाना चाहते थे।

अपनी आवाज़ को बढ़ाते हुए, सान्याल ने कहा कि वे (क्रांतिकारी) आरोपी नहीं थे, बल्कि हिंदुस्तान की इज़्जत और गौरव को बचाने वाले थे। आरोपी वो थे जो कि अंग्रेजी राज का प्रतिनिधित्व करते थे। यह सब कुछ वह एक कागज़ से पढ़ रहे थे जिससे वह जितनी जल्दी हो सके उतनी जल्दी खत्म करने की कोशिश कर रहे थे। यह देखते हुए कि अदालत में कागज़ से पढ़ना बहुत ही अनुचित था, कोल्डस्ट्रीम ने उसे रोक दिया। उसने कहा कि सान्याल ने दोषी होने या अपराधियों की मासूमियत के बारे में जो कुछ भी पढ़ दिया है पूरे तौर पर असम्बद्ध है और इसे 'राजद्रोह के प्रचार' की गाली दी। हलांकि, उसने वह 'पेपर' रिकॉर्ड में रखने का ऑर्डर दिया।

जब सान्याल को एकाएक रोक दिया गया, अदालत में बहुत शोर-गुल हुआ। हॉल एक बार फिर 'इन्कलाब जिंदाबाद' और 'साम्राज्यवाद मुर्दाबाद' के नारों से गूंज उठा। सान्याल, जो कि तब भी अपने कदम पर था, उसने कहा कि, "सुनवाई एक धोखा थी।" उसने कहा, "हम इस नाटक का हिस्सा बनने से इन्कार करते हैं। हमें कार्यवाही में शामिल नहीं होना चाहिए।" सभी आरोपियों ने अपने विरोध की आवाज़ में सान्याल का साथ दिया और अदालत को खबरदार कर दिया कि वे इस सुनवाई का बॉयकाट करेंगे।

अदालत छोड़ने से पहले सभी आरोपियों ने सान्याल के शब्दों को दोहराया, "हम इस नाटक का हिस्सा बनने से इन्कार करते हैं," और इसके बाद, "हमें कार्यवाही में शामिल नहीं

होना चाहिए।"

जैसे ही वे बाहर निकल रहे थे, एक ठिगना आदमी अंदर आया और कहा कि वह व्याख्या करने वाला है। वह हिंदी, अंग्रेजी और मराठी जानता है। यह एक प्रभाव शून्य बात थी। मुकद्दमा अगले दिन तक के लिए स्थगित कर दिया गया।

जैसे ही भगत सिंह अपनी कोठरी में वापिस आए, उन्होंने याद किया कि ट्रिब्यूनल का व्यवहार कितना जाना-पहचाना था। जिस मजिस्ट्रेट अदालत ने उन्हें पहले अपराधी ठहराया था, उसने भी वैसा ही व्यवहार किया था। वहां भी उन्होंने यह सूंघ लिया था कि जज पहले ही अपना दिमाग़ बना चुका था।

मजिस्ट्रेट की सुनवाई के बाद उन्होंने अपने साथियों को बता दिया था कि उन्हें ट्रिब्यूनल की तरफ कोई ध्यान नहीं देना चाहिए। मगर उनमें से कुछ ने कहा कि उन्हें कार्यवाही में शामिल होना चाहिए ताकि वे ऐसा वक्तव्य जारी कर सकें जैसा कि भगत सिंह ने असेम्बली में किया था।

भगत सिंह को इस बात का पूरा भरोसा था कि ट्रिब्यूनल के व्यवहार ने उनके साथियों को मुकद्दमे के मज़ाक का यकीन करा ही दिया होगा। मुकद्दमे को आगे बढ़ाने का कोई तात्पर्य नहीं था। वे निश्चित थे कि अदालत की कार्यवाही को नाटक समझने का उनका फैसला सही था। उन्हें (क्रांतिकारी), अंग्रेजों के न्याय करने की चेतना को ज़्यादा खुलकर और ज़्यादा दृढ़ता के साथ उजागर करना चाहिए था।

फिर भी भगत सिंह इस बात से खुश थे कि दर्शक पूरे दिल से उनके साथ थे, चाहे वह लाहौर में सॉन्डर्स हत्याकांड का केस हो या दिल्ली में असेम्बली हॉल में बम्ब फेंकने का। उन्होंने इस बात को याद किया कि कैसे जब एक बार ज़्यादा ताव में आए एक गवाह ने क्रांतिकारियों के खिलाफ बातें कहीं थीं, तो लोगों ने मजिस्ट्रेट की अदालत 'शर्म करो' का शोर मचा दिया था।

जबकि अंग्रेज उनको फांसी लगाने का दिमाग़ पहले ही बना चुके थे, तो अपनी हाजरी देकर वे इसका श्रेय अदालत को क्यों देते? इससे बेहतर था कार्यवाही का बॉयकाट करना। क्रांतिकारियों की सोच यह थी। जहां तक संभव था, वे अंग्रेजी न्याय के मजाक को उजागर करेंगे। उन्हें एक सैकिंड के लिए भी यह नहीं सोचना चाहिए कि वे अपनी सज़ा के मंचन लायक हो सकेंगे। जो देर जा रही थी बस वही थी। उन्हें इसके लिए तैयार रहना चाहिए और दूसरी तरह से भी राजनीतिक कार्यकर्ताओं को अदालतों में कानूनी लड़ाइयों की परवाह नहीं करनी चाहिए।

किसी भी तरह के बचाव का कोई मतलब नहीं होगा। अपने साथियों के सामने भगत सिंह का यही तर्क था, उन्होंने, अपने पिता जी को 'बचाव कमेटी' समेट लेने की ख़बर भेजी, जिसे कि उनकी मान्यता कभी नहीं थी। जब उन्हें और उनके साथियों को, जो कुछ भी उन्होंने किया इस बात की गलती का एहसास नहीं था, तब 'बचाव कमेटी' को क्यों होना चाहिए था? उनका कदम आदर्शवादी था, जानबूझकर और खुल्लमखुल्ला उठाया गया था।

मुद्दा यह नहीं था कि एक अंग्रेज मारा गया बल्कि यह था कि ये हत्याएं लंदन को यह बात समझा पाएंगी कि दृढ़ निश्चित हिंदुस्तानियों का एक ऐसा हुजूम था जो कि सिर्फ अपने देश को बंधनों से आज़ाद कराने के लिए बल्कि सारी दुनिया के ज़ंजीरों से बंधे लोगों को भी छुड़ाने के लिए कुछ भी करने से नहीं रुक सकते थे। ट्रिब्यूनल ने बचाव समिति के उन सदस्यों की तलाश की, जिन्होंने बीच में आने के लिए याचिका दायर की थी मगर उनका कोई सुराग नहीं था। भगत सिंह के पिता ने अपने बेटे की इच्छा को पूरा करते हुए पहले की समिति को भंग कर दिया था।

यहां तक कि यह समझने के बाद भी कि सुनवाई एक बहाना थी, भगत सिंह और उनके साथी यह देखना चाहते थे कि ट्रिब्यूनल उनको सज़ा देने के मुद्दे पर कहां तक जा सकता था, जबकि कोई सबूत, गवाह और प्रमाण नहीं थे। यहां तक कि डब्ल्यू. जे. सी. फर्न, गोरा पुलिस अफसर जो कि सॉन्डर्स हत्या के समय वहां था, उसने भी जेल में पहचान के वक्त भगत सिंह को नहीं पहचाना।

यह सच था कि पांच गवाह थे।* उनमें से तीन - जय गोपाल, हंस राज वोहरा और फणीन्द्र नाथ घोष - लम्बे अर्से से उनके (क्रांतिकारियों) साथ जुड़े थे। मगर जय गोपाल को सिर्फ एक खबरी की तरह इस्तेमाल किया गया था और वह आंदोलन के बारे में ज़्यादा नहीं जानता था। वोहरा छात्रों के साथ ज़्यादा जुड़ा हुआ था और घोष ने कोई खास क्रांतिकारी काम नहीं किया था। एक गवाह ने जो कुछ कहा, उसे दूसरे की बात के साथ प्रमाणित समर्थन में लाकर आरोप साबित करने की बुनियाद कैसे बनाया जा सकता था? उनकी बातों को साक्षी नहीं माना जा सकता था।

अगले दिन 6 मई को, जब अदालत में ट्रिब्यूनल बैठा तो भगत सिंह ने एक अर्ज़ी लगाई कि कार्यवाही पर नज़र रखने के लिए वे एक कानूनी सलाहकार चाहते हैं और वह उन्हें वक्त-वक्त पर सलाह देता रहे। कानूनी सलाहकार के रूप में उन्होंने दुनी चंद का नाम लिया, वही आदमी जो भूख हड़ताल के मामले में बीच में आया था। इस बात को सुनिश्चित करने के लिए कि यह मात्र एक औपचारिकता थी, भगत सिंह ने कहा कि कानूनी सलाहकार गवाह से सवाल या अदालत को संबोधित नहीं करेगा। कार्डेन-नोड ने इस इन्तज़ाम पर कोई आपत्ति नहीं उठाई। ट्रिब्यूनल ने तुरंत इसे स्वीकृति दे दी।

ट्रिब्यूनल ने औपचारिक तौर पर आरोपियों से पूछा कि क्या वे 'क्राऊन' के खर्चे पर प्रतिनिधित्व चाहते थे। नौ ने 'नहीं' कहा। पांच ने सवाल का जवाब देने की परवाह नहीं की और उनमें से चार इस सुझाव पर तैयार हो गए। ट्रिब्यूनल ने उनकी इच्छाओं को निम्नलिखित रूप में दर्ज किया।

1.	भगत सिंह	:	नहीं।
2.	सुखदेव	:	नहीं।
3.	किशोरी लाल	:	हाँ, मगर किसी का नाम नहीं ले सकता, किशन सिंह, बचाव समिति के एक सदस्य, से सलाह चाहता हूँ।
4.	आज्ञा राम	:	नहीं।
5.	देस राज	:	हाँ, अभी नहीं कह सकता कि किसे चाहता हूँ।
6.	प्रेम दत्त	:	हाँ, अभी नहीं कह सकता कि किसे चाहता हूँ। किशन सिंह से सलाह करना चाहता हूँ।
7.	जय देव	:	नहीं।
8.	शिव वर्मा	:	नहीं।
9.	गया प्रसाद	:	वह कोई जवाब नहीं देगा।
10.	बी. के. दत्त	:	मैं इस अदालत के किसी भी सवाल का जवाब देने से इन्कार करता हूँ।

* सुखदेव ने मुकद्दमे की कार्यवाही के हाशिए पर टिप्पणी की थी : "और कोई नहीं बल्कि हम अपनी ही नाकामियों की वजह से अपने ही सबसे बड़े दुश्मन बन बैठे। हर कदम पर आप माफी, ऐसे वक्तव्य और यहां तक कि ऐसे कुरेदने वाली बातें पा सकते हैं" सुखदेव ने हाशिए पर बहुत से गवाहों के नाम के सामने : "झूठी गवाही (एफ. डब्ल्यू., फॉल्स विटनेस) और सच्ची गवाही (टी. डब्ल्यू, ट्रयू विटनेस)" लिखा।

11. कँवल नाथ त्रिवेदी : नहीं।
12. अजय कुमार घोष : हाँ, जब तक समिति नहीं देख लेता कुछ नहीं कह सकता।
13. जतिन्द्र नाथ सान्याल : कहा 'मैं कोई जवाब नहीं दूंगा।'
14. सुरिन्द्र नाथ पान्डे : इस अदालत से कोई मदद नहीं।
15. महाबीर सिंह : कहा, वह सुनवाई में हिस्सा नहीं लेगा।
16. शिवराम उर्फ राजगुरू : कोई मदद नहीं।

अगले कुछ दिनों के लिए, आरोपी "इन्कलाब जिन्दाबाद" के नारे लगाते हुए या, "सरफरोशी की तमन्ना अब हमारे दिल में है" की मशहूर धुन गुनगुनाते हुए अदालत में आए और बैंचों पर बैठ जाते एक तरीका उजागर होना शुरू हो गया : जब नारे रुकते, जज दिखाई देते और जब नारे शुरू हो जाते, वो कमरे से बाहर चले जाते। कभी-कभी एक बार नारे शुरू होने के बाद का नज़ारा देखने के लिए रुक जाते।

मुकद्दमा शुरू होने के एक हफ़्ते बाद, 12 मई को, कोल्डस्ट्रीम, भगत सिंह उनके साथियों के कटघरे में आने से पहले ही अदालत आ गया। हमेशा की तरह, उन्होंने 'इन्कलाब जिन्दाबाद' के नारे लगाए। कोल्डस्ट्रीम ने उन्हें रुक जाने का आदेश दिया। उन्होंने, उसकी आज्ञा मानने से इन्कार कर दिया। इसके बजाय, उन्होंने अपनी आवाज़ को अधिकतम बढ़ा दिया।

उस वक्त, कोल्डस्ट्रीम ने पुलिस से उन्हें हथकड़ियां लगाने और अदालत साफ करने को कहा। यहां तक कि प्रैस पत्रकारों को भी चले जाने के लिए कहा गया। उस सारे सिलसिले ने उन्हें नारे लगाने से नहीं डगमगाया। भगत सिंह ने हथकड़ी लगाए जाने का विरोध किया। तब कोल्डस्ट्रीम ने कैदी को हथकड़ी लगाने और उनको अदालत से हटाने का आदेश दर्ज कराया, जिस पर हिल्टन ने दस्तख़त कर दिए।

पुलिस उस बक्से में दाखिल हुई जहां आरोपी बैंच पर बैठे हुए थे और उन पर लाठियां बरसाना शुरू कर दी। उन्होंने, अपने हाथों से इस पर प्रतिक्रिया दिखाई। एक गंभीर लड़ाई हुई। कोल्डस्ट्रीम वापिस बैठ गया और जैसे पुलिस उनको ज़मीन पर घसीटती रही और ज़बरदस्ती उन्हें कैदियों की गाड़ी में डाला, यह सब देखता रहा। इस लड़ाई में, भगत सिंह और उनके साथियों को चोटें पहुंची। कोल्डस्ट्रीम ने तर्क दिया कि नारों और क्रांतिकारी गानों ने अदालत की अवमानना की थी। आरोपियों ने कहा जब तक कोल्डस्ट्रीम पिटाई के लिए माफ़ी नहीं मांगता, वे अदालत को नहीं स्वीकारेंगे।

आग़ा हैदर, ट्रिब्यूनल का अकेला हिंदुस्तानी पिटाई से खुश नहीं था। उसने एक टिप्पणी दर्ज की, "मैं आरोपियों को अदालत से हटाकर जेल भेजने के आदेश का हिस्सा नहीं था और मैं किसी भी तरह से इसके लिए जिम्मेदार नहीं था। आज कुछ भी हुआ, (कोल्डस्ट्रीम का आदेश) उससे अपने आपको अलग करता हूँ।" (सुखदेव ने सुनवाई के हाशिए में लिखा यह 'तारीफ के लायक' था।) जब अगले दिन सुनवाई दुबारा शुरू हुई आग़ा हैदर ने वक्तव्य जारी किया कि पिछले दिन आदेश के कारण जो कुछ भी हुआ, उस सबसे उसने अपने को अलग कर लिया था।

पिटाई पहले से ही तय शुदा काम लगता था। वॉयसराय को रोज की रपट मिल रही थी। वह कार्यवाही के बॉयकाट के बारे में जानता था। वह नारों के बारे में जानता था। मगर वह नहीं जानता था कि चीजें इस मोड़ पर आ जाएंगी कि ट्रिब्यूनल का अकेला हिंदुस्तानी जज अपना विरोध दर्ज करेगा।

आरोपियों का यह शक कि यह एक अभ्यास था जिसे अंग्रेज़ पूरा करना चाहते थे, पक्का हो गया था। उनको उस वक्त धक्का लगा जब ट्रिब्यूनल ने उनकी पहचान की औपचारिकता से दूर का काम किया। जो कुछ शिनाख़्त मजिस्ट्रेट की अदालत में हुई थी, उसे वैसे का वैसा ट्रिब्यूनल की कार्यवाही के मतलब के लिए सबूत के तौर पर ले लिया गया।

बहुत से दूसरे क्रांतिकारियों के लिए, पहचान जेल में ही कराई गई थी। आरोपियों की परेड लगवाई गई और गवाहों से उन्हें नाम या किसी दूसरी तरह से पहचाने को कहा गया। अगर गवाह यह दावा करता था कि जेल में उसने अधिकारियों की मौजूदगी में आरोपियों को पहचान लिया था, उस पहचान को आदेश में माना जाता था।

पिटाई की घटना के बाद, बोर्सतल जेल से सुखदेव को छोड़कर बाकी सभी आरोपी अदालत में पेश नहीं किए गए क्योंकि उन्होंने आने से मना कर दिया था, सिवाय इसके कि उन्हें जबरदस्ती लाया गया। हर एक आरोपी से व्यक्तिगत तौर पर आने के लिए पूछा गया और उन्होंने इन्कार कर दिया। तब से आगे के लिए, जेल के अधिकारी हर सुनवाई पर यह रपट देते कि आरोपियों ने ट्रिब्यूनल के सामने आने का प्रतिरोध किया। इसी श्रृंखला में जेल अधिकारियों का यह वक्तव्य दर्ज होता और आरोपियों की हाजरी के साथ बंट जाता।

उदाहरण के लिए, 18 जून को कोल्डस्ट्रीम द्वारा प्राप्त किए गए एक खास आदेश में कहा गया था, ''भगत सिंह और बी. के. दत्त दोनो ने आज अदालत में हाजिर होने से मना कर दिया। दोनों को 'मेन गेट' तक लाया गया जहां पुलिस इन्सपैक्टर ने उनको बाजू से पकड़ा और उनको अदालत में आने का आदेश दिया, जहां पर उन दोनों ने हिलने से मना कर दिया।'' यह दूसरे दिनों से अलग नहीं था।

भगत सिंह और उनके साथियों के बॉयकाट के बावजूद ट्रिब्यूनल ने कार्यवाही को नहीं टाला। ज़्यादातर हिंदुस्तानी वकीलों ने भी अपने आपको मुकद्दमे से अलग कर लिया। प्रैस भी बाहर हो गई। ट्रिब्यूनल आगे बढ़ता रहा और सरकारी गवाहों की बातों को दर्ज करता रहा।

मुद्दई का मुकद्दमा मुख्य रूप से उस कहानी पर टिका था, जिसे कि तीन सरकारी गवाहों - फणीन्द्र नाथ घोष, जय गोपाल, हंस राज वोहरा - ने पुनः बनाया था। वो, भगत सिंह और उनके साथी थे। आखिरी दो (जय गोपाल और हंसराज) जानते थे कि 'मोजांग रोड हाऊस' में क्या हुआ था। सरकार उन्हीं पर आश्रित थी क्योंकि क्रांतिकारियों की योजना क्या थी और कैसे उन्होंने इसे लागू किया था, इस बात का उसे कोई अंदाज़ा नहीं था।

घोष ने अपने आपको प्रादेशिक क्रांतिकारी पार्टियों की एक क्रांतिकारी पार्टी, दि हिंदुस्तान सोशलिस्ट आर्मी में मिलने पर केंद्रित किया, जय गोपाल ने सॉन्डर्स की हत्या पर और वोहरा ने भगत सिंह और उनके साथियों की दूसरी गतिविधियों पर ध्यान लगाया। उन सभी ने तथ्यों को षडयंत्र के उस ढांचे में लगाने के लिए छांटना शुरू किया जो कि सरकार ने हिंसा को उखाड़ फेंकने के लिए बनाया गया था।

जय गोपाल के प्रमाण 10 दिन तक लम्बे और थका देने वाले थे। उसने, उन्हें (अंग्रेजों) बताया कि सितम्बर 1928 के बीच में जब वह फिरोज़पुर में क्रांतिकारी पार्टी के मुख्यालय में था तब किस तरह से भगत सिंह और सुखदेव रात में वहां आए थे। भगत सिंह ने अपने 'केश' काट दिए थे। दाढ़ी भी साफ़ कर दी गई थी। उन्होंने अपने आपको धोती-कुर्ता पहनकर एक उत्तर प्रदेश के आदमी जैसा बना लिया। यह सब कुछ धर्म त्याग से बचने के लिए भी था।

जय गोपाल ने उनके पैसा इक्ट्ठा करने की कोशिशों का उदाहरण सुनाया। शहर में पंजाब नेशनल बैंक पर धावा बोलने का फैसला किया गया। आज़ाद और भगत सिंह दोनों मोटर चलाने का अभ्यास करते हुए बाहर निकलेंगे, जिस दिन बैंक में डाला जाना था। भगत सिंह और प्रताप सिंह दोनों से दोपहर 3:00 बजे बैंक पहुंचने को कहा गया था। कालीचरण टेलीफ़ोन की तारें काटने के लिए थे। सुखदेव, बैंक के संतरी से बंदूक छीनने के लिए थे और किशोरी लाल और जय गोपाल को दो थैलों में नोट भरने के लिए रखे गए थे।

"जब मैं बैंक पहुंचा, मैंने चंद्रशेखर, सुखदेव और हंस राज वोहरा को देखा।" जय गोपाल ने कहा। "मगर 3:00 बजे तक भगत सिंह और प्रताप सिंह टैक्सी के साथ नहीं पहुंचे। वे एक तांगे में आए और चूंकि टैक्सी का इंतज़ाम नहीं हो पाया था, डकैती को स्थगित कर दिया गया।" बैंक डकैती के बाद, क्रांतिकारी वहां से इकट्ठे किए गए पैसों की रसीद छोड़ देते थे, जिस पर टिप्पणी होती थी, " तुम इसे आज़ादी के बाद वापिस भुना सकते हो।"

"बहुत दिनों के बाद", जय गोपाल ने कहा, "हमने मोजांग रोड हाऊस पर फैसला किया कि पुलिस के सीनियर सुपरिन्टेन्डेंट, स्कॉट की हत्या की जानी चाहिए क्योंकि उसने लाला लाजपत राय को एक लाठी से मारा था। मुझे, स्कॉट की कार नं. 6728 पहचानने के लिए लगाया गया था। मैंने उसकी गतिविधियों को तीन से चार दिनों तक देखा। 17 दिसम्बर को हत्या तय की गई।"

जय गोपाल ने उजागर किया कि भगत सिंह ने पतले कागज़ पर बहुत से पोस्टर बनाए और लाल रंग से छापा। पोस्टर, 'हिंदुस्तान सोशलिस्ट रिपब्लिकन आर्मी' की तरफ़ से थे। मूल रूप से टाईप में था, "स्कॉट मारा गया; लाला जी का बदला ले लिया है।"

हंसराज वोहरा ने मई 1930 के अंत के प्रमाण दिए। सरकार ने इसे जमा कर लिया। प्रमाण रखने के दौरान, पब्लिक प्रॉसीक्यूटर ने उससे पूछा, "पहले जब 17 दिसम्बर, 1928 को तुम्हें (दशहरा बम्ब ब्लास्ट में) गिरफ़्तार किया गया था, इस तथ्य के बावजूद कि तुम 17 दिन के लिए पुलिस हिरासत में थे, तुमने पार्टी के किसी भी भेद को नहीं खोला। इस बार तुमने गिरफ्तार होने के थोड़ी देर बाद ही बयान दे डाला। इसकी वजह क्या थी?"

वोहरा ने जवाब दिया, " मैं अपने कारणों को बताते हुए इस ट्रिब्यूनल के सामने वह वक्तव्य रखना चाहता हूँ जो कि मुझे पुलिस के सामने देने और माफ़ी स्वीकार करने के लिए कहा गया था।

हिल्टन ने इस बात पर टिप्पणी की, "सवाल एक है, जिसका लक्ष्य है गवाह की सच्चाई को परखना और यह एक्सामिनेश-इन-चीफ द्वारा बीच में डाला जाने की अनुमति नहीं होनी चाहिए।"

आग़ा हैदर ने कहा, "मुद्दई के सामने यह खुला नहीं है कि ये सवाल गवाह के सामने रखा जाए। यह सवाल करना मना है।"

अपनी गवाही में वोहरा ने कहा कि वह अपने को उर्दू से बेहतर अंग्रेजी में प्रस्तुत कर सकता है। उसे ऐसा करने की इजाज़त दे दी गई।

वोहरा ने कहा सुखदेव, उसकी (वोहरा) पत्नी के चाचा के भाई थे। "हमारी मुलाकातों में, हमने कांग्रेस के कार्यक्रमों की निर्थकता पर चर्चा करना शुरू किया और विशेष परिस्थितियों के चलते ज़रूरतों और क्रांतिकारी पार्टियों के बनने पर नैतिक व राजनीतिक दोनों के न्याय

समर्थन पर चर्चा करना शुरू किया। सुखदेव ने मुझे बताया कि जहां तक हिंदुस्तान के पास कानूनी मायने नहीं थे जिससे कि उसकी तरक्की निश्चित हो, हमें ग़ैरकानूनी मायने या साधनों का उपाय करना ही चाहिए।" सुखदेव को मजिस्ट्रेट की अदालत में वोहरा द्वारा पहले ही पहचान लिया गया था। वोहरा ने कहा सुखदेव ने उसे पार्टी के सदस्यों में दर्ज करा दिया और उसे छात्रों के बीच क्रांतिकारी साहित्य बांटकर, क्रांतिकारी विचारों का प्रचार करने का काम सौंपा।

एक बार क्रांतिकारियों का नज़रिया बयान करते हुए, वोहरा ने एक जगह यह बात साफ की, कि जब उसने कहा 'मेरे कपड़े' तो उसका मतलब था कि वो उसके द्वारा अस्थायी तौर पर इस्तेमाल किए गए थे। "वो कपड़े पार्टी की एक सांझी जायदाद थे, जिसके सदस्य "जायदाद के अधिकार में विश्वास नहीं रखते थे।"

जब सॉन्डर्स हत्या की बात आई, वोहरा ने कहा कि सुखदेव ने उसे 1 दिसम्बर, 1928 की शाम लाहौर के लॉरेन्स गार्डेन में बुलाया और वहां से वह, उसे मोजांग रोड हाऊस ले गए। "मैं वहां 20 या 25 मिनट तक मौजूद रहा। वहां भगत सिंह ने मुझे बताया कि पार्टी कोई 'काण्ड' करने का उपाय चाहती है और उसके लिए, उन्होंने उत्तर प्रदेश के किसी सदस्य को बुलाया है। उस दिन मुझे बस यही सब बताया गया था," वोहरा ने कहा। इस जगह जय गोपाल को अदालत में लाया गया। वोहरा ने उस पहचाना।

15 दिसम्बर को, वोहरा ने कहा, "भगत सिंह ने मुझे गुलाबी रंग के कुछ टाईप किए हुए पोस्टर दिखाए, जिसका शीर्षक गुलाबी रंग में था। उनका नीचे कोना तारीख के साथ एक तरफ़ छपा हुआ था और दूसरी तरफ़ 'कमाण्डर-इन-चीफ़' शब्द छपा हुआ था। टाईप किए हुए पोस्टर का शीर्षक था 'स्कॉट मारा गया, लाला जी का बदला ले लिया है।"

वोहरा ने माना कि भगत सिंह ने उनसे कहा था कि पार्टी ने लाजपत राय पर लाठियाँ बरसाने के लिए, स्कॉट की हत्या करने का फैसला किया था "जो कि पार्टी के लिए एक चुनौती के समान था।" वोहरा ने कहा कि वह स्कॉट को गोली मारने की बात मान गया। हलांकि उसने यह कहा कि उसे यह कभी नहीं बताया गया कि हत्या किस जगह की जाएगी। उस जगह से जहां भीड़ थी वह इत्तेफाक से गुज़रा।

हलांकि वोहरा सरकारी गवाह बन गया था फिर भी ट्रिब्यूनल ने यह दिखाने की कोशिश की कि वह कितना आज़ाद था। वोहरा से जो सवाल किए गए, वो थे :

प्र० "सॉन्डर्स की हत्या के ब्यौरे से तुम्हें दूर रखने की बात तुम्हारी जानकारी में हत्या से पहले आयी या हत्या के बाद आयी?"

उ० "हत्या से पहले।"

प्र० "क्या तुमने विरोध नहीं किया कि तुम्हें रहस्य के बारे में नहीं बताया गया?"

उ० "मुझसे विरोध की उम्मीद नहीं थी, ना ही मुझसे यह उम्मीद थी कि पार्टी के कायदे के मुताबित मैं उनसे इस तरह के छानबीन वाले सवाल करूं।"

प्र० "वह कौन सा मौका था जब सुखेदव ने तुम्हें उन गुप्त जगहों के बारे में बताया जहां इन कथित हत्यारों को पार्टी ने भेजा था?"

उ० "ऐसा कोई ख़ास मौका नहीं, जिसकी तरफ मैं इशारा कर सकूं?"

प्र० "क्या यह ख़ालिस और सीधे तौर पर भरोसे का मुद्दा था?"

उ० "हाँ।"

सरकारी गवाहों की गवाही के बाद, खान बहादुर अब्दुल अज़ीज़ पहला गवाह था। जिस वक्त उसे 'दशहरा बम्ब काण्ड' की छानबीन का इन्चार्ज बनाया गया था, वह सुपरिन्टेन्डेन्ट पुलिस, मोंटगोनेरी था। उसने लाहौर षडयंत्र की जांच भी की थी। उसने कहा कि उसकी जांच-पड़ताल के दौरान उसे 'नौजवान भारत सभा' के सदस्यों भगत सिंह और बाबू सिंह के बारे में जानकारी हुई। अज़ीज़ ने कहा कि खबर देने के लिए बाबू सिंह ने 1000 रू० की पेशकश की। बाबू सिंह ने उजागर किया कि सॉन्डर्स की हत्या करने वालों में से एक भगत सिंह थे और एक गुप्त समिति बनाए जाने के बारे में भी ख़बर दी। अज़ीज़ ने कहा कि उसने वहीं भगत सिंह की गिरफ़्तारी के आदेश जारी कर दिए मगर तब तक भगत सिंह ग़ायब हो चुके थे, 8 अप्रैल, 1929 को दिल्ली में सामने आने के लिए। अज़ीज़ ने यह भी उजागर किया किस तरह उसने लाहौर में 'कश्मीरी बिल्डिंग' के एक घर में गुप्त बम्ब फैक्टरी को खोजा और 12 अप्रैल, 1929 को इस पर छापा मारा। उसने कहा 'कश्मीरी बिल्डिंग' से सुखदेव, किशोरी लाल और जय गोपाल को गिरफ़्तार किया गया, जहां उनको अपराधी साबित करने वाले बहुत सबूत भी बरामद किए गए।

30 मई, को सरकारी गवाह राम सरन दास अपनी बात से पीछे हट गया और कहा कि यह पुलिस के कहने पर कही गई थी। इससे पहले उसने 11 जून 1929 को मजिस्ट्रेट के सामने बयान दिया था। बाद में उसे पुलिस ने बदल दिया था और उससे बदले हुए बयान पर दस्तख़त कराए गए थे।

आरोपियों के बॉयकॉट की वजह से, सुनवाई वास्तविक नहीं थी। अंग्रेज इससे बाहर निकलना चाहते थे। भगत सिंह और उनके साथियों का कहना था कि अगर कोल्डस्ट्रीम को बाहर कर दिया जाए तो, वे अदालत में आ जाएंगे। उसे एक लम्बी छुट्टी पर भेज दिया गया और दूसरे सदस्य, आग़ा हैदर को भी दुबारा बनाए गए ट्रिब्यूनल में से हटा दिया गया। दो नए सदस्य जे. के. टाप और अब्दुल हैदर नियुक्त किए गए। आरोपियों ने कहा कि हिल्टन को ट्रिब्यूनल का अध्यक्ष नहीं बनाया जाना चाहिए था, चूंकि क्रांतिकारियों की पिटाई में कोल्डस्ट्रीम के साथ वह भी शामिल था।

इस विशेष ट्रिब्यूनल के कमिश्नर का एक सांझे पत्र में भगत सिंह और दत्त ने विरोध किया कि जज जो कि पिटाई का आदेश देने का हिस्सा था, उसे अध्यक्ष बनाया गया था। "इन हालात में हम एक चीज़ पर जोर देना चाहते हैं कि हमें व्यक्तिगत रूप से जस्टिस कोल्डस्ट्रीम से कोई ईर्ष्या नहीं है। हमने बहुमत की ओर से अध्यक्ष द्वारा दिए गए आदेश के खिलाफ़ विरोध किया था और इसके बाद हमारे साथ के बुरे व्यवहार ....."

हिल्टन के प्रति आपत्ति को ठुकरा दिया गया। आरोपियों और उनके वकीलों की ग़ैरमौजूदगी में सुनवाई शुरू हुई। हलांकि, जब नया ट्रिब्यूनल, इसके बनने के एक दिन बाद 21 जून को लगा, लगभग सभी आरोपी अपनी इच्छा से अदालत में आए। यह छः हफ्ते के बाद हुआ था। अकेले आज्ञा राम ने अदालत में आने से मना कर दिया। उसने ट्रिब्यूनल या अदालत किसी को भी नहीं माना।

दुबारा, 28 जनू को, आज्ञा राम को छोड़कर सभी आरोपी ट्रिब्यूनल के सामने आए। उसने (आज्ञा राम) ज़बरदस्ती प्रस्तुत किए जाने का विरोध किया। ट्रिब्यूनल ने उसकी हाजरी को अलग करते हुए, एक आदेश जारी किया। यद्यपि, दो दिन की सुनवाई ने क्रांतिकारियों को यह यकीन दिला दिया कि कोल्डस्ट्रीम की अध्यक्षता वाले और हिल्टन की अध्यक्षता वाले ट्रिब्यूनल में

कोई अंतर नहीं था। उन्होंने अपना बॉयकाट दुबारा जारी कर दिया।

अगले दिन उनमें से 13 हाजिर नहीं हुए। ट्रिब्यूनल ने उनकी गैर हाज़री को माफ करते हुए, दुबारा आदेश जारी किए। 25 जून को आरोपियों में से कोई भी हाज़िर नहीं था। ट्रिब्यूनल ने वैसा ही तारीका अपनाया और उनकी ग़ैरहाज़री में मुकद्दमे की सुनवाई की। 10 जुलाई के दिन, तीन को छोड़ते हुए, 15 पर आरोप बनाए गए।

जैसे कि मुद्दई (प्रॉसीक्यूशन) ने अधिक गवाह पेश किए थे और सच्चाई से ज़्यादा हवाई बातों में उलझा रहा, यह साफ हो गया था कि सरकार भगत सिंह के गले में फंदा डालना चाहती थी। अपनी तरफ से उन्होंने (भगत सिंह) कोई बचाव नहीं किया। उनके पिता जी इतना घबरा गए कि उन्होंने 20 सितम्बर को वायसरॉय के लिए एक कॉपी (प्रति) के साथ ट्रिब्यूनल में एक याचिका दाखिल की, कि सॉन्डर्स की हत्या के दिन भगत सिंह लाहौर में नहीं थे। याचिका में इस बात पर वजन दिया गया कि सॉन्डर्स की हत्या के दिन भगत सिंह कलकत्ता में थे। भगत सिंह ने इसे अस्वीकार कर दिया।

जब ट्रिब्यूनल ने यह पाया कि आरोपी सुनवाई पर बॉयकाट कर रहे थे, उसने आदेश दिया कि उन्हें ज़बरदस्ती लाया जाए। यह कोशिश पहले भी की गई थी। हिंसा का कोई भी पैमाना उनको अदालत में नहीं ला सका था। पिटाई का कोई असर नहीं था। अंत में ट्रिब्यूनल ने यह मान लिया कि उनकी हाज़री ज़रूरी नहीं थी और मुकद्दमे की कार्यवाही आगे बढ़ा दी।

अब भगत सिंह, ज़्यादा वक्त अपनी कोठरी में ही बिताते थे। यहां तक कि अदालत में पेश होने की औपचारिकता तक नहीं थी। उन्होंने बहुत कुछ पढ़ा। एक दिन उन्होंने चार्ल्स फोरियर (1772–1837) की एक पुरानी किताब में से निम्नलिखित पंक्तियाँ अपनी 'नोटबुक' में उतारीः

''वर्तमान सामाजिक व्यवस्था एक हास्यास्पद यांत्रिकी है, जिसमें सभी हिस्से एक दूसरे के विरोधी हैं और इस पूरे के खिलाफ काम कर रहे हैं। हम देखते हैं कि समाज का हर वर्ग, दूसरे वर्ग के दुर्भाग्य को हर तरह से सार्वजनिक हित के खिलाफ अपनी रूचि के अनुसार चाहते हैं। वकील मुकद्दमे और अभियोग चाहते हैं, खास तौर पर अमीरों के बीच; डॉक्टर बीमारी चाहता है। (अगर सभी बिना बीमारी के मर जाएंगे डॉक्टर बर्बाद हो जाएगा, ऐसे ही अगर सारे झगड़े आपस में ही सुलझ जाएं तो वकील बर्बाद हो जाएगा।) सिपाही युद्ध चाहता है, जो कि उसके आधे साथियों को ख़त्म कर देगा और उसकी पदोन्नति पक्की कर देगा, दफ़न करने वाला अंतिम संस्कार (दफ़न) चाहता है; एकाधिकार रखने वाला और अनुमान लगाने वाला अकाल चाहता है, अनाज के दाम दुगने या तिगुने करने के लिए; वास्तुकार, बढ़ई, मिस्त्री प्रलय चाहते हैं जो कि सैकड़ों घरों को जला देगी और उनके धंधे को हरकत प्रदान करेगी।''

ट्रिब्यूनल को इस बात का अहसास हुआ कि गवाही के समर्थन की गैर मौजूदगी में षडयंत्र की कहानी कमज़ोर थी। सच था कि अलग-अलग पृष्ठभूमि से जय गोपाल और हंस राज वोहरा ने कम या ज़्यादा, करीब एक सी बातें ही कही थी। मगर दोनों सरकारी गवाह थे बाहर के बिना किसी प्रमाणिक समर्थन के यह किसी भी आरोपी का दोष सिद्ध करने के लिए पर्याप्त नहीं था। चूंकि ट्रिब्यूनल को इस तरह के कोई सबूत नहीं मिले थे, इसने कहा कि दो सरकारी गवाहों की बात पर भरोसा न करने के लिए कोई प्रत्यक्ष भूमिका नहीं थी।

आरोपियों की हाज़री बांटने के साथ ट्रिब्यूनल ने ज़्यादातर 'आर्डिनेन्स' के सैक्शन 9(1) का इस्तेमाल किया। 10 जुलाई, 1930 को अदालत के एक आदेश के अनुसार, जेल में 15

आरोपियों को उन पर तैयार किए गए आरोपों की एक प्रति (कॉपी) दी गई, इसके साथ उनको ख़बर देने वाले एक आदेश की प्रति भी थी कि अगले दिन आरोपों पर उनके तर्क लिए जाएंगे। उस दिन 11 जुलाई को आरोपियों ने दुबारा उनको पेश किए जाने का प्रतिरोध किया, जिसने यह संकेत दिया कि सभी 15 आरोपियों को उनके खिलाफ लगाए गए आरोपों पर बहस नहीं करना चाहते। हालांकि, उसी दिन मुकद्दमे के बारे में एक आदेश जारी किया गया कि अगले दिन सुनवाई शुरू होने के समय सभी आरोपी होने चाहिए। वे उस वक्त बताएंगे कि क्या वे पहले से दर्ज की गई किसी गवाह की गवाही के प्रति सवाल करने का इरादा रखते हैं। कोई भी अरोपी अदालत में नहीं आया, उन सभी ने ज़बरदस्ती हाज़िर किए जाने का प्रतिरोध किया, ट्रिब्यूनल ने यह आदेश जारी करते हुए दर्ज किया कि कोई भी अरोपी नहीं आया या किसी भी गवाह से सवाल करने की कोई भी इच्छा नहीं रखी।

12 जुलाई से 4 अगस्त के बीच प्रयोगात्मक रूप से कोई सुनवाई नहीं हुई थी। 4 अगस्त को 'मैडिकल ऑफिसरों' की गवाही दर्ज की गई और उन्होंने कहा कि सभी आरोपी प्रेम दत्त और कुन्दन लाल को छोड़कर भूखहड़ताल पर थे और वे अदालत में लाए जाने के लिए बहुत कमज़ोर थे। एक बार फिर से उनकी हाज़री को बांट दिया गया। 11 अगस्त को ट्रिब्यूनल ने दर्ज किया कि भगत सिंह, सुखदेव और विजय कुमार सिन्हा अदालत में हाजिर होने के लिए दुरूस्त थे, मगर उन्होंने ऐसा करने से मना कर दिया।

26 अगस्त तक 457 गवाहों के बयान लिए जा चुके थे - पब्लिक प्रॉसीक्यूटर ने कहा कि वह और गवाहों को पेश नहीं करेगा और उसकी तरफ से मुकद्दमा 27 अगस्त तक के लिए स्थगित कर दिया कि हो सकता है कि आरोपी मुकद्दमे पर सवाल करना चाहते हों।

ट्रिब्यूनल ने 'क्रिमिनल प्रोसीजर कोड' की धारा 256 के तहत अलग से यह आदेश जारी किया कि अगले दिन सभी अरोपी व्यक्ति सुनवाई में हाजिर रहें। आदेश की एक प्रति, हर आरोपी को जेल में दी गई। 28 अगस्त को, पहले की तरह ही सभी आरोपियों ने ट्रिब्यूनल के सामने हाजरी का प्रतिरोध किया। बचाव का कोई गवाह पेश नहीं हुआ, उनकी (आरोपियों) तरफ़ से बचाव के गवाह बुलाए जाने की कोई सूची नहीं दी गई थी। ट्रिब्यूनल स्थगित हो गया था। 29 और 30 अगस्त को इसे उसी तरह स्थगित कर दिया गया, बिना कोई काम-काज किए।

1 सितम्बर को, सभी आरोपियों ने ट्रिब्यूनल के सामने पेश किए जाने का फिर से विरोध किया। उनकी हाजरी को 5 सितम्बर तक बांट दिया गया। 5 सितम्बर को दो आरोपियों बिजेय कुमार सिन्हा और अजय कुमार घोष के लिए अमोलक राम कपूर पेश हुए और सभी 45 गवाह से सवाल करने के उद्देश्य से ट्रिब्यूनल के सामने उनको बुलाने के लिए एक सामान्य सी अर्ज़ी लगाई। कपूर ने मांग की कि अदालत की हिरासत में पांच सरकारी गवाहों जय गोपाल, पी. एन. घोष, मन मोहन बैनर्जी, एच. आर. वोहरा और ललित मुखर्जी को भी बुलाया जाए।

जय गोपाल को कटघरे में खड़ा किया गया, मगर बचाव के वकील कपूर ने सवाल करने से मना कर दिया और कहा कि सरकारी गवाह से सवाल करने के लिए उसके (कपूर) पास को निर्देश नहीं थे। बाद में कपूर ट्रिब्यूनल के सामने फिर से आए और अजय कुमार घोष और विजय कुमार सिन्हा के दस्तखत की हुई एक अर्जी लाए जिसमें किसी भी मुद्दई गवाह से सवाल शुरू करने से पहले एक हफ़्ते के स्थगन के लिए कहा गया था। इस अर्जी को यह कहते हुए नामन्जूर कर दिया गया कि केस फैल जाएगा। तब कपूर अदालत से हट गए।

5 मई 1930 से शुरू होकर 10 सितम्बर 1930 तक सुनवाई लम्बी और बहुत फैली हुई थी। यह एक तरफा मामला था। तब भी मुकद्दमे ने पूरा होने में करीब चार महीने लिये। आरोपियों ने ज़्यादातर सुनवाइयाँ नहीं की। न ही उन्होंने अपना बचाव किया।

मुद्दई (प्रॉसीक्यूशन) ने सात सरकारी गवाहों के वक्तव्य और तीन अनजान आरोपियों द्वारा अपराध को स्वीकारना प्रस्तुत किया। 450 गवाहों से जिन्होंने आरोपियों को अलग-अलग समय पर पहचानने का दावा किया। लिखाई, छपाई, हथियारों-गोलाबारूद और विस्फोटकों के विशेषज्ञ भी थे।

ट्रिब्यूनल ने 15 आरोपियों के खिलाफ़ आरोप बनाए। आज्ञा राम और सुरेन्द्र पाण्डे को छोड़ दिया गया था। बटुकेश्वर दत्त के खिलाफ़ मुकद्दमा वापिस ले लिया गया था, पहले ही उन्हें असेम्बली बम्ब काण्ड में उम्र कैद की सज़ा हो चुकी थी।

दत्त को एक चिट्ठी में भगत सिंह ने लिखा : "... तुम जिंदा रहोगे, और जीते हुए, तुम्हें दुनिया को यह दिखाना होगा कि क्रांतिकारी अपने आदर्शों के लिए सिर्फ मर ही नहीं सकते बल्कि हर मुसीबत का सामना कर सकते हैं। मौत, दुनिया की दिक्कतों से बचकर भाग जाने का ज़रिया नहीं होनी चाहिए। वो क्रांतिकारी जो फांसी के तख्तों से बच गए थे, उन्हें जीना चाहिए और दुनिया को दिखना चाहिए कि वे अपने आदर्शों के लिए सिर्फ फांसी के फंदों को ही गले नहीं लगा सकतें बल्कि जेल की अंधेरी, घिच-पिच कोठरियों में बुरी से बुरी यातनाओं को भी सह सकते हैं।"

आखिरकार, 17 अक्टूबर 1930 को इसकी (ट्रिब्यूनल) अवधि पूरी होने से तीन हफ़्ते पहले, ट्रिब्यूनल ने तीन को छोड़कर बाकी सभी आरोपियों को दोषी ठहराते हुए अपना फैसला सुना दिया। अजय कुमार घोष, जतिन्द्र नाथ सान्याल और देस राज - तीनों को छोड़ दिया गया।

भगत सिंह, सुखदेव और राजगुरू को फांसी से मौत की सजा सुनाई गई। किशोरी लाल, महाबीर सिंह, बिजेंय कुमार सिन्हा, शिव वर्मा, गया प्रसाद, जय देव और कमल नाथ तिवारी को उम्र कैद की सज़ा सुनाई गई थी। कुन्दन लाल को सात-साल की कैद और प्रेम दत्त को पांच साल की कैद दी गई थी।

300 पेज के फैसले में गवाही के विस्तार में जाते हुए कहा गया कि "सॉन्डर्स हत्याकाण्ड में भगत सिंह का शामिल होना उसके खिलाफ़ सबसे गंभीर और महत्वपूर्ण तथ्य है और यह पर्याप्त गवाही से पूरी तरह साबित होता है ..."

जिस गवाही से साबित हुआ कि भगत सिंह ने सॉन्डर्स की हत्या में हिस्सा लिया था, तीन बातों से संबंधित थी : एक, उन आंखों देखी गवाहों से जिन्होंने भगत सिंह को पहचानने का दावा किया; दो उन दोनों सरकारी गवाहों, जय गोपाल और हंस राज वोहरा की गवाही से 'जो उनके (भगत सिंह) साथ हत्या में शामिल थे, और तीसरा, (स्कॉट मारा गया) पोस्टर लिखे गए थे और लिखाई विशेषज्ञों ने ऐसा साबित किया था।

चूंकि आरोपी सुनवाई का बॉयकाट कर रहे थे, उन्हें सजा के बारे में जानकारी एक खास 'मैसेन्जर' से हुई जो कि ट्रिब्यूनल के आदेश को जेल में लाया। भगत सिंह, सुखदेव और राजगुरू की फांसी के आदेश पर काले रंग का हाशिआ खिंचा हुआ था।

किन्हीं कारणों से सुखदेव को उम्र कैद की उम्मीद थी। जिसका मतलब था जेल में और 14 साल रहना। सुखदेव ने भगत सिंह को लिखा कि अगर उन्हें जिन्दा छोड़ा गया तो वे आत्म

हत्या कर लेंगे। सुखदेव या तो मौत या रिहाई चाहते थे, बीच में कुछ नहीं।

भगत सिंह ने जवाब में कहा कि बाहर लोग जिस चीज़ से नफरत करते थे, अब उनके लिए ज़रूरत बन गई थी। "उदाहरण के लिए" उन्होंने कहा, "व्यक्तिगत जीवन में मेरा विश्वास है, मगर अब मेरे दिमाग और दिल में कोई स्थान विशेष ले पाने के लिए यह भावना समाप्त हो गई है। जब तुम बाहर थे इसके सख़्त खिलाफ़ थे, मगर तुम्हारे विचारों में क्या मौलिक और बड़ा परिवर्तन आया है।"

भगत सिंह ने सुखदेव को याद दिलाया कि एक बार उन्होंने आत्म हत्या के विचार से नफरत की थी मगर अब उन्होंने ही उसे पीछे मुड़कर देखा है। "क्या मैं तुमसे यह पूछ सकता हूँ कि जेल से बाहर की परिस्थितियाँ तुम्हारे विचारों के अधिक पक्ष में थी? तब भी क्या हम अपनी नाकामयाबियों की वजह से इसे छोड़ सकते थे? क्या तुम्हारा मतलब इस तरफ इशारा करने का है कि हम इस क्षेत्र में नहीं घुसे, कोई भी क्रांतिकारी काम नहीं होगा?" उन्होंने सुखदेव को सलाह दी : "सेवा करो, सेवा करो और कारक से संघर्ष के लिए जिओ।"

लोगों के लिए, फांसी की सजा एक धक्के की तरह आई। सारे देश में इसके खिलाफ़ हड़ताले हुईं और जुलूस निकले। बड़े शहरों में इस एक तरफा फैसले की निंदा करने के लिए सभाएं हुईं। 'क्रिमिनल प्रोसीज़र कोड' की धारा लगाने के बावजूद, सैकड़ों की भीड़ इकट्ठी हुई जहां अंग्रेजी राज के खिलाफ उग्र भाषण दिए गए। बहुत सी जगहों पर पुलिस ने लाठी-चार्ज किया, यहां तक कि औरतों पर भी। डी. ए. वी. कॉलेज का एक प्रोफेसर और 80 छात्र जब विरोध कर रहे थे उन पर एक सार्जेन्ट ने हमला किया।

लाहौर में छात्रों ने आगुवाई की। सभी कॉलेज बंद रहे, 'गवर्नमेंट कॉलेज' को छोड़कर जहां सम्भ्रान्त लोगों के बच्चे पढ़ते थे। 'गवर्नमेंट कॉलेज' पर चौकसी बिठाई गई थी। 'ब्रेडलॉ हॉल' पर जहां भगत सिंह ने बहुत सी सभाओं को सम्बोधित किया था, छात्रों और नौजवान आदमी-औरतों ने एक उनके और दूसरों के "वीर बलिदान" की प्रशंसा में एक प्रस्ताव पारित किया। मोरी गेट की सभा ने पुराने रिकॉर्ड तोड़ दिए। इसकी अध्यक्षता स्वर्गीय लाला लाजपत राय की बेटी ने की।

'चटगांव अर्मरी रेड' के अभियुक्तों ने गांधी के पास बीच में आने के लिए एक अपील भेजी। ऐसा ही मोहन घोष ने किया, जिन्होंने कलकत्ता में एक बहुत बड़ी सभा की अध्यक्षता की थी। बॉक्स कैम्प, में जहां बंगाल के अग्रणी क्रांतिकारियों को रखा गया था, एक प्रस्ताव पास किया गया जिसमें वायसरॉय से मौत की सज़ा बदलने की प्रार्थना की गई थी। इसी तरह की प्रार्थना के साथ एक सार्वजनिक याचिका भी उसे भेजी गई जिस पर हज़ारों लोगों के दस्तख़त थे।

पंजाब में इस सज़ा के ख़िलाफ 'प्रिवी काऊन्सिल' में अपील करने के लिए एक बचाव समिति का गठन किया गया। भगत सिंह और उनके साथी इसके हक में नहीं थे। मगर वे इस तर्क के साथ आगे बढ़े कि यह दुनिया के सामने अंग्रेजों को उजागर करेगा और दिखाएगा कि भारत में राजनीतिक बंदी कैसी अमानवीयताओं का सामना कर रहे थे। भगत सिंह की संतुष्टि सिर्फ इसी में थी कि अपील इंग्लैण्ड के लोगों का ध्यान एच. एस. आर. ए. के अस्तित्व की ओर खींचेगी।

लंदन में पांच जजों की 'प्रिवी काऊन्सिल' के सामने अपील की सुनवाई आश्चर्य जनक रूप से बहुत छोटी थी। भगत सिंह बनाम 'दि किंग एम्परर' के मुकद्दमे में अपील करने वालों का

तर्क था कि मुकद्दमे के लिए विशेष ट्रिब्यूनल को बनाए जाने का 'ऑर्डिनेन्स' वैद्य नहीं था। इसने आरोपी को उच्च न्यायालय में अपील करने के अधिकार से वंचित रखा, जो कि वे किसी और तरह से भी कर सकते थे। सरकार ने तर्क किया कि भारत सरकार के 1915 एक्ट की धारा 72 के अनुसार गवर्नर जनरल को ट्रिब्यूनल बनाने की असीमित शक्ति थी।

डी. एन. प्रिट, जो कि भगत सिंह की तरफ से पेश हुए थे, उन्होंने कहा कि गवर्नर जनरल की वैधानिक ताकतें तीन परिस्थितियों पर निर्भर थी : पहली, आपातकाल होना चाहिए था; दूसरी, 'ऑर्डिनेन्स' शांति और अंग्रेज भारत की अच्छी सरकार के लिए होना चाहिए था और तीसरा, ऑर्डिनेन्स भारतीय कानून की वैधानिक शक्तियों के अंदर होना चाहिए। "ऐसी कोई भी परिस्थिति पैदा नहीं हुई", प्रिट ने कहा।

प्रिट ने कहा, मुद्दई ने यह साबित करने की कोशिश की थी, मगर वह ऐसा करने में नाकामयाब रहा। धारा 72 के अंदर रहते हुए कोई आपातकाल नहीं था। गवर्नर जनरल द्वारा 'ऑर्डिनेन्स' बनाए जाने के लिए दिए गए वक्तव्य ने भी कोई आपातकाल नहीं दिखाया।

प्रिट ने कहा कि सरकार ने आरोपी को उसके खिलाफ 'प्राईमा फेसी' मुकद्दमा करने के अधिकार से वंचित रखा और 'सेशन जज' और 'ज्यूरी' से वंचित रखा और लाहौर के उच्च न्यायालय में अपील से भी वंचित रखा। उन्होंने (मुद्दई) यह जाने बिना कि उनके (आरोपियों) खिलाफ़ क्या आरोप हैं एक विशेष ट्रिब्यूनल के सामने मुकद्दमा चलाया और जब सरकारी गवाहों या दूसरे स्वतंत्र गवाहों के मुंह से जो कुछ भी निकला उसे 'केस' मान लियां गया।

प्रिवी काऊन्सिल ने 'केस' को ख़ारिज़ कर दिया जज विस्काऊन्ट ड्यूनेडिन जिसने फैसला पढ़ा था कहा कि सारा मामला सिर्फ़ यह था कि एक्ट की धारा गवर्नर जनरल को विशेष ट्रिब्यूनल बनाने का अधिकार नहीं देती। जज ने कहा कि आपातकाल की स्थिति की कोई सही परिभाषा नहीं थी। इसका मतलब तीव्र क्रियाओं की एक ऐसी स्थिति का बयान करना है जो कि किसी दूसरे द्वारा परखी जाए।

"यह स्वाभाविकता से कहीं अधिक है कि वह कोई एक गवर्नर जनरल और सिर्फ वह ही है। कोई और विचार (दृष्टि) पूरी तरह से, सारे प्रकरण का अलग वर्णन करता। आपातकाल तुरंत कोई न कोई कदम मांगता है और वह कदम उठाना गवर्नर जनरल के लिए दिया गया है।"

जैसे कि तर्क में कहा गया कि 'ऑर्डिनेन्स' शांति और अंग्रेज भारत की अच्छी सरकार से संबंधित नहीं था, जज ने कहा कि "गवर्नर जनरल भी उसका जज था। धारा 72 के तहत दी गई ताकतें बिना किसी निश्चित सीमा के थी, सिवाय इसके कि वह, वो कर सकता था जो कि हिंदुस्तानी कानूनी सभाएं करने में समर्थ नहीं होती ....."

जज विस्काऊन्ट ड्यूनेडिन जिसके साथ बेन्च पर लॉर्ड थॉन्केर्टन, किलोन का लॉर्ड रॅसेल, सर जॉर्ज लॉन्डेस और सर डिनशॉ मुल्ला भी थे, आगे जोड़ा कि गवर्नर जनरल किसी भी तरह कानून से यह बताने के लिए नहीं बंधा था कि किस कारण से उसे 'ऑर्डिनेन्स' की घोषणा करनी पड़ी।

सात

'प्रिवी काउन्सिल' में की गई अपील से कुछ उम्मीद जगी थी। कुछ लोगों का सोचना था कि अदालत भगत सिंह, सुखदेव और राजगुरू को सुनाई गई इस कठोर सज़ा को इंग्लैण्ड की सबसे ऊँची अदालत शायद ग़लत साबित कर दे। एक बार फांसी की सज़ा पक्की हो जाने पर, फांसी पर चढ़ना तो किसी वक्त हो सकता था। चारों तरफ गुस्सा और उदासी थी।

सारे देश में एक बार फिर से प्रदर्शन हो रहे थे। गलियों में भगत सिंह, सुखदेव, राजगुरू जिंदाबाद के नारे गूंज रहे थे। इस मौके के लिए ख़ासतौर पर बनाया गया गीत सबकी ज़ुबान पर था :

भगत सिंह के खून का असर देख लेना,
मिटा देंगे ज़ालिम का घर देख लेना।

दो लाख लोगों का एक जुलूस प्रदर्शन के लिए लाहौर की गलियों में घूम रहा था। जेल के बाहर भगत सिंह के साथियों ने हिम्मत नहीं हारी थी। तीनों साथियों को छुड़ाने के लिए उन्होंने एक योजना बनाई - क्रांतिकारियों का एक दल बम्ब से पत्थर की दीवार को उड़ा कर उनके लिए रास्ता बनाएगा। विश्वनाथ बैशमण्यन, सुख देसराज कुछ कम मशहूर क्रांतिकारी और भगवती चरन अग्रिम सेना के सदस्य थे। मगर यह योजना कभी लागू न हो सकी। जब भगवती चरन रावी नदी के किनारे इसका अभ्यास कर रहे थे, पिन ढीली होने के वजह से बम्ब भगवती चरन के हाथ में ही फट गया। इसके पहले कि उनके दोनों साथी मरहम-पट्टी का इंतज़ाम कर पाते, उन्होंने दम तोड़ दिया।

लेकिन बचाने वाले यह नहीं जानते थे कि भगत सिंह इस तरह नहीं छूटना चाहते थे। वे जेल के सुपरिंटेन्डेंट ख़ान बहादुर को नीचा नहीं दिखाना चाहते थे, जो कि कैद के 400 दिनों में उनके बहुत करीब आ गया था। ख़ान बहादुर ने जेल में भगत सिंह और उनके दोनों साथियों के लिए विदाई-भोज का इंतज़ाम किया था।

जैसे-जैसे दिन बीत रहे थे उदासी गहरी होती जा रही थी। सबकी निगाहें गांधी पर थीं। वायसरॉय इर्विन के साथ उनका समझौता ताक पर था। हलाँकि लोग यह जानते थे कि गांधी बम्ब और बंदूक के तरीकों के ख़िलाफ थे, लेकिन अब हालात कुछ अलग थे। यह हालात सही-गलत या नैतिक-अनैतिक की स्थिति को पार कर चुके थे। यह एक कड़वा सच था जो कि बहस या देरी बर्दाश्त नहीं करेगा। भगत सिंह और उनके साथियों को बचाना ही था।

देश इस बात को नहीं झुठला सकता था कि क्रांतिकारी एक अलग विचार-धारा पर अमल कर रहे थे। वे एक अलग रास्ता दिखाते थे। अहिंसा, हिंसा के एकदम उलट बात थी। अगर गांधी हिंदुस्तान के सियासी आसमान पर एक सूरज थे, तो भगत सिंह सांझ की गहराई उठी एक चमक थे। गांधी ऐसे लोगों को समर्थन देने से क्यों हिचकिचाते थे जो कि आज़ादी की लड़ाई में उनसे किसी भी तरह कम नहीं थे? उस वक्त तीन जिंदगियाँ दांव पर थीं, न कि कोई विचारधारा का समझौता।

गांधी सरकार के साथ समझौते के लिए तैयार दिखते थे, जिसके चलते कांग्रेस सरकार में सीमित साझेदारी की अंग्रेजों की योजना में उनकी मदद करेगी। वायसरॉय गांधी का अहसानमंद था क्योंकि लंदन शांतिपूर्ण राज के लिए महौल न बना पाने की वजह से उसके तबादले की बात

सोच रहा था। लोग सोचते थे कि क्रांतिकारियों की सज़ा बदलने के लिए वायसरॉय को गांधी का एक इशारा ही काफ़ी था।

हलाँकि भगत सिंह फांसी चढ़ने के लिए तैयार थे क्योंकि यह उनके विचारों को एक उछाल देता। जो हिंदुस्तान को सिर्फ़ आज़ाद कराने के लिए शहीद हुए - नौजवान उन्हें अपने-आप में उतारने की कोशिश करेंगे। मगर वे इस सज़ा को थोड़े दिन के लिए आगे बढ़वाना चाहते थे, ताकि उनके बलिदान की वजह लोगों के दिमाग़ में अच्छी तरह से बैठ जाए। देश जो कि इस वक्त प्रदर्शनों, आंदोलनों और लाठी चार्ज की धूल से गुज़र रहा था, उनकी फांसी का असर महसूस नहीं कर पाता, जितना कि और किसी हालात में कर पाता।

भगत सिंह को भी विश्वास था कि वायसरॉय के साथ गांधी का समझौता नीचे-देखना होगा। जब इस पर दस्तख़त किए जाएंगे, यह कांग्रेस की असलियत उजागर करेगा और क्रांतिकारी मज़बूत होंगे। तब तीन शव गांधी-वायसरॉय समझौते और लोगों के बीच पड़े होंगे।

भगत सिंह को यह विश्वास भी था कि सामाजिक न्याय की बात ने देश में बहुत से समर्थक जीत लिए हैं। उन्नीसवीं सदी के आखिरी सालों और बीसवीं सदी के शुरू के सालों में दो अहम पहलू सामने आए - गांधी से पहले का और गांधी का। क्रांतिकारी आंदोलन दोनों ही हालातों में केंद्र में नहीं रखा गया था, हालाँकि ताकत दोनों को देता था।

क्रांतिकारियों का स्वरूप उस वक्त सामने आया जब नरम दल ख़त्म होने की कगार पर था। लेकिन क्रांतिकारी उस लपट की तरह से थे जो एक बार आसमान को दमका कर बुझ गई थी। सरकार के विरोध से इसकी समय सीमा और कम हो गई थी। अंग्रेजी हथियारों के भण्डार को नुकसान पहुंचाने की उनकी कोशिशें और मजबूत हो गई थीं। जब कांग्रेस की रूढ़िवादिता और आत्म-संतोष के तरीकों की वजह से लोगो में उदासी आई, क्रांतिकारियों ने शानदार वापसी ली। लोगों की बहुत उम्मीदें थी। जब वे पूरी नहीं हुईं तो उन्होंने विद्रोह कर दिया।

1857 के गदर की नाकामयाबी ने हिंदुस्तान से विदेशी राज को बाहर फेंकने की उम्मीदों को बहुत धक्का पहुंचाया था। इसने आखिरी बार यह भी साफ कर दिया था कि हिंदुस्तानियों को लड़ाई में मध्यकालीन सोच के साथ - घोड़ों पर सवार सैनिकों, चमचमाती तलवारों, चिंघाड़ते हाथियों और अपने साहस, लेकिन थोड़े से सुनियोजित ढंग से उतरने की ज़रूरत थी। इस विद्रोह ने लोगों को यह समझ भी दी कि कुछ वक्त तक के लिए अंग्रेजों को लड़ाई के लिए ललकारना मुश्किल होगा।

हिंदुस्तानी जीवन के पहलुओं को बदलने के लिए बिल्कुल अलग तरीके के विकास होने लगे थे। यहां हिंदुओं का पुनर्वालोकन, अंग्रेजी तालीम का फैलना, मझले तबके का पैदा होना, धीमा औद्योगीकरण, हिंदुस्तानी प्रैस का पैदा होना और क्षेत्रों के एकीकरण को हिंदुस्तान कहा गया था।

इनमें से कुछ चीजों के विकास ने अंग्रेजों के खिलाफ विरोध की शक्ल ले ली थी। इसने राष्ट्रीय चेतना को पैदा किया था। एक साथ रहने के साथ-साथ अंग्रेजों को खदेड़ने की भावना भी जाग उठी थी। शुरूआत में विरोध ने राजनीतिक संगठन का रूप लिया, जिसको मझला तबका चला रहा था। उनकी मांगे प्रार्थनाएं और अनुरोध थे जो कि भाषणों और लेखों की शक्ल में सामने आते थे। उनमें से कुछ ने सैनिक धार्मिक पुनरावलोकन शुरू कर दिया जो कि पश्चिमी उपस्थिति के प्रतिकूल था। इनमें से बहुत से धार्मिक नेताओं ने गीता और वेदों से प्रेरित हिंदू आदर्शों की तरफ वापिस मुड़ने का प्रचार किया।

यह एक वाक्या नहीं था जो कि आने वाली घटनाओं की शुरूआत था। छोटे-छोटे बहुत से ऐसे वाक्ये थे। जब माली हालात बिगड़ रहे थे, ये उस वक्त सामने आए, वे चाहत को हवा दे रहे थे। उस वक्त के बहुत से हिंदुस्तानी नेताओं ने खेती के व्यापारीकरण, घरेलु धन्धों के खत्म होने, औद्योगीकरण न होने की तरफ इशारा किया था और इसके बाद ही किसी हद तक औद्योगीकरण ने भारत को और हीन बनाने में मदद की थी। देश में गरीबी के बावजूद अंग्रेजी सरकार लगातार अतिरिक्त बजट दिखाती रही। लोगों के रहन-सहन के हालात के प्रति अंग्रेज़ों की इस भावना हीनता ने ख़ास तौर पर अकाल के वक्त (1860–1910 के बीच 10 बार भयंकर अकाल पड़ा) ने लोगों में भारी गुस्सा भर दिया था जिसने उन्हें हथियार उठाने के लिए तैयार कर दिया।

अखबारों ने भी एक अहम भूमिका निभाई। उन्होंने आज़ादी की ठोस वकालत की, हिंदुस्तानियों के लिए हकों की मांग करते, देश को जाग उठने और आज़ादी की लड़ाई में हिस्सा लेने को उकसाया। खास अख़बारों में *संध्या* (संपादक ब्रह्मोमधब उपाध्याय), *बन्देमातरम* (बिपिन चंद्र पाल), *कर्म योगिन* (ऑरबिन्दो घोष), *संजीबनी* (कृष्ण कुमार मित्रा), *बंग दर्शन* (बन्किम चंद्र चटर्जी), *अमृत बाज़ार पत्रिका* (शिशिर कुमार घोष और मोती लाल घोष) और *युगान्तर* (बरिन्द्र कुमार घोष) थे।

भगत सिंह ने महसूस किया कि नरम दल की कमियाँ निकालने के लिए विप्लवकारी ज़्यादा कामयाब थे। गांधीवाद की जगह समाजवाद लोगों को ज़्यादा अपील कर रहा था। फिर भी वे ऐसे हालात नहीं बना पा रहे थे जिसने फ्रांस और रूस में क्रांति को जन्म दिया था। अभी उनको एक लम्बा रास्ता तय करना था। आंदोलनों, प्रदर्शनों और भाषणों के अलावा उन्हें और भी बहुत कुछ करना था - उन्हें नौजवानों से आत्म-बलिदान की जरूरत थी, सैनिक कार्यक्रमों से विरोध की जरूरत थी, विलायती चीज़ों के बहिष्कार की ज़रूरत थी और ऐसी ही बहुत सी चीजों की जरूरत थी। क्या उनकी (भगत सिंह, सुखदेव, राजगुरू) फांसी उन आदर्शों को फैला पाएगी जिन्हें वे चाहते थे?

इसी तरह की सोच में खोए हुए और बिना रुके किताबों के पढ़ने की वजह से भगत सिंह को पता ही नहीं लगा कि वक्त कितनी जल्दी बीत गया। एक जेल की कोठरी में उनसे मिलने आसफ अली और उनकी पत्नी अरूणा आए। उस वक्त समय काटने के लिए वे एक गीत गा रहे थे। उन्होंने (दम्पत्ति ने), भगत सिंह से पूछा क्या उन्हें कुछ चाहिए। वे मुस्कुराए और अपनी डायरी में थोड़ी देर पहले 'इंडिया ओल्ड ऑर न्यू' से लिखा था, उन्हें दिखाया।

"अंग्रेजी शिक्षा प्राप्त किए हुए कितने भारतीय हैं जिन्होंने अपने-आप को राजनैतिक आंदोलन में उतार दिया था, और अंग्रेजों की नौकरशाही के खिलाफ़ अंगुली उठाई थी। ताकि उन्हें देशवासियों को सामाजिक बुराइयों से बचाया जा सके। उनमें से कितने लोग पूरी तरह से आज़ाद थे और अगर आज़ाद थे तो क्या उनमें इतनी हिम्मत थी कि वे अपने विचारों पर अमल कर सकें?"

आसफ़ अली ने उन्हें बताया कि कांग्रेस ने अंग्रेजों के साथ एक समझौते पर मोलभाव कर लिया है। यह एक सुलह का माहौल बनाएगा। ऐसे वक्त में फांसी ठीक नहीं रहेगी।

दोनों के चले जाने के बाद भगत सिंह ने "नौजवान राजनीतिक कार्यकर्ताओं" को एक चिट्ठी लिखी। उन्होंने, उन्हे सावधान किया, "क्रांति शब्द हमारे लिए बहुत पवित्र है, कम से कम

हमारे लिए तो है, चाहे इसका सही इस्तेमाल हो या थोड़ा सा ग़लत। लेकिन, अगर आप यह कहते हैं कि आप राष्ट्रीय क्रांति के लिए हैं और आपका लक्ष्य गणतंत्र भारत का है जैसा कि संयुक्त राज्य अमरीका है, तो मैं आपसे पूछता हूँ कि कृपया मुझे यह बताएं कि आप किस ताकत पर भरोसा करते हैं जो आपको क्रांति लाने में मदद करे। इस क्रांति के लिए आप जिस अकेली ताकत पर भरोसा कर सकते हैं, वह है किसान और मज़दूर और फिर चाहे यह क्रांति राष्ट्रीय हो या सामाजिक हो। कांग्रेस के नेताओं में इन ताकतों को इकट्ठा करने का साहस नहीं है।"

भगत सिंह ने कहा, "अगर कोई मुझे ग़लत समझता है तो उसे अपनी सोच ठीक कर लेनी चाहिए। मेरा मतलब यह नहीं है कि बम्ब और पिस्तौलें बेकार हैं। मगर मैं यह कहना चाहता हूँ कि फेंकना सिर्फ बेकार ही नहीं है बल्कि कभी-कभी नुकसानदायक भी है। पार्टी के सैनिक महकमे को हमेशा लड़ाई के हर सामान के साथ तैयार रहना चाहिए, उसे कभी-भी, किसी-भी आपातकाल का सामना करने के लिए बुलाया जा सकता है। इसे पार्टी के सियासी काम काज को भी संभालना चाहिए। यह कभी भी स्वतंत्र रूप से काम नहीं कर सकती और न ही करना चाहिए।

जब भगत सिंह और सुखदेव के रिश्तेदारों ने उनसे माफीनामा दाखिल करने को कहा तो उन्हें बहुत धक्का लगा। वे इसकी सलाह भी कैसे दे सकते थे? प्रत्यक्ष रूप से वे अपने सपनों को और जो वे पाना चाहते थे उसे भूल चुके थे। यहां तक कि वे अपने पीछे नौजवानों के लिए छोड़ी गई लकीरों के लिए प्रशंसा भी नहीं चाहते थे।

माफीनामा दाखिल करने के विचार ने उन दोनों को एक साथ जेल के सुपरिंटेंडेट के ज़रिए पंजाब गवर्नर के नाम एक चिट्ठी लिखने के लिए तैयार किया।

फांसी से तीन दिन पहले 20 मार्च, 1931 को लिखी गई चिट्ठी में लिखा गया था, "पूरी इज्ज़त के साथ हम ये बातें आपके ध्यान में लाना चाहते हैं - 7 अक्टूबर, 1930 को हमें एक अंग्रेजी अदालत, एल.सी.सी. ट्रिब्यूनल जो कि विशेष एल.सी.सी. ऑडिनेन्स के अंतर्गत महामहीम भारत के वायसरॉय द्वारा बनाई गई थी ने फांसी की सज़ा सुनाई। वायसरॉय जो कि भारत में अंग्रेजी सरकार के मुखिया हैं और हमारे ख़िलाफ मुख्य आरोप इंग्लैण्ड के राजा महामहीम किंग जार्ज के ख़िलाफ लड़ाई छेड़ना है।"

"ऊपर दी गई बातों से अदालत ने दो चीजें पहले ही मान ली, पहली कि अंग्रेजी सरकार और हिंदुस्तान के बीच लड़ाई जैसे हालात हैं और दूसरी बात कि हमने इस लड़ाई में हिस्सा लिया है और इसलिए हम युद्ध बंदी थे। दूसरी बात कुछ झूठ लगती है, मगर फिर भी इसकी रजामंदी को रोकने के लिए यह बहुत लगता है .....।"

"हम इकरार करते हैं कि लड़ाई जैसे हालात हैं और तब तक रहने चाहिए जब तक कि कुछ मुट्ठी भर लोग मेहनत करते हिंदुस्तानियों और उनके प्राकृतिक साधनों का शोषण करते रहेंगे। वे चाहे पूरे अंग्रेज हों या मिले जुले अंग्रेज और हिंदुस्तानी हों या फिर पूरी तरह से हिंदुस्तानी ही क्यों न हों। वे बेवकूफी भरी अपनी शोषण की चालें मिले-जुले या हिंदुस्तानी नौकरशाहों के बल-बूते चला रहे हैं। यह सब चीजें कोई फर्क पैदा नहीं करतीं .....।"

"जहाँ तक हमारी किस्मत का सवाल है, कृपया हमें यह कहने दें कि जब आपने हमें फांसी देने का फैसला किया है, आप ऐसा ज़रूर करेंगे। ताकत आपके हाथों में है और ताकत दुनिया का सबसे बड़ा फैसला है। जिस सिद्धांत पर आप चलते हैं, उसे हम जानते हैं 'जिसकी लाठी उसकी भैंस'। हमारा पूरा मुकद्दमा इस बात का सबूत था। हम आपके सामने यह बात लाना

चाहते हैं कि हमारे साथ वैसा ही बर्ताव किया जाए यानि कि फांसी लगाने के बजाय हमें गोली मार दी जाए। यह आप के ऊपर है कि आप, अपनी अदालत की बात कहां तक मानते हैं। हम आपसे दरख़ास्त करते हैं और उम्मीद करते हैं कि हमें प्राणदण्ड देने के लिए आप अपने सैनिक महकमे की टुकड़ी को हुक्म देंगे।"

तीनों इस नतीजे पर पहुंचे थे कि मुकद्दमे के दौरान कांग्रेस के नेता भले ही उनसे सहानुभूति रखते हों मगर अंग्रेजों के साथ अधिक सत्ता की बातचीत करते वक्त वे 'बेघर और ग़रीब मज़दूरों' के बारे में नहीं सोचते थे। उन तीनों ने यह भी महसूस किया कि उन्होंने जिस क्रांति की शुरूआत की थी, वह किसी भी तरह आगे नहीं बढ़ी थी। मगर यह अलग-अलग शक्ल ले लेगी। यह छुपी हुई, खुल्लम-खुल्ला, आंदोलनकारी या बर्बर हो सकती थी। यह लड़ाई तब तक जारी रहेगी जब तक वर्तमान सामाजिक व्यवस्था को बिना शोषण वाली एक नई सामाजिक व्यवस्था पूरी तरह से बदल नहीं देती।"

उन्होंने भगवती चरण के बलिदान की कहानी सुनी। उन्होंने यह बात भी सुनी थी कि जब आज़ाद को पुलिस ने घेर लिया था तो उन्होंने समर्पण नहीं किया था। अकेले ही उन्होंने अंग्रेजों का सामना किया और एक हीरो की तरह मरे। उन्होंने (तीनों ने) सोचा कि अब उनका वक्त भी करीब-करीब ख़त्म हो गया था। जब अंग्रेजों ने उनके भूमिगत खुफिया ठिकानों पर छापा मारा और उनके साथियों को गिरफ्तार कर लिया था, जिनमें से कुछ ने दुश्मनों का साथ दिया था, तो क्या एच.एस.आर.ए. का अंत पास आ गया था? क्रांतिकारियों का राष्ट्रवादी सैन्य संघर्ष खत्म हो गया - क्या सब कुछ खत्म हो गया था? भगत सिंह को इस बात में कोई शक नहीं था कि कोई और आगे आएगा और अपने ही तरीकों से लोगों को गरीबी और शोषण से आज़ाद कराएगा।

उन्होंने (भगत सिंह) अपनी कॉपी में ढूंढकर 'दि प्रिस्नर' नाम के लेख का एक टुकड़ा पढ़ा, "इस नीची, गंदी छत के नीचे रहना दम घोटने वाला है, मेरी ताकत दिन पर दिन कम होती जा रही है। ये मुझे प्रताड़ित करते हैं, यह पथरीला फर्श, जंजीर से बंधी मेज़, यह पंलग, दीवार में गड़ी ज़ंजीर के साथ बंधी यह कुर्सी जैसे कि कब्र के बर्गे हों इस खत्म न होने वाली कैद, गहरी ख़ामोशी में एक आदमी अपने आपको सिर्फ़ मुर्दा ही समझेगा।

देश भर के लोगों को अब भी उम्मीद थी कि गांधी और इर्विन के बीच चल रही बातचीत से किसी समझौते तक पहुंचा जा सकेगा। जब यह समझौता भगत सिंह या और किसी के बारे में बिना किसी बात के छपा तो चारों तरफ़ बहुत शोर मचा।

जब 4 मार्च के दिन कांग्रेस वर्किंग कमेटी ने गांधी-इर्विन समझौते पर दस्तख़त किए तो लोग साफ तौर पर बहुत दुःखी नज़र आ रहे थे। प्रगतिशील ताकतों ने इसे 'विश्वासघात' का नाम दिया।

जब से फांसी की सज़ा सुनाई गई थी तभी से कम से कम इस सज़ा को बदलवाने की कोशिशें जारी थीं। 'बंदी-प्रत्यक्षीकरण' (हैबिअस कॉर्पस एक्ट) याचिका को, कि बंदियों को सरकार द्वारा 'ग़ैरकानूनी' तरीके से रोका गया था, लाहौर उच्च न्यायालय ने ख़ारिज कर दिया। ऐसी ही एक और याचिका इस फैसले पर दुबारा विचार करने के लिए 'प्रिवी काऊन्सिल' के पास भेजी गई।

गांधी को इसका दोषी ठहराया जाने लगा। जब 7 मार्च को वे दिल्ली की एक आम सभा

में हिस्सा लेने आए, तो मौजूद लोगों में पर्चे बांटे गए जिसमें लिखा था: "आज शांति कहाँ है? उन माँओं के दिलों को टटोलो जिनके बेटों ने गोलियाँ खाई हैं या फिर फांसी के तख़्तों का इंतजार कर रहे हैं। उन औरतों से पूछों जिनके पति अपने पीछे उन्हें विधवा छोड़ गए हैं या विदेशी नौकरशाही के चलते अपनी सारी ज़िंदगी उम्र कैद में काट रहे हैं। क्या आपको शहीदों के लिए अपने कर्तव्य याद हैं? क्या आप इस अनैतिक समझौते के भागीदार होंगे? जो कुछ भी कहा गया था, उस पर गांधी ने कोई प्रतिक्रिया नहीं दी।

फांसी को रुकवाने के लिए सभी तरफ़ से, सभी तबको के लोगों की अपीलें आ रही थीं, ज्यादातर वायसरॉय के नाम थीं। मदन मोहन मालवीय ने वायसरॉय को एक तार भेजा, जिसमें लिखा था, "क्या मैं आप से दरख़ास्त कर सकता हूँ कि आप अपने विशेषाधिकार का इस्तेमाल कर भगत सिंह, राजगुरू और सुखदेव की फांसी की सज़ा को बदलकर आजीवन कालापानी कर दें ..... इन नौजवानों का कोई निजी उद्देश्य या स्वार्थ नहीं था, बल्कि देशभक्ति से प्रेरित था, यह देश के लोगों को एक गहरा झटका देगा ..... इस समय आपकी तरफ से की गयी दया हिंदुस्तानी जनता की राय में एक फायदेमंद असर पैदा करेगी।"

भगत सिंह की माता जी, विद्यावती ने 17 और 19 फरवरी को दो याजिकाएं भेजी, जिसमें लिखा था, "1930 में एक विशेष अदालत द्वारा मेरे बेटे भगत सिंह सुनाई गई फांसी की सज़ा को रोकने के लिए प्रार्थना। मेरे बेटे की जवानी और इस मुकद्दमे के खास हालात देखते हुए मैं दया की याचना करती हूँ। विस्तृत याचिक डाक से भेजी गई है।"

आम लोगों की तरफ़ से भी एक अपील वायसरॉय को भेजी गई, जिसमे लिखा था, "हम जिनके दस्तख़त नीचे दिए गए हैं, आपसे विनती करते हैं कि लाहौर में ट्रिब्यूनल द्वारा भगत सिंह, राजगुरू और सुखदेव को जो फांसी की सज़ा दी गई है, उसे बदल दिया जाए।" नीचे सैंकड़ों लोगों ने दस्तख़त किए थे।

20 मार्च को दिल्ली के आज़ाद मैदान में एक आम सभा में बोलते हुए सुभाष चंद्र बोस ने कहा, "आज सारा हिंदुस्तान जानता है कि भगत सिंह और साथियों, राजगुरू और सुखदेव को किसी भी वक्त फांसी दी जा सकती है। मुझे यह जरूर कहना चाहिए कि कल दोपहर जब मैं दिल्ली स्टेशन पर उतरा तो एक भयानक धक्के की शक्ल में यह खबर मुझे मिली ..... हम सब एकजुट होकर और एक आवाज़ में यह मांग करते हैं कि भगत सिंह और उनके साथियों की यह सज़ा तुरंत बदल दी जाए। भगत सिंह आज एक आदमी नहीं हैं बल्कि एक पहचान हैं। वे विद्रोह की भावना का प्रतीक हैं, जो कि आज पूरे भारत में फैली हुई है। हम उनके तरीकों को ग़लत सिद्ध कर सकते हैं, मगर उसके निःस्वार्थ भाव को नहीं ....."

उसी दिन 20 मार्च को नौजवान भारत सभा के कुछ लोगों ने गांधी से और भगत सिंह व उनके साथियों की सज़ा बदलवाने के लिए उनकी मदद का आग्रह किया।

प्रैस के मुताबिक, 23 मार्च की सुबह तीनों के रिश्तेदारों को आखिरी मुलाकात के लिए बुलाया गया। इस बार सभी रिश्तेदार-राजगुरू और सुखदेव के भी आए - मगर उनमें से कुछ को ही मिलने की इजाज़त दी गई। उन्होंने इस बात का विरोध किया, कहा सभी मिलेंगे या फिर कोई नहीं। रिश्तेदारों को फांसी के वक्त और जगह के बारे में कोई निश्चित खबर नहीं दी गई थी। लाहौर जेल के बाहर लोगों का सारा दिन बिना किसी पक्की खबर के इंतज़ार करते गुज़रा, किसी भी सरकारी या गैर सरकारी आदमी से पक्की ख़बर नहीं आई। रिश्तेदार भी इंतजार ही

करते रहे।

यह एक दम साफ था कि गांधी नहीं चाहते थे कि उन्हें क्रांतिकारियों के साथ जोड़ा जाए, क्योंकि इससे उनकी प्रतिष्ठा पर बुरा असर पड़ता। मगर वे यह भी नहीं चाहते थे कि उन्हें फांसी दी जाए। उनकी (गांधी) चिंता यह थी कि लोग यह मानने लगे थे फांसी की सज़ा को उम्र कैद में बदलवाने के लिए उन्होंने कोई कदम नहीं उठाया था। वायसॅराय ने गांधी से बातचीत के बाद लिखा, "आखिर में, ऊपर की बातों से अलग (समझौते की बात से), उन्होंने (गांधी) भगत सिंह के मसले का ज़िक्र किया था। उन्होंने बदलाव की बात नहीं की थी। मगर वर्तमान हालातों में कुछ वक्त के लिए सज़ा को स्थगित करने की बात की थी।"

फांसी से चार दिन पहले 19 मार्च को वायसरॉय* ने खुल कर लिखा, "ज़ब वे (गांधी) बाहर जा रहे थे तो उन्होंने मुझसे पूछा कि क्या वे भगत सिंह की बात कर सकते हैं, जिसकी मार्च में फांसी की सज़ा के बारे में अख़बार में आया था। वायसरॉय के मुताबिक गांधी ने कहा, "यह एक बहुत अभागा दिन है कि इसी दिन कांग्रेस के नए अध्यक्ष कराची आ रहे हैं और इसी दिन फांसी भी दी जा रही थी, बहुत शोर शराबा होगा।" वायसरॉय के मुताबिक, "मैंने उन्हें बताया कि मैंने पूरी लगन के साथ इस केस को परखा है, मगर मुझे ऐसी कोई भी बात नहीं मिली जिसके बल पर मैं अपना फैसला बदल सकूं ...।"

एक दिन बाद गांधी वायसरॉय के सलाहकार हर्बर्ट इमर्सन से मिले, जिसने गांधी के भावनाओं को रिकॉर्ड किया, "ऐसा लगता था कि गांधी इस मामले से निजी रूप से जुड़े हुए थे। मैंने उनसे कहा कि हम किस्मत वाले हैं कि इस मामले से बिना किसी हंगामे के बाहर आ गए और मैंने उन्हें दिल्ली में होने वाली सभा से भी दूर रहने को कहा और कोई भी हिंसक भाषण देने से बचने को कहा। जो कुछ भी वो कर सकते थे, उन्होंने वह करने का वादा किया।

असल में गांधी इससे जुड़े हुए थे। 23 मार्च को वायसरॉय को लिखी चिट्ठी में उनका संबंध दिखाई देता है।

"प्रिय मित्र,

"यह गलत होगा कि मैं यह पत्र आप पर थोपूं, मगर शांति के लिए यह आखिरी अपील है। हालांकि आप बहुत खुलकर मुझे यह बता चुके हैं कि भगत सिंह और उनके दो साथियों की सज़ा को बदलने की उम्मीद कम ही है, आपने कहा था कि आप मेरे सुझावों पर शनिवार को विचार करेंगे। डा. (तेज बहादुर) सप्रू (एक उदारवादी नेता) कल मुझसे मिले और कहा कि मैं इस मामले में फंस गया हूँ आपसे सही कदम उठाने के लिए कहूं। अगर बदलाव का कोई भी पहलू बाकी रह गया तो मैं आपका ध्यान उस तरफ़ खींचना चाहूंगा।"

"सही हो या गलत, सबकी मांग बदलाव की है। जब कोई सिद्धांत दांव पर न हो, तो इसकी इज्ज़त करनी ही चाहिए।"

"अभी के हालात में उम्मीद है कि अगर फांसी की सज़ा को बदल दिया गया तो आंतरिक

* इर्विन, जो कि बाद में अंग्रेजों के सम्मान पर लार्ड हॉलिफैक्स बन गया। अपनी यादों में उसने लिखा, "गांधी ने कहा अगर इस नौजवान को फांसी दे दी गई, तो हो सकता है कि वह राष्ट्रीय शहीद बन जाए और माहौल गरम हो जाए ..... गांधी ने कहा कि वह बहुत डरे हुए हैं, जब तक कि मैं कुछ नहीं करता, इसका असर हमारे समझौते को खत्म करने में होगा। मैंने कहा कि मुझे खेद है जितना कि उन्हें है लेकिन उन्हें भी यह साफ़ होगा कि केवल तीन ही संभव रास्ते थे। पहला, कुछ न किया जाए और फांसी होने दी जाए, दूसरा भगत सिंह की फांसी को कुछ समय के लिए रोक दिया जाए, तीसरा यह कि किसी भी फैसले को तब तक रोक लिया जाए जब तक कांग्रेस की बैठक ठीक-ठाक खत्म नहीं हो जाती। मैंने उनसे कहा कि मैं समझता हूँ वे इस बात से सहमत होंगे कि मेरे लिए, मेरे विचार से उनकी फांसी को स्थगित करना असंभव होगा ..."

शांति बनी रहेगी। फांसी दे दिए जाने की हालत में बिना किसी शक के शांति खतरे में होगी।"

"यह देखते हुए कि मैं आपको बताने में असमर्थ हूँ क्रांतिकारी पार्टी ने मुझे यह भरोसा दिलाया है कि इन तीनों को छोड़ने पर पार्टी अपना हाथ रोक लेगी, सज़ा को रोकना और क्रांतिकारियों को खत्म करना, मैं समझता हूँ कि हमारा पहला कर्तव्य है।"

"राजनैतिक हत्याओं को अब से पहले भी गलत ठहराया गया है। अगर इनसे बहुत से बेकसूरों को बचाया जा सकता है, तो इन जिंदगियों को बचाना ठीक है और शायद क्रांतिकारी आंदोलनों को खत्म किया जा सकता है।"

"जबकि शांति के लिए आप मेरे प्रभाव की इज्ज़त करते हैं, मेरी स्थिति को बेवजह मुसीबत में न डालें, जैसी कि यह अभी है, भविष्य में और कठिन होगी।"

"फांसी देना एक असाध्य काम है। अगर आप समझते हैं कि फैसले को बदलने की ज़रा सी भी गुंजाइश है, तो मैं आपसे गुजारिश करता हूँ कि आप ऐसे फैसले को बदल दें, जो कि बाद में बदला भी न जा सके।"

"अगर मेरा वहां होना जरूरी है, तो मैं आ सकता हूँ। हलांकि मैं बोल नहीं पाऊंगा मगर सुनकर जो कुछ कहना चाहूंगा वह लिखकर दे सकता हूँ। (सोमवार को गांधी जी मौन व्रत रखते थे।)"

"उदारता कभी खाली नहीं जाती।"

मैं,

आपका सच्चा मित्र

उसी दिन वायसरॉय ने जवाब भेजा :

"मैंने एक बार फिर से सभी बातों पर विचार किया, जो कि आपने लिखी हैं और आखिरी बात जो मैं करना चाहूंगा वो यह कि इस समय पर आपको जो काम सौंपा गया है, कुछ कठिन है। लेकिन मैं घबराता हूँ, क्योंकि मैं बातचीत के दौरान आपको खुलकर बता चुका हूँ, मुझे आपका बताया काम करने में ...."

आठ

23 मार्च का दिन उन आम दिनों की तरह ही शुरू हुआ, जब सुबह के वक्त राजनैतिक बंदियों को उनकी कोठरियों से बाहर निकाला जाता था। आम तौर पर वे सारा दिन बाहर रहते थे और सूरज छुपने के बाद ही वापिस अंदर जाते थे। लेकिन आज, जब वार्डन चरत सिंह शाम को करीब 4 बजे सामने आए और उन्हें वापिस अंदर जाने के लिए कहा तो वे सभी हैरान हो गए।

वापिस अपनी कोठरियों में बंद होने के लिये यह बहुत जल्दी था। कभी-कभी तो वार्डन की झिड़कियों के बावजूद भी सूरज छुपने के काफी समय बाद तक वे बाहर रहते थे। लेकिन इस बार वह न सिर्फ कठोर बल्कि दृढ़ भी था। उसने यह नहीं बताया कि क्यों। उसने सिर्फ यही कहा कि, "ऊपर से आर्डर हैं।"

बंदियों को चरत सिंह की आदत पड़ चुकी थी। वह उन्हें अकेला छोड़ देता था और कभी भी यह नहीं जांचता था कि वे क्या पढ़ते थे। हलांकि चोरी छुपे अंग्रेजों के खिलाफ कुछ किताबें जेल में लाई जाती थीं, उन्हें उसने (चरत सिंह) कभी ज़ब्त नहीं किया था। वह जानता था कि बंदी बच्चे नहीं थे। वे सियासत से गहरा ताल्लुक रखते थे किताबें उन्हें जेल में गड़बड़ी फैलाने के लिए उकसांएगी नहीं।

उसकी माता-पिता जैसी देखभाल उन्हें दिल तक छू गई थी। वे सभी उसकी इज़्ज़त करते थे और उसे 'चरत सिंह जी' कह कर पुकारते थे उन्होंने अपने से कहा कि अगर वह उनसे अंदर जाने को कह रहा था, तो इसकी कोई न कोई वजह ज़रूर होगी। एक-एक करके वे सभी आम दिनों से चार घंटे पहले ही अपनी-अपनी कोठरियों में चले गए।

जिस तरह से वे अपनी सलाखों के पीछे से झांक रहे थे, वे अब भी हैरान थे। तभी उन्होंने देखा कि बरकत नाई एक के बाद एक कोठरियों में जा रहा था। उसने फुसफुसाया कि आज रात भगत सिंह और उनके साथियों को फांसी चढ़ा दिया जाएगा। उन्होंने (बंदी), उससे कहा कि क्या वह भगत सिंह का कंघा, पेन, घड़ी या कुछ भी उनके लिए ला सकता था ताकि वे उसे यादगार के तौर पर अपने पास रख सकें।

हमेशा मुस्कुराने वाला, बरकत आज उदास था। वह भगत सिंह की कोठरी में गया और एक कंघा व पैन लेकर वापिस आया। सभी उस पर कब्ज़ा करना चाहते थे। 17 में से दो ही किस्मत वाले थे, जिन्हें भगत सिंह की वह चीजें मिलीं।

वे सभी ख़ामोश हो गए; कोई बात करने के बारे में सोच तक नहीं रहा था। सभी अपनी कोठरियों के बाहर से जाते रास्ते पर देख रहे थे, जैसे कि वे यह उम्मीद कर रहे थे कि भगत सिंह उस रास्ते पर गुज़रेंगे। वे याद कर रहे थे कि एक दिन जब वे (भगत सिंह) जेल में आए तो एक राजनैतिक बंदी ने उनसे पूछा कि क्रांतिकारी अपना बचाव क्यों नहीं करते। भगत सिंह ने जवाब दिया, उन्हें 'शहीद' हो जाना चाहिए, क्योंकि वे एक ऐसे काम की नुमाइंदगी कर रहे थे जो कि सिर्फ उनके बलिदान के बाद ही मजबूत होगा, अदालत में बचाव के बाद नहीं। आज शाम वे सभी क्रांतिकारियों की एक झलक पाने के लिए बेकरार थे। लेकिन वे शाम की उस ख़ामोशी में, अपने कानों में एक आवाज सुनने का इंतजार करते रह गए।

फांसी से दो घंटे पहले, भगत सिंह के वकील प्राण नाथ मेहता को उनसे मिलने की

इजाज़त दे दी गई। उनकी दरख़ास्त थी कि वे अपने मुवक्किल की आखिरी इच्छा जानना चाहते हैं और इसे मान लिया गया। भगत सिंह अपनी कोठरी में ऐसे आगे-पीछे घूम रहे थे, जैसे कि पिंजरे में एक शेर घूम रहा हो। उन्होंने मेहता का एक मुस्कुराहट के साथ स्वागत किया और उनसे पूछा कि क्या वे उनके लिए 'दि रैवोल्यूशनरी लेनिन' नाम की किताब लाए थे। भगत सिंह ने मेहता को इसकी ख़बर भेजी थी क्योंकि अख़बार में छपे इस किताब के पुनरावलोकन ने उन पर गहरा असर डाला था।

जब मेहता ने उन्हें किताब दी, वे बहुत खुश हुए और तुरंत पढ़ना शुरू कर दिया जैसे कि उन्हें मालूम था कि उनके पास ज़्यादा वक्त नहीं था। मेहता ने उनसे पूछा कि क्या वे देश को कोई संदेश देना चाहेंगे। अपनी निगाहें किताब से बिना हटाए, भगत सिंह ने कहा, "मेरे दो नारे उन तक पहुंचाएं - 'साम्राज्यवाद खत्म हो। (डाऊन विद इम्पीरियलिज़्म) और 'इन्कलाब जिंदाबाद' (लॉंग लिव रैवोल्यूशन)।"

मेहता : "आज तुम कैसे हो?"

भगत सिंह : "हमेशा की तरह खुश हूँ।"

मेहता : "क्या तुम्हें किसी चीज़ की इच्छा है?"

भगत सिंह : "हाँ, मैं दुबारा से इस देश में पैदा होना चाहता हूँ ताकि इसकी सेवा कर सकूं।"

भगत सिंह ने उनसे कहा कि पंडित नेहरू और बाबू सुभाष चंद्र बोस ने जो रुचि उनके मुकद्दमे में दिखाई, उसके लिए उन दोनों का धन्यवाद करें। मेहता राजगुरू से भी मिले, उन्होंने कहा, "हमें जल्दी ही मिलना चाहिए।" सुखदेव ने मेहता को याद दिलाया कि वे जेलर से वह कैरम बोर्ड वापिस ले लें, जो कि कुछ महीने पहले मेहता ने उन्हें दिया था।

मेहता के जाने के तुरंत बाद अधिकारियों ने उन्हें बताया कि उन तीनों की फांसी का वक्त 11 घंटे घटाकर कल सुबह 6 बजे की जगह आज शाम 7 बजे कर दिया गया है। भगत सिंह ने मुश्किल से किताब के कुछ ही पन्ने पढ़े थे।

"क्या आप मुझे एक अध्याय पढ़ने का वक्त भी नहीं देंगे?" भगत सिंह ने पूछा। बदले में उन्होंने (अधिकारी), उनसे फांसी के तख्ते की तरफ जाने को कहा।

तीनों के हाथ बंधे हुए थे और वे संतरियों के पीछे लम्बे-लम्बे डग भरते हुए सूली की तरफ बढ़ रहे थे। उन्होंने जाना-पहचाना क्रांतिकारी गीत गाना शुरू कर दिया :

कभी वो दिन भी आएगा
कि जब आज़ाद हम होंगे
ये अपनी ही ज़मीं होगी
ये अपना आसमां होगा
शहीदों की चिताओं पर
लगेंगे हर बरस मेले
वतन पर मिटने वालों का
यही नाम-ओ-निशां होगा

एक-एक करके तीनों का वज़न किया गया। उन सबका वज़न बढ़ गया था। फिर तीनों नहाए और उन्होंने काले कपड़े पहने, मगर मुंह नहीं ढके।

चरत सिंह ने भरत सिंह के कान में फुसफुसाया *वाहे गुरू* से प्रार्थना कर लें। वे हंसे और कहा, "मैंने अपनी पूरी जिंदगी में भगवान को कभी याद नहीं किया, बल्कि भगवान को दुःखों और गरीबों की वजह से कोसा जरूर है। अगर अब मैं उनसे माफी मांगूगा तो वे कहेगें कि "यह डरपोक है जो माफ़ी चाहता है क्योंकि इसका अंत करीब आ गया है।"

भगत सिंह ने ऊँची आवाज़ में एक भाषण दिया जो कि कैदी अपनी कोठरियों से भी सुन सकते थे। "असली क्रांतिकारी फौजें गांवो और कारखानों में हैं, किसान और मज़दूर। लेकिन हमारे नेता उन्हें नहीं संभालते और न ही संभालने की हिम्मत कर सकते हैं। एक बार जब सोया हुआ शेर जाग जाता है, तो जो कुछ हमारे नेता चाहते हैं वह उसे पाने के बाद भी नहीं रुकता है।"

"अब मुझे यह बात आसान तरीके से कहने दें। आप चिल्लाते हैं 'इन्कलाब जिंदाबाद', मैं यह मानता हूँ कि आप इसे दिल से चाहते हैं। हमारी परिभाषा के अनुसार, जैसे कि एसेम्बली बम्ब काण्ड के दौरान, हमारे वक्तव्य में कहा गया था, क्रांति का मतलब है वर्तमान सामाजिक व्यवस्था को पूरी तरह से उखाड़ फेंकना और इसकी जगह समाजवाद को लाना ..... इसी काम के लिए हम सरकारी व्यवस्था से निबटने के लिए लड़ रहे हैं। साथ ही हमें लोगों को यह भी सिखाना है कि सामाजिक कार्यक्रमों के लिए सही माहौल बनाए। संघर्ष से हम उन्हें सबसे बेहतर तरीके से शिक्षित और तैयार कर सकते हैं।

"पहले अपने निजीपन को खत्म करें। निजी सुख-चैन के सपनों को छोड़ दें। फिर काम करना शुरू करें। एक-एक इंच करके तुम्हें आगे बढ़ना चाहिए। इसके लिए हिम्मत, लगन और बहुत दृढ़ संकल्प की ज़रूरत है। कोई भी हार या किसी भी तरह का धोखा आपको हताश नहीं कर सकता। आपको किसी भी दिक्कत या मुश्किल से हिम्मत नहीं हारनी चाहिए। तकलीफों और बलिदान से आप जीत कर सामने आएंगे और इस तरह की जीतें, क्रांति की बेशकीमती दौलत होती हैं ....."

सूली बहुत पुरानी थी, मगर हट्टे-कट्टे जल्लाद नहीं। जिन तीनों आदमियों को फांसी की सज़ा सुनाई गई थी, वे अलग-अलग लकड़ी के तख्तों पर खड़े थे, जिनके नीचे गहरे गड्ढे थे। भगत सिंह बीच में थे। हर एक के गले पर रस्सी का फंदा कस कर बांध दिया गया। उन्होंने रस्सी को चूमा। उनके हाथ और पैर बंधे हुए थे। जल्लाद ने रस्सी खींच दी और उनके पैरों के नीचे से लकड़ी के तख्ते हटा दिए। यह एक ज़ालिम तरीका था।

उनके दुर्बल शरीर काफ़ी देर तक सूली पर लटकते रहे। फिर उन्हें नीचे उतारा गया और डाक्टर ने उनकी जांच की। उसने तीनों को मरा हुआ घोषित कर दिया। जेल के एक अफसर पर उनकी हिम्मत का इतना असर हुआ कि उसने उन्हें पहचानने से इंकार कर दिया। उसे उसी वक्त नौकरी से निलम्बित कर दिया गया। उसकी जगह यह काम एक जूनियर अफसर ने किया। दो अंग्रेज अफसरों ने, जिनमें से एक जेल का सुपरिन्टेंडेंट था फांसी का निरीक्षण किया और उनकी मृत्यु को प्रमाणित किया।

अपनी कोठरियों में बंद कैदी शाम के धुंधलके में अपनी कोठरियों के सामने गलियारे में किसी आवाज का इंतजार कर रहे थे पिछले दो घंटे में वहां से कोई नहीं गुजरा था। यहां तक कि तालों को दुबारा जांचने के लिए वार्डन भी नहीं।

जेल के घाड़ियाल ने छः का घंटा बजाया जब उन्होंने थोड़ी दूरी पर, भारी जूतों की आवाज़

और जाने-पहचाने गीत, "सरफरोशी की तमन्ना अब हमारे दिल में है" की आवाज़ सुनी। उन्होंने एक और गीत गाना शुरू कर दिया, "माई रंग दे मेरा बसंती चोला।" और इसके बाद वहां 'इन्कलाब जिंदाबाद' और 'हिंदुस्तान आज़ाद हो' के नारे लगने लगे। सभी कैदी भी जोर-जोर से नारे लगाने लगे। उनकी आवाज़ इतनी ज़ोर से थी कि वे भगत सिंह के भाषण का कुछ हिस्सा सुन नहीं पाए।

अब, सब कुछ शांत हो चुका था। फांसी के बहुत देर बाद, चरत सिंह आया और फूट-फूट कर रोने लगा। उसने अपनी 30 साल की नौकरी में बहुत सी फांसियाँ देखी थीं लेकिन किसी को भी हंसते-मुस्कुराते सूली पर चढ़ते नहीं देखा था, जैसा कि उन तीनों ने किया था। देश के तीन फूलों को तोड़कर कुचल दिया गया था। मगर कैदियों को इस बात का कुछ अंदाजा हो गया कि उनकी बहादुरी-गाथा ने अंग्रेजी हुकूमत का समाधी-लेख दिया था।

15 अगस्त 1947 को करीब सोलह साल बाद, आखिरी अंग्रेज सिपाही ने हिंदुस्तान की ज़मीन छोड़ी। जैसी कि भगत सिंह ने भविष्यवाणी की थी, एक दिन यह कारण (क्रांति) जीतेगा। मगर आज़ादी की मशाल को जलाए रखने के लिए उन्हें बलिदान देना पड़ेगा।

* *

तीन नौजवान अब फर्श पर पड़े तीन जिस्म थे, जो अपने आखिरी कर्म का इंतज़ार कर रहे थे। लगातार निगाह गड़ाए, सैंकड़ों लोग जेल की मोटी-मोटी दीवारों के बाहर इंतजार कर रहे थे। अधिकारियों के सामने अब मुसीबत थी इन मृत शरीरों से निजात पाने की। जब अधिकारियों ने यह बात समझ ली कि अगर बाहर जमा लोगों ने धुंआ या आग की चमक देख ली तो वे हमला कर देंगे तो उन्होंने जेल के अंदर अंतिम संस्कार करने का विचार छोड़ दिया।

अधिकारियों ने जेल की पिछली दीवार का एक हिस्सा तोड़ दिया। जब एक दम अंधेरा हो गया तो वहां एक ट्रक लाया गया और उनके शवों को उसमें बोरों की तरह फेंक दिया गया। पहले, संस्कार की जगह रावी नदी का किनारा रखा गया था। लेकिन नदी का पानी काफ़ी उथला था। तब सतलुज पर जाने का फैसला लिया गया। जब ट्रक फिरोज़पुर सतलुज के पास जा रहा था, तो सफ़ेद पोश सिपाही उसके आगे-पीछे थे। मगर यह योजना भी बेकार हो गई।

शवों का संस्कार ठीक तरह से नहीं हुआ था। गांधा सिंह वाला गांव के लोग चिताओं को जलते देख सकते थे। बहुत से लोग दौड़ते हुए वहां पहुंच गए। शव जैसे थे, वैसे ही छोड़कर सिपाही अपनी गाड़ियों की तरफ़ भागे और वापिस लाहौर भाग गए। गांववालों ने बड़ी इज्ज़त के साथ उनके अवशेषों को इकट्ठा कर लिया।

फांसी की ख़बर लाहौर और पंजाब के दूसरे शहरों में जंगल की आग की तरह फैल गई नौजवानों ने सारी रात 'इन्कलाब जिंदाबाद' और 'भगत सिंह जिंदाबाद' के नारे लगाते हुए जलूस निकाले। फलों की दुकानें और सब्ज़ी मण्डी बंद रही। गवर्नमेंट कॉलेज को छोड़कर, सभी स्कूल और कॉलेज बंद रहे। सरकारी बिल्डिंगों और सिविल लाईन्स जहां अफसर रहते थे इनकी रखवाली के लिए पुलिस टुकड़ियां तैनात कर दी गई थीं।

लगभग दोपहर तक, जिला मजिस्ट्रेट का जारी किया गया नोटिस लाहौर की दीवारों पर चिपका दिया गया था कि भगत सिंह, सुखदेव और राजगुरू का अंतिम संस्कार हिंदु और सिक्ख धर्मों के मुताबिक सतलुज नदी के किनारे कर दिया गया था। हलांकि, इस बात को कई सभाओं में चुनौती दी गई और कहा गया कि शवों का संस्कार ठीक से नहीं किया गया था। मजिस्ट्रेट ने

इंकारनामा जारी किया मगर किसी ने भी इस पर ध्यान नहीं दिया।

इस वक्त तक तीनों के अवशेष लाहौर पहुंच चुके थे। नीलागुम्बद से उनकी शोक यात्रा शुरू हुई, यह जगह, वहां से ज़्यादा दूर नहीं थी जहां सॉन्डर्स को गोली मारी गई थी। तीन मील से भी लम्बे जलूस में हजारों हिंदू, मुसलमानों और सिक्खों ने हिस्सा लिया। बहुत से लोगों ने काली पट्टियां बांधी हुई थीं और औरतों ने काली साड़ियां पहनी हुई थीं।

इस जलूस के लोग 'इन्कलाब जिंदाबाद' और 'भगत सिंह जिंदाबाद' जैसे नारे लगा रहे थे। सारी जगह काले झण्डों से पटी पड़ी थी। 'दि मॉल' से गुज़रते हुए जुलूस अनारकली बाज़ार के बीच में रुक गया। इस एलान के बाद कि भगत सिंह की बहिन फिरोज़पुर से तीनों के अवशेष लेकर लाहौर आ चुकी हैं, सारी भीड़ चुप हो गई थी।

तीन घंटे बाद फूलों से सजे तीन ताबूत, जिनके आगे भगत सिंह के माता-पिता थे, जुलूस में शामिल हुए। तेज़ चीखों से आसमान गूंज उठा। लोग फूट-फूटकर रो रहे थे।

अचरज, जलूस रावी नदी के किनारे ही जा पहुंचा, जहां 24 घंटे पहले अधिकारी उनका अंतिम संस्कार करना चाहते थे। लाहौर में एक बहुत बड़ी सभा हुई जिसमें फांसी की आलोचना की गई और इसे गैरकानूनी करार दिया गया। जिस तरह से अधिकारियों ने शवों का अंतिम संस्कार किया था उस पर भी रोष जताया गया। एक मशहूर उर्दू अख़बार के संपादक मौलाना ज़फर अली खान ने एक कविता पढ़ी, जिसमें कहा गया था कि किस तरह जले हुए शवों को खुले आसमान के नीचे छोड़ दिया गया था।

जैसे ही फांसी की ख़बर फैली सारा देश शोक में डूब गया। अपना दुःख ज़ाहिर करने के लिए लोग जुलूस निकालने लगे और अपना काम काज बंद कर दिया। अंग्रेज अपने घरों के अंदर ही रहे। सबसे पहले श्रृद्धांजलि देने वालों में पंडित नेहरू थे। उन्होंने कहा भगत सिंह एक सच्चे योद्धा थे, जिन्होंने खुले में दुश्मन का सामना किया। वह एक नौजवान लड़का था जिसमें देश प्रेम कूट-कूटकर भरा था। वे एक चिंगारी की तरह थे जो थोड़े ही समय में ज्वाला बन गई और एक शहर से दूसरे शहर में फैलते हुए, पूरे देश में फैले अंधकार को मिटा गई।

गांधी शहीदों की बहादुरी से बहुत ओत-प्रोत थे। उन्होंने कहा, "भगत सिंह और उनके साथियों को मार दिया गया है और वे शहीद बन गए हैं। उनकी मौत बहुत से लोगों के लिए उनके अपने नुकसान का अहसास दिलाती है। इन नौजवानों की याद में दी जाने वाली श्रृद्धांजली में, मैं शामिल हूँ। भगत सिंह और उनके दो साथियों को फांसी दी जा चुकी है। उनको बचाने के लिए बहुत सी कोशिशें की गई थीं, कुछ पर तो भरोसा भी दिलाया गया था मगर सब बेकार था। भगत सिंह, जीना नहीं चाहते थे। उन्होंने माफी मांगने से इंकार कर दिया और अपील दायर करने से भी इंकार कर दिया था। अगर किसी भी तरह वे जीने के लिए राज़ी हो जाते, तो भी यह दूसरों के लिए ही होता; अगर किसी भी तरह वे इसके लिए मान जाते, तो वह इसलिए होता कि उनकी मौत ......"

मगर ये शब्द बहुत से लोगों के बीच खो गए, जो कि इन तीनों को बचाने की पर्याप्त कोशिश न करने की वजह से गांधी से नाराज़ थे।

नौ

कराची में कांग्रेस पार्टी के वार्षिक अधिवेशन में मोतीलाल नेहरू के पंडाल के बाहर दुःख का माहौल था। जब मार्च 29, 1931 का दिन सम्मेलन के लिए तय किया गया था तो किसी को इस बात की ज़रा सी भी भनक नहीं थी कि इसके छः दिन पहले भगत सिंह, सुखदेव और राजगुरू को फांसी लगा दी जाएगी। अध्यक्ष चुने गए सरदार वल्लभ भाई पटेल का जलूस दुःख में डूबा हुआ था। स्वागत समिति के चेयरमेन चोथराम पी. गिडवानी ने अपने स्वागत भाषण में कहा कि इस दुःखद खबर ने "पूरे देश को दुःख और रोष के माहौल में डुबो दिया है।"

तीनों की फांसी से पहले लोगों में उम्मीद की एक किरण फैली हुई थी कि उनकी ज़िंदगी बख़्श दी जाएगी। गांधी-इर्विन समझौते और भारत सरकार और कांग्रेस के बीच हुई बातचीत को देखते हुए यह स्वाभाविक था।

जब सुभाष चंद्र बोस बम्बई में गांधी से मिले और महात्मा के साथ 1931 के कराची अधिवेशन की शाम इस समझौते के असर के बारे में बातचीत करने के लिए वापिस आए तो उन्होंने भी इस बात को महसूस किया था। कांग्रेस की 'लैफ़्ट विंग' से होने की वजह से वे समझौते के हक में नहीं थे; मगर लोगों ने इसे दूसरी तरह से महसूस किया। उन्होंने (बोस) पाया कि गांधी की जनप्रियता सारे पैमाने पार कर चुकी थी, यहां तक कि 1921 के रिकॉर्ड को भी।

अधिवेशन में बोस नौजवानों की आंखों में उदासी को देख सकते थे, जिन्होंने काली पट्टियाँ बांध रखी थीं। उन्हें सच में ऐसा लग रहा था कि वे गिर चुके हैं। वे (नौजवान) यह जानना चाहते थे कि कांग्रेस ने उन तीनों की ज़िंदगी बचाने के लिए क्या कोशिशें की थीं। उनका मानना था कि गांधी ने पर्याप्त प्रयास नहीं किए थे। अगर वे इर्विन के साथ हो रहे अपने समझौते को रद्द करने की धमकी देते तो शायद अंग्रेज फांसी की सज़ा को उम्र कैद में बदल देते।

बोस ने गांधी से कहा था कि अगर ज़रूरी हो तो भगत सिंह और उनके दो साथियों के सवाल पर वे इर्विन के साथ समझौता तोड़ सकते थे। "क्योंकि फांसी दिल्ली समझौते के ख़िलाफ थी।" तब भी बोस ने कहा, " मुझे यह मानना चाहिए कि उन्होंने (गांधी) अपनी तरफ से पूरी-पूरी कोशिश की थी।"

गांधी के सचिव महादेव देसाई ने महात्मा का हवाला देते हुए गुजराती में कहा, "मैं यहां अपने बचाव के लिए नहीं हूँ और इसलिए मैं उन तथ्यों को ज़ाहिर नहीं करूंगा जो मैंने भगत सिंह और उनके साथियों को बचाने के लिए इस्तेमाल किए थे। वायसरॉय को मनाने के लिए जितने तरीके मुझे आते थे मैंने वो सारे तरीके आजमाए। वह दिन 23 तारीख की सुबह भगत सिंह के रिश्तेदारों के साथ मेरी आखिरी मीटिंग के बाद वायसरॉय को मैंने व्यक्तिगत स्तर पर एक चिट्ठी लिखी, जिसमें मैंने अपना जी-जान सब कुछ डाल दिया-मगर सब कुछ बेकार गया ... एक इन्सानी दिमाग़ इसकी पूरी भावनाओं और अहसासों के साथ जितनी कोशिशें कर सकता था, वे अकेले मैंने ही नहीं कीं। पूज्य पंडित मालवीय जी और डा. सप्रू ने भी अपनी जी-तोड़ कोशिशें कीं।"

लोगों के ख़राब हाव-भाव देखकर, कांग्रेस के नेताओं ने बहुत से स्पष्टीकरण देने की कोशिशें कीं। लेकिन गुस्से को शांत करने में कुछ काम नहीं आया। उन्होंने एक स्पष्टीकरण यह दिया कि इर्विन ने उनकी फांसी की सज़ा को उम्र कैद में बदलने का वादा किया था, मगर जब

सीनियर अंग्रेज आई.सी.एस. अधिकारियों ने यह धमकी दी कि अगर उन तीनों को फांसी नहीं दी गई तो वे 'एन ब्लाक' से इस्तीफा दे देंगे, तो वह अपने वादे से पीछे हट गया।

एक अविश्वसनीय कहानी यह भी थी कि वायसरॉय ने सज़ा को बदलने का ऑर्डर तार से लाहौर सैंट्रल जेल भेजा था। मगर नौकरशाहों ने इसे भेजने में देर लगाई और जेल के अधिकारियों को यह तार फांसी के बाद मिला।

कांग्रेस के बहुत से आदमियों में फैले गुस्से को शांत करने के लिए एक अपील में पटेल ने भगत सिंह और उनके साथियों को शानदार श्रृद्धांजली दी और देश भर में फैले फांसी के बाद के माहौल पर गहरा दुःख जताया। मगर उन्होंने भी गांधी की जुबान का इस्तेमाल किया, जब यह कहा, "मैं अपने आपको उनके तरीकों के साथ नहीं जोड़ सकता। मुझे इस बात में कोई शक नहीं है कि राजनैतिक हत्या और किसी भी हत्या से कम निन्दनीय नहीं है; मगर भगत सिंह और उनके साथियों की देश भक्ति, साहस और बलिदान ने मेरी प्रशंसा जीत ली है।"

जब पटेल बोल रहे थे, तो पंडाल के बाहर हवा में *भगत सिंह अमर रहें, इन्कलाब जिंदाबाद* जैसे नारे गूंज रहे थे। उन्होंने कहा, "सरकार की पत्थर दिल और विदेशी प्रवृति का इससे पहले कभी भी इतना तगड़ा विरोध नहीं हुआ था, जितना कि उनकी फांसी के बाद हुआ। जबकि सारे देश की मांग फांसी की सज़ा बदलने की थी। हलांकि, इस रोष के माहौल में हमें, अपने उद्देश्य से नहीं भटकना चाहिए। उनकी सैन्य शक्ति का प्रदर्शन, इस आत्माहीन व्यवस्था के ख़िलाफ भारी रोष दिखाता है और जो संकरे और सीधे रास्ते हमने चुने हैं उन पर हमारी स्थिति को बढ़ाता है और हम उनसे भटकेंगे नहीं यह कहने के लिए क्षमता को बढ़ता है।"

फांसी के बाद गांधी का वक्तव्य फिर से बंटा हुआ था, "भगत सिंह और उनके साथियों को फांसी दे दी गई है ओर वे शहीद बन गए हैं। बहुत से लोगों के लिए उनकी मौत उनके खुद के नुकसान की तरह है। उनकी याद में दी जाने वाली श्रृद्धांजली में मैं भी शामिल हूँ और तब भी मैं देश के नौजवानों को उनका उदाहरण अपनाने के खिलाफ चेतावनी देता हूँ। हमें अपनी ऊर्जा, अपनी बलिदान की भावना, अपनी मेहनत और साहस इस तरह से इस्तेमाल नहीं करना चाहिए, जैसे कि उन्होंने अपना इस्तेमाल किया। इस देश को खून की नदियाँ बहाकर आज़ाद नहीं कराया जाना चाहिए।"

"सरकार के बारे में मैं इस अहसास को मार नहीं सकता हूँ कि उसने अपनी तरफ़ से विद्रोहियों पर जीत पाने का सुनहरा मौका खो दिया है। कम से कम समझौते के नज़रिए से, यह इसकी ड्यूटी थी कि फांसी अनिश्चित समय तक स्थगित कर दे। सरकार ने खुद ही समझौते को गहरी चोट पहुंचाई है और ताकत और लोगों की आम राय को न मानने की अपनी क्षमता का दिखावा किया।"

"हिंसा पर भरोसा करना अपशगुन की तरफ इशारा करता है और यह सुझाव भी देता हे कि तर्कसंगत व धार्मिक घोषणाओं के बावजूद ताकत से अलग नहीं है। मगर लोगों का काम साफ है।"

"कांग्रेस ने अपने लिए जो रास्ता चुना था, उसे वह नहीं छोड़ना चाहिए। मेरे नज़रिए के मुताबिक, किसी भी बात के भड़कने की चिंता छोड़ते हुए कांग्रेस को समझौते की पुष्टि कर देनी चाहिए और जिन परिणामों की वो उम्मीद रखती हैं, उनको पाने की अपनी कुव्वत को जांच लेना चाहिए ....."

"..... हलांकि हम उन तीनों नौजवानों की हिम्मत की तारीफ़ करते हैं, मगर हमें उनकी हरकतों पर दया-दृष्टि नहीं रखनी चाहिए। इन नौजवानों को फांसी लगाकर सरकार ने अपनी क्रूर प्रवृति दिखाई है, इसने एक बार फिर से आम जनता की राय को नकारते हुए अपनी ताकत से पैदा होने वाले गुस्से का ताज़ा सबूत दिया हैं इन फांसियों से यह अंदाजा लगाया जा सकता है, ताकत जनता के हाथ में देने का सरकार का कोई इरादा नहीं है। सरकार के पास उन तीनों नौजवानों को मारने का पक्का अधिकार था। कुछ अधिकार ऐसे होते है कि अगर सिर्फ उसके नाम से ही उसका फायदा उठाया जा सके, तो जिन लोगों के पास वो होते हैं बहुत साख रखते हैं। अगर आदमी हर मौके पर अपने हकों को इस्तेमाल करता है, तो आखिर में वे खुद खत्म हो जाते हैं। अगर इस मौके पर सरकार अपने अधिकार का इस्तेमाल करती तो शांति बहाल करने के लिए यह बहुत फायदेमंद हो सकता था।"

"हालांकि, यह साफ है कि सरकार को ऐसी विचारशीलता को बढ़ाने की ज़रूरत नहीं है। इससे लोगों को नाराज़ होने सी साफ वजह मिलती थी। अगर बाद में वे अपना गुस्सा दिखाते हैं, तो वे उस खेल को हार सकते थे जो कि जीतना ज़रूरी था। यहां तक कि कुछ अधिकारियों को उम्मीद थी कि लोग अपने गुस्से पर इज़हार करेंगे। वे ऐसा करें या नहीं हमारा रास्ता तो सीधा है। समझौते की बातचीत करते वक्त, हमारे ऊपर भगत सिंह की फांसी का बोझ था। हमें उम्मीद थी कि सरकार इतने होश में जरूर थी कि भगत सिंह और उनके साथियों की सज़ा को बदल कर उम्र कैद करनी थी। जो प्रतिज्ञा हमने की है उसे सिर्फ़ इसलिए नहीं तोड़ देना चाहिए कि हमारी उम्मीदें पूरी न हो सकीं, बल्कि जो चोट हमें पहुंची है उसे सहना चाहिए और अपनी प्रतिज्ञा की इज्ज़त करनी चाहिए। अगर इन हालातों में भी हम ऐसा कर सके तो जो कुछ हम चाहते हैं उसे पाने के लिए हमारी ताकत कम होने के बजाय बढ़ेगी, जबकि अगर हम अपनी प्रतिज्ञा तोड़ देते हैं या सच्चाई का उल्लंघन करते हैं तो हम बल खो सकते हैं, एकता खो सकते हैं और यह वर्तमान परिस्थितियों में हमारे लक्ष्य तक पहुंचने में और दिक्कतें जोड़ देगा। इसलिए हमार *धर्म* है कि अपने गुस्से को पी जाएं और समझौते से बंधे हुए अपने कर्तव्यों को पूरा करें।"

कराची में कांग्रेस अधिवेशन से तीन दिन पहले गांधी ने प्रैस के साथ एक *इन्टरव्यू* में कहा, "मैं भगत सिंह और उनके दो साथियों की फांसी की सज़ा को बदलवाने में कामयाब नहीं हुआ और इसलिए नौजवानों ने अपना गुस्सा मुझ पर निकाला है। मैं इसके लिए एकदम तैयार था। हलांकि वो मुझसे नाराज़ थे, मगर जिस तरीके से उन्होंने अपना गुस्सा दिखाया है, मैं कहूंगा कि यह एक बहुत ही सम्मानित तरीका था। उनके सामने शारीरिक रूप से नुकसान पहुंचाने का रास्ता खुला हुआ था, मगर उन्होंने ऐसा नहीं किया। उनके पास मुझे बेइज्ज़त करने के और बहुत सारे तरीके थे, मगर अपने गुस्से को रोके रखा और बेज्ज़त करने के लिए काले कपड़े में लिपटे फूलों के साथ कुछ और भी मुझे दिया, मैं समझता हूँ कि यह उन तीनों देशभक्तों की *'राख'* थी। वे उनको मेरे ऊपर बरसा भी सकते थे मगर उन्होंने यह मुझे देने का विचार किया और मैंने भी सम्मानपूर्वक उनके हाथ से उसे प्राप्त किया। हां, यह बात ज़रूर है कि वे 'गांधीवाद मुर्दाबाद' और 'गांधी वापिस जाओ' जैसे नारे लगा रहे थे।"

इसे मैं उनके गुस्से को सामने रखने का सबसे बढ़िया तरीका मानता हूँ। इस तरीके के बर्तावों की आदत होने की वजह से और वह भी ऐसी बुरी और गंभीर परिस्थितियों में, मैं बेचैन नहीं हुआ और इस बेइज्ज़ती को इनके गहरे दुःख और गुस्से को ज़ाहिर करने का एक नरम

तरीका ही समझा। मैं सिर्फ़ यही उम्मीद करता हूँ कि जो रोक उन्होंने कल लगाए रखी, वे आइ. एन. सी. (इण्डियन नैशनल कांग्रेस) के पूरे अधिवेशन के दौरान इसे बनाए रखेंगे, वे जानते हैं कि उनके साथ मैं भी उसी लक्ष्य तक पहुंचने की कोशिश कर रहा हूँ। बस, यह कि मैं उनसे एकदम अलग तरीका अपना रहा हूँ। मुझे इस बात में कतई शक नहीं है कि जैसे वक्त गुज़रेगा वे अपने रास्तों की ग़लतियों को ढूंढ लेंगे। दूसरे मुल्कों में चाहे कुछ भी हो, लेकिन इस देश में जहां लाखों भूखे-नंगे लोग हैं, हिंसा का कोई मतलब नहीं है। इस देश में जहां स्वतः दमन और संकोच करीब-करीब डरपोकपन की हदों तक जाता है, वहां हम बहुत अधिक बहादुरी और बहुत अधिक बलिदान नहीं पा सकते। किसी का भी सिर भगत सिंह की बहादुरी और बलिदान के आगे झुक जाएगा। मगर मैं और अधिक बहादुरी चाहता हूँ, अगर मैं अपने नौजवान दोस्तों को नाराज़ किए बिना यह कह सकूं कि वे विनम्र, सौम्य और अहिंसा की बहादुरी को अपनाएं जो कि किसी को चोट पहुंचाए बिना या किसी भी आत्मा को नुकसान पहुंचाने के विचार के बिना ही फांसी के तख़्तों पर राज करेगी।''

बाद में पत्रकार ने गांधी से दो सवाल पूछे :

पहला सवाल था : क्या भगत सिंह और उनके साथियों की फांसी ने समझौते के प्रति उनके नज़रिए में कोई तब्दीली पैदा की थी?

''मेरी अपनी निजी स्थिति अभी भी ठीक वैसी ही है, हलांकि उत्तेजना की प्रवृति बहुत तेज थी। मैं यह भी ज़रूर कबूलना चाहूंगा कि फांसी का संधि से कोई लेना-देना नहीं था और जहां तक मेरे जुड़े हाने का सवाल है, कोई बाहरी उत्तेजना मुझे उस रास्ते से नहीं हटा सकती, जो कि मैंने समझौते के समय बनाने पर राजी हुआ था।''

दूसरा सवाल था : क्या आप समझते हैं कि ऐसी सरकार जो कि हज़ारों लोगों की मौत की दोषी है, उसे माफ़ कर देना अशिष्ट होगा?

''मैं ऐसा एक भी वाक्या नहीं जानता जिसमें माफी को ऐसे चाहा गया हो जैसे कि अनुचित हो।'' मगर किसी भी देश ने ऐसी माफी नहीं दिखाई होगी जैसी हिंदुस्तान ब्रिटेन को दिखा रहा है।

''इससे मेरे जवाब पर कोई असर नहीं पड़ता। जो कुछ लोगों की व्यक्तिगत सच्चाई होती हैं, वही देश की सच्चाई होती है। कोई भी बहुत ज़्यादा माफी नहीं दे सकता। कमज़ोर कभी भी माफ नहीं कर सकता। माफ कर देना ताकतवर लोगों का काम है।''

अधिवेशन में गांधी के खिलाफ माहौल को महसूस करते हुए नेहरू ने गांधी को ''संसार में सबसे बड़ा शांति का अनुयायी'' कह कर सम्बोधित किया। मगर नेहरू ने चेतावनी भी दी, ''हमारा रास्ता भगत सिंह का रास्ता नहीं है। हमने हमेशा यही कहा हे कि हथियारों का इस्तेमाल करके हम अपने देश को आज़ाद नहीं करा सकते हैं।'' उन्होंने खुलेआम कहा कि, ''सिर्फ गांधी के तरीके से ही देश को आज़ादी मिलेगी। अगर हम अहिंसा का रास्ता छोड़ देंगे तो आने वाले सालों में हम आज़ाद नहीं होंगे।''

नेहरू ने एक प्रस्ताव रखा जिसे मदन मोहन मालवीय ने भी मंजूरी दी। प्रस्ताव में कहा गया था, ''कांग्रेस अपने आपको किसी तरह की राजनीतिक हिंसा से अलग रखते हुए और इसे नकारते हुए, स्वर्गीय सरदार भगत सिंह और उनके साथियों सुखदेव और राजगुरू की बहादुरी और बलिदान की प्रशंसा करती है ओर उनके जीवन के नुकसान पर दुःखी उनके परिवारों के

साथ शोकाकुल है। कांग्रेस का यह मानना है कि इन तीनों को फांसी दिया जाना एक मनमाने तौर पर बदला लेने का काम है और सज़ा बदलने की देश भर की एकमत मांग की सोची-समझी अनदेखी है। यह कांग्रेस आगे यह मानती है कि सरकार ने इस मौके पर ज़रूरी अपनी अच्छाई जीतने का सुनहरा मौका खो दिया है।"

यह प्रस्ताव रखने के लिए नेहरू को खासतौर पर चुना गया था क्योंकि वे नौजवानों में बहुत लोकप्रिय थे। भगत सिंह के पिता किशन सिंह के एक भाषण ने तहलका मचा दिया। जैसे ही किशन सिंह ने भगत सिंह के शब्दों को याद किया सभी प्रतिनिधि फूट-फूट कर और ज़ोर-ज़ोर से रोने लगे :

> "हम से भगत सिंह ने कहा था, कि तुम परेशान न हो।
> मुझे फांसी लगने दो, यही ठीक है। हमे फांसी लगी तो एक
> हफ़्ते में ही स्वराज मिल जाएगा। वो कहता था कि प्रिवी
> काऊन्सिल में जाने से कोई फायदा नहीं चूंकि गुलामों का हक
> नहीं हैं कि शिकायत करें।"

किशन सिंह ने इस बारे में शिकायत की कि किस तरह से उनको और उनके परिवार के अन्य सदस्यों को फांसी से एक दिन पहले जेल के अधिकारियों ने भगत सिंह से मिलने की इजाज़त नहीं दी थी। "वह वहां था, हम उसे देख सकते थे। मगर पुलिस ने हमें, उससे मिलने नहीं दिया। हमने सिर्फ़ हाथ हिलाए। वो एक बाप के साथ ऐसा कैसे कर सकते थे, जिसकी आंखों के सामने उसके बेटे को दूर छीन लिया गया था।"

मगर उन्होंने एक गरम अपील की, "आपको अपने जनरल (गांधी) का साथ ज़रूर देना चाहिए। आपको सभी कांग्रेसी नेताओं का साथ ज़रूर देना चाहिए। सिर्फ़ तभी आप, अपने देश की आज़ादी प्राप्त कर सकेंगे।"

भगत सिंह और उनके साथियों की बात होने के बावजूद बहुत से सदस्यों ने इस प्रस्ताव की प्रशंसा नहीं की। एक प्रतिनिधि ने प्रस्ताव में इन शब्दों के संशोधन की बात कही, "अपने आपको हर तरह की राजनीतिक हिंसा से अलग करते हुए। उसका कहना था कि भगत सिंह, सुखदेव और राजगुरू को बिना किसी योग्यता के सम्मान देना चाहिए। शास्त्री जी ने कहा, "सारी जिंदगी गांधी जी के बताए अहिंसा के रास्ते पर चलने के बावजूद, मैं दावा करता हूँ कि यह इस सभी की प्रतिष्ठा और उदारता के खिलाफ होगा कि हम कहें कि हम किसी भी तरह की हिंसा के खिलाफ खड़े हैं।"

एक और प्रतिनिधि ने इस संशोधन का समर्थन किया। उसने कहा, "असरदार नेताओं ने भगत सिंह और उनके साथियों की बहादुरी की तारीफ़ की है। मगर मैं यह नहीं समझ पा रहा हूँ कि उनके काम को इतने उपेक्षापूर्ण ढंग से क्यों देखा जा रहा है। उन्होंने जो कुछ भी किया, उन्होंने देश की ख़ातिर किया।"

इससे पहले कि और कोई प्रतिनिधि इस संशोधन के बारे में बोल पाता, इसे बंद कर दिया गया। शास्त्री जी के समर्थन में बहुत से हाथ खड़े हुए। यह भी स्वाभाविक था कि गांधी ने यह संशोधन पंसद नहीं किया था। जो प्रस्ताव नेहरू ने प्रस्तुत किया था वह गांधी की सहमति से बनाया गया था। गांधी चाहते थे कि इस संशोधन को वापिस ले लिया जाए। मगर कुछ ने वोट कराने पर ज़ोर दिया। संशोधन पारित न हो सका।

गांधी के लिए कांग्रेस का समर्थन बहुत प्रमाणिक था क्योंकि फांसी के बाद यह घट रहा था। वे पहले ही, लंदन में होने वाले 'गोल मेज सम्मेलन' में एक 'समझौते' के लिए सिद्धांत रूप से मान चुके थे। जिसके लिए उन्हें कांग्रेस का बेरोक-टोक और पूरा-पूरा समर्थन चाहिए था। कांग्रेस पार्टी के ख़जांची जमना दास बजाज ने गांधी से कहा, "इन हालातों में घिरे हुए आप 'गोल मेज सम्मेलन' में नहीं जा सकते और दुनिया को यह नहीं बता सकते थे कि अब भी आप आज़ादी के लिए अडिग हैं।"

11 जून, 1931 के 'यंग इण्डिया' में, गांधी ने कहा, "मैंने भगत सिंह और उनके साथियों की सज़ा को बदलवाने में रूचि ली। इस काम में मैंने अपना सब कुछ लगा दिया।" एक और आम सभा में उन्होंने कहा, "भगत सिंह और दूसरों की ज़िंदगी बचाने के लिए मैं खुशी-खुशी वायसरॉय के सामने अपना जीवन समर्पित कर देता।"

हैरानी की बात थी, कि भगत सिंह की याद में बनाए जा रहे संगठन को खड़ा करने की मुहिम से, अपने आपको जोड़ने के लिए गांधी ने इंकार कर दिया।

जब सुखदेव के भाई मथुरा दास ने गांधी के निजी सचिव, महादेव दास को सुखदेव की एक चिट्ठी भेजी, तब भी अधिवेशन चल रहा था। यह चिट्ठी फांसी से कुछ ही दिन पहले लिखी गई थी। सुखदेव ने सुना था कि कैदियों का छुड़ाने के लिए गांधी सरकार से बातचीत कर रहे थे। उसी समय, गांधी क्रांतिकारियों से उनकी हरकतें बंद करने की अपील भी कर रहे थे।

सुखदेव ने गांधी को 'सबसे अधिक नम्र महात्मा जी' कहकर संबोधित किया। "जबकि आपने समझौता किया और अपनी गतिविधियों को बंद करने का एलान किया और नतीजतन आपके सभी कैदी रिहा किए जा चुके थे। मगर क्रांतिकारी बंदियों का क्या? *गदर पार्टी* के दर्जनों कैदी जिन्हें 1915 में पकड़ा गया था आज भी जेलों में सड़ रहे हैं। अपनी सज़ा की मियाद पूरी हो जाने के बावजूद 'मार्शल लॉ' के बीसियों कैदी अब भी इन ज़िंदा गुम्बदों के नीचे दफ़न हैं और ऐसा ही बब्बर अकाली के दर्जनों कैदियों के साथ है। देओगढ़, काकोरी, मछुआ बजार और लाहौर षडयंत्र कांड के कैदी उन बहुतों में से हैं जो अब भी सलाखों के पीछे बंद हैं। लाहौर, दिल्ली, चिट्गांव, बम्बई, कलकत्ता और कई जगह षडयंत्र के आधा दर्जन से ज़्यादा मुकद्दमे चल रहे हैं। दर्जनों क्रांतिकारी फरार हैं, जिनमें बहुत सी औरतें भी हैं। आधा दर्जन से ज़्यादा कैदी अपनी फांसी का इंतजार कर रहे हैं। इन सब लोगों के बारे में क्या है? लाहौर षडयंत्र कांड के तीन आरोपित कैदियों, जो कि किस्मत से ऊँचाईयों में आ गए और जिन्होंने जनता की बहुत बड़ी सहानुभूति पा ली, यह क्रांतिकारी पार्टी का एक बड़ा हिस्सा नहीं बनाते। पार्टी के सामने उनका भाग्य ही एक सोच नहीं है। असल बात यह है कि उनकी फांसी जिसकी उम्मीद है उनकी सज़ा को बदलवाने के मुकाबले ज़्यादा बड़ा काम करेगी।"

"मगर इस सब के बावजूद आप सार्वजनिक अपील कर रहे हैं; उनसे उनकी गतिविधियाँ बंद करने को कह रहे हैं। वे ऐसा क्यों करें? आपने कोई भी ऐसी पुख़्ता चीज़ नहीं कही है। इन हालातों में आपकी अपील का मतलब है कि आप इन आंदोलन को दबाने के लिए नौकरशाहों से हाथ मिला रहे हैं और आपकी अपीलें उनमें विश्वासघात की भावना और अकेलापन पैदा कर रही हैं। अगर ऐसी बात नहीं है, तो आपके लिए सबसे बढ़िया बात यह होगी कि आप उनमें से कुछ पहुंचे हुए क्रांतिकारियों के पास जाएं और उनसे इस सारे मुद्दे पर बात करें। आपको, उनकी गतिविधियाँ बंद करने के लिए उन्हें संतुष्ट करना चाहिए। मैं नहीं सोचता कि आप भी वहीं

सामान्य रूढ़ीवादी सोच रखते हैं जो कि क्रांतिकारियों के खून-खराबे की वजह है। हम आपको यह सूचित कर देना चाहते हैं, उसकी अच्छाई और बुराई को अच्छी तरह समझते हैं और वे उसके बाद जो भी कुछ करते हैं उसकी पूरी ज़िम्मेदारी उठाते हैं और वे किसी भी और चीज़ से अधिक क्रांतिकारी कार्यक्रम के साथ रचनात्मक चरण को जोड़ते हैं, जबकि वर्तमान परिस्थितियों में वे ऐसा नहीं कर पा रहे हैं बल्कि अपने आपको कार्यक्रम के तोड़-फोड़ वाले भाग में पाते हैं।"

"सरकार की वर्तमान नीति उनको लोगों की उस सहानुभूति और समर्थन से अलग-अलग करने की है, जो कि उन्होंने अपनी गतिविधियों से जीती है और यह नीति इसके बाद उन्हें कुचल देने की है। अकेलपन में उन्हें (क्रांतिकारी) आसानी से गिराया जा सकता है। इस सच्चाई के मद्देनज़र उनके बीच धर्मभ्रष्टता पैदा करने के लिए कोई भी भावुक अपील बिल्कुल ही बेवकूफी होगी और क्रांति के खिलाफ होगी। यह उनको कुचलने के लिए सरकार को सीधी मदद देगी।"

"इसलिए हम आपसे प्रार्थना करते हैं कि या तो आप उनमें से कुछ क्रांतिकारी नेताओं से बात करे - जेल में वे बहुत सारे हैं - और उनसे मिलने को आएं या इन अपीलों को रोक दें। कृपया, अच्छाई के लिए इन दो में से किसी एक बात पर आगे बढ़ें और पूरे दिल से बढ़ें। अगर आप उनकी मदद नहीं कर सकते हैं तो कृपया उन पर दया करें। उन्हें अकेला रहने दें; वो अपनी देखभाल कुछ बेहतर कर सकते हैं, वो जानते हैं कि आने वाली राजनीतिक लड़ाई में क्रांतिकारी पार्टी की भागीदारी पक्की है। लोगों की भीड़ उनके साथ है और वो दिन दूर नहीं है जब वे अपने झण्डे तले अपने अच्छे और बड़े आदर्श - समाजवादी गणतंत्र की तरफ इन लोगों के आगे चलेंगे।"

"अगर आप वाकई उनकी मदद करना चाहते हैं, तो उनके नज़रिए को समझने के लिए उनसे बात करें और इस समस्या पर विस्तार से बात करें।"

"उम्मीद करता हूँ कि आप इस प्रार्थना पर ध्यान देंगे और अपने विचार सार्वजनिक रूप से रखेंगे।"

सुखदेव ने यह लिखते हुए चिट्ठी ख़त्म की, "आपका, बहुतों में से एक"। जबकि सुखदेव ने गांधी से अपनी इस चिट्ठी पर सार्वजनिक रूप से प्रतिक्रिया करने को कहा था, महात्मा ने ऐसा ही किया। उन्होंने कहा, "लिखने वाला 'बहुतों में से एक' नहीं है। बहुत से राजनीतिक आज़ादी के लिए फांसी का तख़्ता नहीं चाहते। हालांकि राजनीतिक हत्याएं निन्दनीय हो सकती हैं, यह संभव नहीं है कि ऐसे देश प्रेम या बहादुरी को मान्यता दी जाए जो कि ऐसे भयानक कामों को बढ़ावा दे और हम यह उम्मीद करते हैं कि अगर हिंदुस्तान में तजुर्बा कामयाब हो जाता है तो राजनीतिक हत्या बढ़ेगी नहीं, जैसा कि होना ही चाहिए, राजनीतिक हत्याओं का दौर हमेशा के लिए चला जाएगा। किसी भी कीमत पर मुझे इसका भरोसा है।"

"लिखने वाले ने एक बात न्यायसंगत नहीं लिखी है, जब वह कहता है कि क्रांतिकारियों से उनकी गतिविधियाँ बंद करने की अपील करके मैंने भावुक अपील से ज़्यादा कुछ नहीं किया और दूसरी तरफ मैं दावा करता हूँ कि मैंने उन्हें कड़वे सच बताए हैं जो कि वे अक्सर इन कॉलमों में दोहराते रहे हैं :

1. क्रांतिकारी गतिविधियाँ हमें, हमारे लक्ष्य के करीब नहीं लाई हैं।
2. इसने देश में फौजी खर्च बढ़ा दिया है।
3. इसने बिना कुछ अच्छा किए सरकार की तरफ से प्रतिशोध बढ़ा दिया है।

4. जब भी एक क्रांतिकारी हत्या होती है तो यह एक समय के लिए होती है और उस जगह के लोगों का नैतिक पतन करती है।
5. इसने किसी भी तरह से जन जागरण में योगदान नहीं दिया है।
6. लोगों पर इसका दोहरा बुरा असर पड़ा है कि उन्हें बहुत अधिक खर्च का बोझ उठाना पड़ता है और अप्रत्यक्ष रूप से सरकार के गुस्से का असर झेलना पड़ता है।
7. हिंदुस्तानी मिट्टी, हिंदुस्तानी सभ्यता में जैसा कि इतिहास हमें सिखाता है क्रांतिकारी हत्या नहीं पनप सकती, राजनीतिक हिंसा के लिए ठीक नहीं है।
8. अगर क्रांतिकारी अपने तरीके से लोगों का बदलना चाहते हैं तो हमें अनिश्चित लम्बे समय तक इंतज़ार करना पड़ेगा, लोगों को सिखाकर और फिर आज़ादी पाने के लिए।
9. अगर हिंसा का तरीका कभी लोकप्रिय होता है, तो यह ज़रूर होगा कि इसका प्रतिपक्ष हो, जैसा कि दूसरे देशों में हुआ है, हमारे अपने ही सिरों की कीमत पर।
10. क्रांतिकारियों के पास प्रत्यक्ष प्रदर्शन का एक विपरीत तरीका है, अहिंसा, जो कि हिंसा की छितरी हुई वारदातों के विरोध में आगे बढ़ गया और हिंसा के बावजूद कभी-कभी अहिंसा के उपासकों से डरता है।
11. क्रांतिकारियों को यह बात मान लेनी चाहिए जो कि उन्हें यह बताती है कि उनकी गतिविधियों ने न सिर्फ अहिंसा के साथ अच्छाई नहीं की है बल्कि मूल कारण को भी नुकसान पहुंचाया है। दूसरे शब्दों में, अगर मेरे पास पूरी तरह से शांत एक माहौल है, तो हम खुद ही अपने लक्ष्य को पा लेंगे।"

"मैं इन्हें कड़वा सच मानता हूँ, कोई अपील नहीं। मगर आगे लेखक पार्टी से की गई मेरी आम अपील पर आपत्ति उठाता है और यह कहता है कि यह नौकरशाहों को इस आंदोलन (क्रांतिकारी) को कुचलने में मदद करती है। यह निश्चित है कि इस आंदोलन से निबटने के लिए नौकरशाहों को मेरी किसी तरह की मदद की ज़रूरत नहीं है। यह क्रांतिकारियों और मेरे दोनों के खिलाफ लड़ रही है। अहिंसा से ज़्यादा खतरा हिंसक आंदोलन से यह कोई भी भांप सकता है। यह (सरकार) जानती है कि बाद वाले से कैसे निबटना चाहिए। वे पहले वाले से वैसे ही परेशान हैं जिसने उनकी नीवं को हिला दिया है।"

"और अधिक यह कि, राजनीतिक हत्या करने वाले अपने इस खतरनाक व्यवसाय को करने से पहले इसकी कीमत जानते हैं। मेरा कोई भी काम उनके भाग्य को और बुरा नहीं कर सकता और यह देखते हुए कि क्रांतिकारी पार्टियों को छुपकर काम करना चाहिए, इसके अनजान सदस्यों से सार्वजनिक रूप से अपील करने के अलावा मेरे पास और कोई रास्ता नहीं था। मेरे साथी कार्यकर्ताओं में बहुत से पूर्व क्रांतिकारी हैं।"

"चिट्ठी खुलेआम यह शिकायत करती है कि 'सत्याग्रहियों' के अलावा और किसी भी बंदी को नहीं छोड़ा गया। मैं इसकी वजह का खुलासा कर चुका हूँ कि दूसरे बंदियों को छोड़े जाने पर जोर डालना असंभव क्यों था। व्यक्तिगत रूप से, मैं उन सबको रिहा देखना चाहता था। उनकी रिहाई को सुरक्षित करने के लिए मैं हर कोशिश करूंगा। मैं जानता हूँ कि उनमें से कुछ को बहुत पहले छूट जाना चाहिए था। इस बारे में कांग्रेस के पास एक प्रस्ताव है। सार्जेन्ट नरीमन (एक कांग्रेसी नेता) इन सब नामों को इकट्ठा करने के लिए, कांग्रेस कार्यकारिणी द्वारा नियुक्त किए गए हैं। जैसे ही वे लिस्ट पा लेंगे, उनकी रिहाई सुनिश्चित करने के लिए कदम उठाया जाएगा। मगर

वे जो बाहर हैं उन्हें क्रांतिकारी हत्याएं रोक कर मदद करनी चाहिए। यह नहीं हो सकता कि हमारे पास मिठाई हो और इसे खाएं भी। निःसंदेह, ऐसे राजनीतिक बंदी हैं, जिन्हें किसी भी हालत में रिहा किया जाना चाहिए। मैं सिर्फ़ भरोसा दिला सकता हूँ कि देरी इच्छा में कमी की वजह से नहीं बल्कि सामर्थ्य की कमी की वजह से है। यह भी याद रखना चाहिए कि जब आखिरी समझौता आएगा, अगर यह काम कर गया, कुछ ही महीनों में सभी राजनीतिक बंदी ज़रूर रिहा होंगे। अगर यह काम नहीं हुआ तो वे सब जो राजनीतिक बंदियों की रिहाई को सुरक्षित करने की कोशिश कर रहे हैं, अपने-आपको जेल में पाएंगे।

परिशिष्ट

नवम्बर 1981 में वॉशिंगटन धूप से नहाया हुआ, चमकीला और साफ था। यहां तक कि कांग्रेसियों और सीनेटरों के आश्रम जैसे 'चेम्बर' भी उजाले में नहाए हुए थे। मगर 1088, वेस्ट साईड ड्राईव के एक कमरे के पर्दे खिंचे हुए थे जैसे कि उसका मालिक अंधेरे में रहने को अधिक महत्व देता हो। मगर पड़ोसियों के लिए यह कोई हैरानी की बात नहीं थी, जिनको इस घर के 'शटर्स' गिरे रहने की आदत हो गई थी।

कुछ लोगों ने मालिक को देखते हुए याद किया, जो दिखने में लम्बा, तनाव से घिरा और उसके स्वभाव में आकस्मिक था। उसने मेल-जोल त्याग दिया था। पिछले कई महीनों से उसने अपने आपको कमरे में बंद कर रखा था।

बूढ़ा और शिथिल, हंस राज वोहरा अपने आप में ही अंदर रहना पंसद करता था। वह अक्सर विचारों में डूबा रहता था। वह अपने साथियों, क्रांतिकारियों के ख़िलाफ सरकारी गवाह क्यों बन गया था? वह बहुत सालों से अपनी तरफ की कहानी कहना चाहता था। मगर जब भी उसे ऐसा करने का अहसास हुआ, उसने चुप रहने का फैसला किया। उसने अपने आपको यह भरोसा दिला लिया था कि कोई भी उसकी कहानी सुनने पर ध्यान नहीं देगा। आखिरकार, उसके प्रमाण, उसके तीन भूतपूर्व-साथियों - भगत सिंह, सुखदेव और राजगुरू को फांसी दिलाने में प्रमाणिक थे। जब लोग यह सुनेंगे कि वह कौन था, वे उससे दूर रहेंगे।

जिस तरह से सरकारी गवाह बनने के बाद उसके दोस्तों ने ही उसका बहिष्कार कर दिया था, उसे विश्वास हो गया था कि वह एक सामाजिक नीच व्यक्ति होगा। यहां तक कि उसके निकटतम लोगों को भी उस पर शक था। उसने घृणा-द्वेष के साथ जीना सीख लिया था। यह एक कठोर और अकेला जीवन था मगर उसने इसके साथ मेल कर लिया था।

मुकद्दमे के बाद, अंग्रेजों ने उसे 'यू. के.' भेज दिया था, जहां उसे 'लंदन यूनिवर्सिटी' में दाखिला दे दिया गया था। मगर भगत सिंह और उनके दो साथियों की फांसी के बाद उसके पास उनकी (अंग्रेजों) मदद के लिए और कुछ नहीं था। लंदन में बांध कर रखे जाने के बाद उसे पहला काम एक अंग्रेज-मालिक के अखबार, 'सिविल एण्ड मिलिट्री गैज़ेट' लाहौर में ही मिला। एक वरिष्ठ सरकारी अफसर ने संपादक एफ. डब्ल्यू. बस्टिन से कहा, किसने इसे 'रिपोर्टर' लिया है। यहां तक कि उस वक्त भी वोहरा को इस बात का आभास हो गया था कि अपने दोस्तों के साथ गद्दारी करने और 'क्रांतिकारी कारकों' को नुकसान पहुंचाने का कलंक उसे बाकी बची सारी ज़िन्दगी उठाना पड़ेगा।

जब यह और भगत सिंह 'मजिस्ट्रेट' की अदालत में मिले थे, वह भगत सिंह के चेहरे पर तिरस्कार को कभी नहीं भूल पाया था। सुखदेव ने उसे पार्टी में भर्ती किया था। मगर यह भगत सिंह थे जो उसके बहुत पास आए। वोहरा क्रांतिकारियों के साथ जुड़ने की वहज से उसके पिता की झिड़कियों से बचने के लिए एक बार घर से भाग भी गया था। सिर्फ भगत सिंह का संदेश ही उसे घर वापिस लाया था।

क्या वह तीनों की फांसी का दोषी था? उसने अपने आपसे कहा, जो पाप उसने नहीं किए थे वह उनके लिए पर्याप्त रूप मे सज़ा भुगत चुका था। बंटवारे से कुछ महीने पहले उसने कलकत्ता

के 'दि स्टेट्समैन' में नौकरी कर ली थी, दैनिक के अंग्रेज मालिक बस्टिन ने सम्पादक आर्थर मूरी से कहा, किसने इसे दिल्ली में विशेष संवाददाता बनाया है।

इस पद ने उसे वरिष्ठ राजनीतिज्ञों के सम्पर्क में आने का मौका दिया था। मगर उसमें हमेशा यह दोष पूर्ण भावना रही कि वे उसमें विश्वास नहीं रखते थे। उसका अतीत हमेशा उसके भविष्य के साथ जुड़ा रहता था।

उसे विदेश में पदयुक्त किए जाने का पहला मौका मिला। 'दि टाईम्स ऑफ इण्डिया' ने उसे वॉशिंगटन का संवाददाता बनाया। 'रिटायरमेंट' के बाद वह वापिस नहीं आया और यू.एस. में 'डेक्कन हैराल्ड' का प्रतिनिधि बना गया। इसके आगे, उसने अपनी 'फीचर सर्विस' शुरू कर ली। समय ने भगत सिंह की फांसी की याद को धुधंला कर दिया। मगर जब भी उनके बलिदान को याद किया जाता था, वोहरा का नाम एक ऐसे आदमी के रूप में लिया जाता था, जिसमें भगत सिंह के खिलाफ गवाही थी। वोहरा ने बाकी बची ज़िन्दगी 'यू.एस.' में बिताने और एक अज्ञात व्यक्ति के रूप में मर जाने का फैसला किया।

फांसी के पचास साल बाद उसे भारत से एक चिट्ठी मिली जो उसके पुराने दोस्त, सुखदेव के भाई, एक इंजीनियर, मथुरा दास थापर की थी। थापर ने वोहरा को याद दिलाया कि नस्लें जानना चाहेंगी कि उसने अपने साथियों को दांव पर क्यों लगा दिया था।

वोहरा ने अमरीका में बिना किसी के ध्यान में आए और बिना सुने मरने का फैसला किया था। चिट्ठी ने उस पर वह आरोप लगाया था, जिसे कि वह सच नहीं मानता था। थापर का भेद कचोटने वाला था, "तुम यह क्यों भूल गए थे कि हमारे देश में विदेशी शासक, उनकी प्रशासनिक दलबंदी, जिसमें कि हिंदुस्तानी भी शामिल थे, में लोगों को चूंसने की नीति अपना रहे थे?"

थापर को अब भी उसमें (वोहरा) विश्वास लग रहा था। सुखदेव के भाई ने वोहरा को उस वक्त की याद दिलाई कि जब वह 1926 में लाहौर के 'दशहरा मैदान' बम्ब विस्फोट के बाद सिर्फ 17 साल की उम्र में भी मजबूती से 'अपनी जगह' खड़ा रहा था। अधिकारी उसे नहीं तोड़ सके थे। उस वक्त सुखदेव ने उसकी तारीफ की थी। थापर ने पूछा, "तब वह लाहौर षडयंत्र काण्ड में गिरफ़्तार होने के बाद क्यों बदल गया था।

थापर ने, जिन्हें वोहरा 'भैया' कहता था, उसकी तरफ दोष भरी उंगली उठाई थी। वोहरा ने महसूस किया कि उसे, अपनी तरफ की कहानी का खुलासा करना ही चाहिए। किसी भी सूरत में, उसके पास जीने के लिए ज़्यादा दिन नहीं बचे थे। डॉक्टरों ने एक 'मैलिग्नैन्ट ग्रोथ' की जांच की थी जो कि अत्यधिक 'पीने' के कारण बिगड़ती जा रही थी। अगर यह एक 'स्वीकारोक्ति' थी, तो यह लिखित होनी चाहिए थी।

वोहरा जुझारू था। यहां तक कि दिल्ली की बहुत गर्मी में भी वह 'जैकेट' और 'नैकटाई' पहनता था। वह लम्बे समय तक अपने कमरे के कोने में पड़े 'टाईप राईटर' की तरफ देखता रहा। वह फैसला नहीं कर पा रहा था कि वह अपने जवाब को टाईप करे या हाथ से लिखे उसने महसूस किया कि 'की बोर्ड' पीछे निशान छोड़ देता है और इसलिए थापर को हाथ से लिखने का फैसला किया।

अपनी चिट्ठी में वोहरा ने कहा, "मैं आपकी चिट्ठी और उमड़ते हुए लगाव से बहुत

क्रियाशील हुआ जिसके योग्य मैं बिल्कुल नहीं हूँ। मुझे पछताव है कि हम नहीं मिले। बीती हुई बातों में (कौन जाने?) संभवतः यह एक अच्छी बात थी। अगर हम मिले होते, हमने पुराने वक्त की बात की होती और बीस के दशक में हुआ जब मैं सिर्फ 17 साल का था। मैं समझता हूँ कि आपने इस प्रकरण पर पूरी तरह से शोध किया है। मैंने कई बार खुद यह करने के बारे में सोचा और इस पर एक किताब लिखने के बारे में भी सोचा। मगर दुबारा की सोच ने मुझे रोक दिया। मैं जो भी लिखता वह पक्षपात-पूर्ण और स्वार्थी समझा जाता। यह समय की बर्बादी होती, यद्यपि मैं अब भी यह मानता हूँ कि यथार्थ इतिहास के उस वक्त में एक सहायक योगदान होगा ..."

"आपको सुखदेव पर गर्व करने का पूरा अधिकार है। वह पार्टी की आत्मा थे, एक सच्चे संगठक थे। मैं अनुमान करता हूँ कि वे आपके 'हीरो' हैं। मगर बलबीर (वोहरा का चचेरा भाई) को यह बात खुल कर बताई थी कि मेरी दृष्टि कैसे बदल गई और असल में क्या हुआ था। संभवतः उसने घटनाओं का मेरा रूपान्तरण आपको बताया है। इसीलिए मैंने कहा कि हमारा न मिलना, क्यों एक अच्छी बात थी ..."

"यह एक सबसे मुश्किल जिन्दगी थी, खतरों से भरी हुई, मगर फिर भी, मैं प्रकट रूप में कम से कम शारीरिक रूप से निडर होकर उभरा। मगर बीस के दशक की यादें हठ से, छेड़ते हुए, टकराते हुए और दर्द देते हुए मेरे साथ हैं। मैंने एक पत्रकार का पेशा अपना लिया। 44 साल के लिखने के पेशे को मुझे धुंधले पानी के एक मछली की तरह देखना पड़ा। व्यवसयिक सफलता चाहते हुए जबकि, सार्वजनिक मान्यता को नज़रअंदाज करते हुए। यह खुशी देने वाला और अत्यधिक संतुष्टिदायक है कि नज़रअंदाज न किए जाने लायक मजबूरियों के बावजूद, मैंने अपनी पत्रकारिता की 'लाईन' में अत्यंत व्यवसायिक सफलता पाई ..."

"... अब भी मैं अपनी आजीविका अपनी कलम के प्रबंधन से ही पाता हूँ, जो कि मेरे बचे हुए सालों को बिताने का एक साफ रास्ता है क्योंकि मेरे पेशे में सोच के साथ भावों, शिल्प के साथ कला और लिखने के साथ पढ़ने की धारणा है। मैं उम्मीद करता हूँ कि जिस वक्त तक मैं मरूंगा, मुझे पूरी तरह भुला दिया जाएगा। यह मेरी अभिलाषा है।

थापर ने वोहरा की 7 अक्टूबर 1980 की चिट्ठी का जवाब करीब एक साल बाद 9 सितम्बर 1981 को दिया और "और अधिक सूचना व विस्तार" की इच्छा जताई।

उन्होंने कहा, "मुझे यह जानकार खुशी हुई कि तुमने अपनी पत्रकारिता की 'लाईन' में संघर्ष भरी और अनिश्चितताओं से भरी ज़िन्दगी के बाद अत्यधिक व्यवसायिक सफलता पाई ... मगर उन मीठी लगने वाली बातों के बीच मैंने कुछ प्रतिकूल बातें भी सुनी, कि अत्यधिक व्यवसायिक सफलता के बावजूद तुम सार्वजनिक मान्यता से बचते रहे और (तुम्हारे अपने आखिरी शब्दों के हवाले से) 'मैं उम्मीद करता हूँ कि जिस वक्त तक मैं मरूंगा, मुझे पूरी तरह से भुला दिया जाएगा। यह मेरी अभिलाषा है' ..... भाग्यवाद एक बुरी सलाह वाली विचारधारा का हिस्सा हो सकता है, जहां यह कार्यहीनता (आलस्य) की अगुवाई करता है, ऐसे ख़त्म न होने वाले इंतजार की अगुवाई करता है जब ऊपर, स्वर्ग से एक खुशगवार मौका गिरे; मगर यह, बिना किसी आरक्षण के, प्रशंसनीय है जहां योग्यताएं और प्रयास, एक या दूसरी वजह से इच्छित फल नहीं रखते; यह सभी चोट खाए दिमागों की मल्लहम है। ऐसा लगता है कि तुमने अपनी ही मानहीनता पैदा कर ली है, जो कि मेरे दिमाग से, एक बुरी-मनः भावना पैदा करने वाली लालच है और जो

जीवन की शांति और चमक को सुला देती है।"

"असल में क्या हुआ (तुम्हारे अपने शब्दों के हवाले से) जानने में मेरी सच्ची उत्सुकता है और यह इस हद तक बढ़ गई है कि मैं तुम से खुले रूप से यह पूछ सकता हूँ कि अगर तुमने यह सोचा कि जब षडयंत्र का खुलासा हो चुका था, तब सुखदेव में कोई कमज़ोरी या और कोई ऐसी चीज़ पैदा हो गई थी, तो तुम उतने ही मजबूत क्यों नहीं रहे, जितने कि इससे पहले वाले मौके पर रहे थे और तुमने, उनके लिए घृणा या द्वेष को क्यों पाला, जबकि वे तुम्हें अपने अंत तक हमेशा सम्मानित बनाए रहे ..."

क्या सुखदेव पुलिस का विश्वास पाने के लिए 'स्वीकारोक्ति' कर सकते थे? वोहरा को हैरानी थी? सुखदेव, साथी जय गोपाल को खखोरना चाहते थे, जो कि सरकारी गवाह बन गया था। सुखदेव ने उसे, स्कॉट अपने दफ्तर पहुंच गया है, यह खबर भगत सिंह, राजगुरू और आज़ाद को देने के लिए चुना था। जय गोपाल ने सॉन्डर्स को स्कॉट के रूप में पहचाना। वह पुलिस का अहम गवाह था, जिसने सॉन्डर्स हत्या की गवाही दी थी। क्या सुखदेव ने सिर्फ उसके करीब पहुंचने और उसे मारने के लिए 'स्वीकारोक्ति' की थी?

वोहरा ने सोचा वह सब कुछ बता देगा। उसने दूसरी चिट्ठी में कहा, "मैंने महसूस किया, मेरे गुरू (सुखदेव) ने, मुझे गिरा दिया था। बाकी जनता के साथ, मैं लोगों के साथ नीचे नहीं गिर सकता था, मैं और अधिक समय के लिए सम्मानित नहीं था।"

नीचे थापर के जवाब के तीन महीने बाद वोहरा की 27 नवम्बर 1981 की चिट्ठी है:

हंस राज वोहरा, सम्पादक, यू. एस. फीचर सर्विस

मेरे प्रिय मथुरादास जी,

मैं आपके प्यार भरे पत्र का जवाब देने में देरी के लिए आपसे माफ़ी चाहता हूँ।

आपका लगाव (प्यार) इतना बहाने वाला और आशा के विपरीत था कि मैं इससे लगातार हैरान हूँ, इसके लिए मैंने अपने आप पर राजनीतिक कोढ़ी के 'लेबल' को प्राथमिकता दी। शायद यह छोटी सी कविता स्थिति का वर्णन कर देगी:

एक बार मेरा एक दोस्त था,
वह एक कोढ़ी दोस्त था
क्या तुम उससे हाथ मिला सकते हो?
साथी : ओह, नहीं।
क्या तुम उसकी आंखों में देख सकते हो?
साथी : ओह, नहीं।
क्या तुम उसके साथ सो सकते हो?
साथी : ओह, नहीं।
दुःखभरी घटना यह थी।

"मैं एक कवि नहीं हूँ, मगर मैं उम्मीद करता हूँ कि यह पंक्तियाँ मेरे बारे में मेरी सच्ची भावनाओं को वर्णित करती हैं। इसीलिए मुझे हैरानी है कि कहीं आप ऐसे आदमी पर अपनी भावनाएं बर्बाद तो नहीं कर रहे जिसे उसकी ज़िन्दगी के एक मोड़ पर दुःख ने निगल लिया हो।"

"जैसे कि मैंने आपको बताया, यह मेरे लिए बहुत असंगत होगा कि मैं सुखदेव के 'केस'

और उनकी गिरफ़्तारी के बाद उनकी भूमिका पर बात करूं। इसके अनुरूप सब कुछ मैं पा चुका हूँ। चूंकि आप मुझ पर दबाव दे रहे हैं, मैं ईमानदारी से नहीं कह सकता कि मैं अन्तिम शब्दों से सहमत हूँ। मुझे जानबूझकर यह चिट्ठी घटनाओं के प्रति अपनी व्यक्तिगत प्रतिक्रियाओं में बांधकर रखनी चाहिए।"

"मैं सॉन्डर्स हत्या की शाम को गिरफ़्तार कर लिया गया था। इसने मुझे हैरान नहीं किया। शहर में मैं सबसे अहम और मशहूर छात्र नेता था। 17 साल या लगभग इतनी ही उम्र में, मैं पंजाब छात्र आंदोलन का पहला 'सैक्रेटरी' बन गया था जिसे कि मैं क्रांतिकारी आंदोलन के लिए एक सार्वजनिक मंच में बदलने की कोशिश में था।"

"मैंने पंजाब के छात्रों की एक 'कॉन्फ्रैन्स' बुलाई जिसकी उपस्थिति आश्चर्यजनक रूप से बहुत अच्छी थी। मैंने भारत की 'पूर्ण स्वाधीनता' का प्रस्ताव रखा जबकि 'इण्डियन नेशनल कांग्रेस' 'डॉमीनियन स्टेटस' की मुख़ालफत कर रही थी। इस तरह मैंने छात्रों को बड़ों से आगे रख दिया।"

"गिरफ़्तारी के बाद, *हत्या के षडयंत्र को छुपाने का बोझ,* मेरे कन्धों पर आ गिरा, जिसके बारे में मैं सब कुछ जानता था। जब गिरफ़्तारी के कई हफ्तों बाद मुझे ज़मानत पर छोड़ा गया, मैंने सफलतापूर्वक पार्टी के प्रति अपनी ज़िम्मेदारी निभाई थी। सारे रहस्य मेरे सीने में बंद थे। मैं पुलिस 'लॉकप' में सही अग्नि परीक्षा के बारे में नहीं लिखना चाहता, ऐसा न हो कि आप यह समझ लें कि मैं दया चाहता हूँ या अपनी ही चापलूसी कर रहा हूँ।"

हलांकि जब मैं दूसरी बार गिरफ़्तार किया गया था, सुखदेव और कुछ दूसरे पार्टी सदस्यों के पूरा (बयान) करने के तुरंत बाद मेरे सामने सुखदेव द्वारा दिया गया एक वक्तव्य प्रस्तुत किया गया, जो कि मैं समझता हूँ संभवतः 100 या 50, टाईप किए गए और 'फूलसकैप' काग़ज़ों पर था।"

"दूसरे, मैंने यह पाया कि करीब आठ या दस पार्टी सदस्य और उस पर भी बहुत वरिष्ठ सदस्य, 'किन्गज़ विटनेस' या जिन्हें वे (अंग्रेज) सरकारी गवाह कहते थे, बन गए थे।"

इसलिए मुझे चीज़ों को निम्नलिखित तथ्यों की रोशनी में फिर से सोचना पड़ा : "सुखदेव, जिनकी अगुवाई में मैंने अपना परिवार छोड़ दिया था और जिन्हें मैंने अपना गुरू स्वीकारा था, उन्होंने पार्टी को तोड़ दिया था जिसे बनाने के लिए उन्होंने इतना सब कुछ किया था।"

"वह एक ऐसी परिस्थिति थी जिसकी व्याख्या नहीं की जा सकती, पूरी तरह से हतोत्साहित करने वाली थी और भंयकर रूप से उस आदर्श या एक जुट अर्थ के टुकड़े-टुकड़े करने वाली थी, जिसे पूरा करने के लिए हम बाहर निकले थे।"

मैं आपके इस वर्णन को नहीं मान सकता कि वे *घबरा गए* थे। यह एक होने वाले 'हीरो' के लिए दोषपूर्ण है कि यह उसकी बेहतरी का मज़ाक है। वे एक महान संगठक थे। वे 'कारक' के लिए निःस्वार्थ रूप से समर्पित थे। वे कभी खत्म न होने वाले कार्यकर्ता थे। वे एक निश्चितता दिखाने वाले वक्ता थे जो कि इस बात से साफ होता है, मैं उनकी आज्ञा से पार्टी में आया।"

"इस दिन के लिए, मैं नहीं जानता कि ठीक-ठीक उनके दिमाग में क्या आया कि वे गिरफ़्तार होने के कुछ ही घंटे के अंदर दीवाली के गुब्बारे की तरह फूट पड़े। मुझे इस बात का पूरा भरोसा है कि पुलिस ने उनके साथ किसी भी तरह का उग्र तरीका इस्तेमाल नहीं किया था।"

"सुखदेव ने अपनी इच्छा से पार्टी का हर भेद खोला था। छुपाए रखने के लिए महत्त्वपूर्ण कुछ भी नहीं था यद्यपि मैंने कुछ चीजें ऐसी पाई जिनका उल्लेख करना मैं भूल गया था और जिसे मैंने अपने व्यक्तव्य में छुपाए भी रखा।"

"सुखदेव के प्रदर्शन ने दो दिक्कतें पेश कीं, जिनमे से किसी को भी आपने हल नहीं किया है; (अ) अगर उनके पास इसे बचाव के लिए कोई हथियार नहीं था, उन्होंने वक्तव्य क्यों दिया?; (ब) वक्तव्य देने के बाद उन्होंने इससे कोई फायदा क्यों नही उठाया?"

"जैसा कि मैंने कहा (अ) के लिए कोई उचित कारण नहीं था सिवाय इसके कि उनका दिमाग पानी के घड़े की तरह से था। घड़ा फूट गया और पानी बह गया।"

"इस तरह से अपने दिमाग को खाली करने के बाद, मेरा अंदाज़ा है, उन्हें शांति थी। मगर पार्टी के बारे में उनकी बहुत अधिक जानकारी ने, जिसे उन्होंने खुलकर बाहर ढाल दिया, दूसरों के लिए मुसीबत पैदा कर दी। मैं अपनी सारी जिन्दगी अपना ही साथी रहा।"

"मेरी ज़िन्दगी पिटी हुई और बदनुमा दागों भरी है और मैं इतिहास के उन गहरे गुदे हुए दागों को साफ़ करने के लिए कुछ भी नहीं कर सकता हूँ।"

"जांच करने वाली पुलिस से मैंने निम्नलिखित कारणों से प्रतिरोध जताया: (अ) मैंने महसूस किया, मेरे गुरू, ने बाकी पार्टी के साथ मुझे भी नीचे गिरा दिया। मेरी कहानी का हिस्सा संबंधित रूप से छोटा और बिना किसी मतलब का था, जितना कुछ दिखाया गया था उससे कहीं कम।"

"मैं निःसहायता द्वारा खत्म कर दिया गया था और यद्यपि यह कहना आसान है कि मुझे हल्की सजा होती, मैं उन लोगों के लिए जोखिम नहीं उठा सकता था, जिनके लिए मेरे मन में और इज्जत नहीं थी।"

"दूसरे, इसका मतलब मेरी ज़िन्दगी में पूरी तरह से दरार डाल देना होता, जैसे कि मैं पढ़ाई के आखिरी साल में था।"

"इसलिए मैंने बहुत चतुराई से, पार्टी को कम से कम अतिरिक्त नुकसान पहुंचाते हुए, अपने को बाहर निकालने की कोशिश की ताकि मैं बचे हुए भाग में से 'अच्छे-से-अच्छा' पा सकूं।"

"(1) मैं हत्या की चश्मदीद गवाही देने से अपने आपको बचाने में सक्षम था, जिसे कि मैंने संगठित होते देखा था और जिसे मैं होने से कुछ ही मिनट पहले समझा था।"

"मैंने इसके बारे में कुछ नहीं कहा। इसलिए न तो हत्या के षडयंत्र का गवाह था और न ही हत्या के लिए।"

"(2) मैंने इस बात को मान भी लिया कि मैं दुर्गादास को बचाने के लिए कुछ भी कह सकता था जिसे मैंने भर्ती किया था।"

"मैं दोनों काम करने में सक्षम था क्योंकि मैंने पाया कि सुखदेव के वक्तव्य ने उन्हें भुला दिया था।"

"आपको यह भी याद रखना चाहिए कि मैं पार्टी का सबसे छोटा (उम्र में) सदस्य था। मगर मैं कानूनी काम-काज के परिणाम समझता था। यहां तक कि गवाही देते वक्त, मैंने कम से कम नुकसान हो, ऐसी कोशिश की और संभवतः किसी अच्छाई तक दुर्गा दास ने मुझे अक्सर

माना है।"

"मैं आपका आभारी रहूंगा अगर आप हमारे पत्र व्यवहार की एक प्रति बलबीर को दे दें, जैसे कि वह 'केस' में रूचि रखता है।"

"एक बार फिर, मैं आपसे माफी चाहूंगा अगर अज्ञानतावश मैंने सुखदेव के बारे में कुछ भी अपमानजनक लिख दिया है। आप के पास उनको 'हीरो' मानने का हर कारक है। वह आपके भाई थे। मैंने यह चिट्ठी 'केस' के बारे में अपने अनुभवों के साथ कहीं अधिक अपनी इच्छाओं के खिलाफ़ लिखी है।

आदर सहित,
आपका स्नेही,
(एच. आर. वोहरा)

थापर ने वोहरा की चिट्ठी का जवाब देने में करीब पांच महीने का समय लिया। यह 'सिंगल स्पेस' में टाईप किया गया 14 पेज़ का लम्बा जवाब था। (देखें - संदर्भ - IV)

थापर ने वोहरा के जवाब को संक्षिप्त किया - "तुम्हारा असंतोष," जैसा उसने इन्हें चार 'पाईन्ट' में दिया है: (1) कि मई 1929 में तुम्हारी तीसरी और आखिरी गिरफ़्तारी के बाद, तुम्हें करीब सुखेदव का सौ-पेज़ का (कहे अनुसार) वक्तव्य दिखाया गया; (2) कि एक महत्त्वपूर्ण नेता होते हुए सुखदेव ने तुम्हें और दूसरों को गिरा दिया और उस पार्टी को बर्बाद कर दिया, जिसे बनाने के लिए उन्होंने बहुत मेहनत की थी; (3) कि पार्टी के आठ या दस वरिष्ठ सदस्य 'किंग्ज़ विटनेस' बन गए थे; और (4) तुम्हें हैरानी हुई कि वक्तव्य देने के बाद भी सुखदेव ने इसका कोई फायदा क्यों नहीं उठाया।"

थापर ने इस वक्तव्य पर बहस की कि "जो तुम्हें दिखाया गया था वह पुलिस से संबंधित/जुड़ा था ..." उन्होंने (थापर) वोहरा की इस बात का विरोध किया कि पंजाब पुलिस ने सुखदेव के खिलाफ़ कोई उग्र तरीका इस्तेमाल नहीं किया था। थापर ने कहा, "पुलिस ने उन्हें झुकाने और तोड़ने की कोशिश के लिए 'थर्ड डिग्री' के तरीकों का इस्तेमाल किया था। मगर वह निडर और अडिग चेतना के साथ डटे रहे, हलांकि उनके शरीर पर निर्दयता के निशान थे.." अब, असल में ऐसा क्या हुआ था कि जय गोपाल के वक्तव्य ने सुखदेव को विचलित किया होगा। जैसे ही उनको इस बात का पता चला, उन्होंने पुलिस से कहा कि जय गोपाल से मांग करने की बजाय, बेहतर था वे उनसे पूछे, चूंकि वे एक महत्त्वपूर्ण नेता होते हुए हर चीज़ जानते थे। इस स्थिति की कल्पना करते हुए, जिसने कि उनके साथियों के दिमाग में ग़लतफहमी पैदा कर दी थी, सुखदेव का उद्देश्य था, किसी तरह से पुलिस का विश्वास जीत लेना और उनके पक्ष को पा सकें ताकि जय गोपाल के पास पहुंच कर उसे मौत तक पहुंचा सकें। यह था जो कुछ उन्होंने हम परिवार के कुछ सदस्यों के सामने स्वीकारा जब हम उससे अज़ीज अहमद जो कि षडयंत्र काण्ड का 'इन्चार्ज' था और सरदार गोपा सिंह, डिप्टी सुपरिन्टेंडेन्ट की हिरासत में मिले।

थापर ने कहा कि यशपाल, हिंदी का कवि पुलिस का खबरी था। "वह जय गोपाल से सारी खबरें इकट्ठी करता था और पुलिस का देता था। हलांकि कुछ साल पहले वह मर गया था, वह उसके चाहने वालों द्वारा अब भी एक महान क्रांतिकारी और एक हिंदी लेखक के रूप में याद किया जाता है।" क्या विपरीत लक्षण हैं।

9 अक्टूबर, 1982 के अपने जवाब में वोहरा ने कहा, "मैं सारी ज़िन्दगी यह नहीं मान सकता कि गिरफ़्तारी के बाद सुखदेव के काम उन चीज़ों से निर्देशित थे जिनका ज़िक्र आपने किया है। विश्वास करने के लिए बहुत ही काल्पनिक है। न ही मैं यह स्वीकार सकता हूँ कि उनका लम्बा वक्तव्य पुलिस की चाल (रूपान्तरण) थी।

यह उस बात के साथ विरोधाभासी है कि उन्होंने पुलिस को पार्टी के छुपने के कुछ ठिकाने दिखाए हलांकि सारे नहीं दिखाए। न ही मैं आपके पुलिस द्वारा प्रताड़ित करने वाली मान्यता में कोई तथ्य पाता हूँ, जिसने कि अधिक ताकतवर हथियार नम्रता, आदर और अनुग्रह का इस्तेमाल किया था।"

वोहरा ने यह कहते हुए पत्र व्यवहार का अंत किया, "सबसे बढ़िया बात यह होगी कि हम प्यार से इस पर राज़ी न होने को मान लें या हम एक दोस्ताना तरीके से मिलें, जब मैं दिसम्बर में भारत आऊंगा।" वह कभी भी अपने देश वापिस नहीं आया।

थापर ने भी 19 नवम्बर, 1982 यह कहते हुए पत्र व्यवहार बंद कर दिया कि, " तुम्हारे नज़रिए में चीर-फाड़ मालूम होती है, जैसा कि तुमने कहा, खत्म नहीं हो सकती। इसलिए यह ठीक होगा अगर हम इस मामले पर और बात न करें।"

"वोहरा की बात को कैसे जांचा जाए?" मैंने अपने आप से पूछा। जब मैंने उनसे (थापर) और सूचनाएं चाही तो थापर इस बात से परे कुछ भी नहीं कह सके जो चिट्ठी में लिखी थी। मैं उनसे मिल पाता इससे पहले ही वे मर गए। उन्होंने वोहरा की चिट्ठी को सार्वजनिक नहीं किया, जैसे कि वे उस पर भरोसा नहीं करते थे। मगर थापर सही थे, उन्होंने वोहरा की चिट्ठी नई दिल्ली में उसके परिवार के सदस्यों के पास भेज दी।

एक व्यक्ति, दुर्गा देवी, भगवती चरण, भगत सिंह के निकट साथी की विधवा को सच मालूम होना चाहिए था। मैंने उन्हें तलाशा, जब मैं उनसे मिला वे गाजियाबाद में अपने बेटे सचिन के साथ रहती थीं। वे जल्दी-जल्दी याददाश्त भूल जाने से पीड़ित थीं। मगर उन्होंने वोहरा को याद कर लिया जिसे उन्होंने "पार्टी में एक छोटा कार्यकर्ता' होने पर बर्खास्त कर दिया था। वोहरा के आरोप पर, उन्होंने कहा, "हम सबने सुखदेव पर शक किया था।"

तब भी शक तथ्यों को नहीं बदल सकता। सुखदेव को भगत सिंह और राजगुरू के साथ फांसी पर लटका दिया गया। इस बात का कोई सबूत नहीं है कि वे सुनवाई के दौरान या बाद में लड़खड़ाए थे। वे निडर थे, जैसा कि जब वे स्कूल में थे और उन्हें बेंत से पीटा गया था क्योंकि उन्होंने एक गोरे मिलिट्री अफसर को 'सैल्यूट' करने से इन्कार कर दिया था। अगर वे ही वह व्यक्ति थे जिसने पुलिस को सब कुछ बताया था तो वोहरा की जगह उन्हें माफ क्यों नहीं किया गया? सुखदेव, वोहरा से कहीं अधिक जानते थे।

वोहरा संभवतः पुलिस की चाल का शिकार हो गया था। यहां तक कि आज भी उनके द्वारा किया गया कपट जिन्दा है, "तुम्हारे साथी ने पहले ही सब कुछ कुबूल लिया है। तुम भी अपनी तरफ की कहानी बता सकते हो और हम कोशिश करेंगे कि तुम्हें माफी मिल जाए।" ऐसा ही कुछ हुआ होगा। किसी भी तरह से वोहरा की भूमिका विश्वास दिलाने वाली नहीं है।

वोहरा को वह समय याद होना चाहिए था जब उसके सम्बद्ध होने का सवाल भी नहीं उठा था। जब भी और जहां भी क्रांतिकारियों ने चाहा वे वहां होते थे। वे एक 'मार्किस्ट' नहीं

थे। मगर अंग्रेजों से मुक्ति के विचार ने उन्हें उत्तेजित किया था। वह हर गुप्त बैठक में हाज़िर रहते थे और उन्होंने कभी भी ऐसे हाव-भाव नहीं दिखाए कि जिसके दिमाग में क्रांतिकारी पद में आते हुए कोई दूसरा विचार था।

13 सितम्बर, 1985 को वॉशिंगटन में अपने कमरे में मर गया, 'शटर्स' गिरे हुए थे। वह रोशनी को दूर रख सकता था मगर अंधेरे को नहीं। उसके ही पारिवारिक सदस्यों की जकड़ में उसका दाह संस्कार वॉशिंगटन में किया गया।

लोगों की प्रतिक्रियाओं से सुखदेव और वोहरा के बीच अंतर रेखांकित होता है। भगत सिंह, सुखदेव और राजगुरू की राख फिरोजपुर के पास एक समाधी में सौंप दी गई, जहां आज भी हजारों लोग उनको अपनी श्रृद्धांजली देने के लिए इकट्ठे होते हैं। जिस श्मशान घाट में वोहरा को जलाया गया था उसे कोई जानता तक नहीं है। सुखदेव एक 'हीरो' थे।

ग्रन्थ-सूची

अर्जेय घोष
भगत सिंह एण्ड हिज़ कॉमरेड्स
ए. एस. बर्धन
भगत सिंह : पेजिज़ फ्रॉम दि लाईफ ऑफ मर्टायर
बिपिन चन्द्र
इन्डियाज़ स्ट्रगल फॉर इन्डिपेन्डैन्स
बिपिन चन्द्र
नैश्नलिज़्म एण्ड कॉलोनियलिज़्म इन मॉर्डन इण्डिया
चार्ल्स फ्रर एण्ड्रयूज़
इण्डिया एण्ड दि साइमन रिपोर्ट
महात्मा गांधी का संकलित काम, भाग 14
डेविड एम लॉशे
बेन्गॉल टैररिज्म एण्ड मार्कसिस्ट लैफ्ट
गुरदेव सिंह देओल
शहीद भगत सिंह
गुरदेव सिंह देओल
सरदार भगत सिंह
हंसराज राहबर
भगत सिंह एण्ड हिज़ थॉट
आई. मल्लिकार्जुन शर्मा
रोल ऑफ रैवोल्यूशनरीज़ इन दि इण्डियन फ्रीडम स्ट्रगल
जतिन्द्र नाथ सान्याल
सरदार भगत सिंह
जे. सी. चटर्जी
इण्डियन रैवोल्यूशनरीज़ इन कॉन्फ्रैन्स
जे. एन. वाजपेयी
दि एक्सट्रीमिस्ट मूवमेंट इन इण्डिया
कालीचरण घोष
रोल ऑफ ओनर
कौशल्या देवी डबलिश
रैवोल्यूशनरीज़ एण्ड देयर एक्टिविटीज़
के. के. खुल्लर
शहीद भगत सिंह
मनमथ नाथ गुप्त
हिस्टरी ऑफ दि इण्डियन रैवोल्यूशनरी मूवमेंट

सचिन्द्र नाथ सान्याल
सरदार भगत सिंह
सचिन्द्र नाथ सान्याल
बन्दी जिबॉन
शाहेश्वर नाथ
टैररिज़्म इन इण्डिया
शिव वर्मा
सिलैक्टिड राईटिंग्ज़ ऑफ शहीद भगत सिंह
एस. आर. बक्शी
भगत सिंह एण्ड आईडियोलॉजी
सुमित सरकार
गॉर्डेन इण्डिया
वीरेन्द्र संधू (संपादित)
भगत सिंह लैटर एण्ड डाक्यूमैन्ट्स
विश्वनाथ वैशम्पयन
चंद्रशेखर आज़ाद, भाग 1, 2, 3

संदर्भ - I

श्री कुलदीप नयैर,
डी-7/2, वसन्त विहार,
नई दिल्ली - 110057

मेरे प्रिय श्री नयैर,

मुझे 22 अक्टूबर, 1992 की आपकी चिट्ठी मिली और जवाब देने में देरी के लिए माफी चाहता हूँ। देरी के लिए मेरी बिगड़ती सेहत के साथ-साथ और बहुत से कारण उत्तरदायी हैं - 82 साल की उम्र और दोनों आंखों की तकलीफ जिसे ऑपरेशन की जरूरत है। बिगड़ती शारीरिक सेहत से अलग, 'कोल्ड स्टोरेज' विशेषज्ञ की 'रिटायरमेंट' के बाद मैं बिना किसी ठीक शरण स्थली के हूँ। मैंने इसी तरह के एक संगठन में 1940 से हापुड़ में काम किया है। इससे पहले 1936 से 1940 तक सहारनपुर में लयालपुर के लाला राम लभाया चानन, पंजाब के कांग्रेसी नेताओं के परिवार में से एक, उनकी बर्फ फैक्टरी में काम करता था। मेरा लयालपुर से वापिस आने की वजह यह थी कि पुलिस सुखदेव - **षडयंत्र के पीछे का दिमाग** का सगा भाई होने की वजह से लगातार परेशानियाँ पैदा करती रहती थी, पंजाब पुलिस की टिप्पणियों के मुताबिक इस **तिकड़ी** में सुखदेव, भगत सिंह और राजगुरू थे। मैं हमेशा षडयंत्रकारियों के नेता (राजगुरू) की चिट्ठी को लाने ले जाने का काम करता था - सुखदेव द्वारा महात्मा गांधी को चिट्ठी - जो कि उन्होंने 23 मार्च, 1931 को फांसी लगने से कुछ ही पहले लिखी थी। पंजाब की कांग्रेस के नेताओं में से किसी ने भी 31 मार्च, 1931 को कराची में हो रहे कांग्रेस अधिवेशन में ले जाने के लिये इसे स्वीकार करने की तरफ ध्यान नहीं दिया। हमारे चाचा लाला चिन्त राम, पंजाब के एक बहुत बड़े कांग्रेसी नेता थे और वे भी वहां नहीं जा सकते थे, क्योंकि थापर वंश के मुखिया होने के नाते उन्हें, सुखदेव के दुःखद अन्त पर आने वाले शोकाकुल व्यक्तियों के साथ बैठने के लिए लयालपुर पहुंचना था। लाला पिन्डी दास और दूसरे कांग्रेसी नेता जो कि कराची अधिवेशन जा रहे थे, उन्होंने इस चिट्ठी को ले जाने से इस डर की वजह से इन्कार कर दिया कि महात्मा उन्हें उपरोक्त **आतंकवादियों** के साथ षडयंत्र में छुपा हाथ होने या किसी भी तरह के संपर्क के लिए झिड़क न दें। इसलिए लाला चिंत राम ने मुझसे कहा - हमारे चाचा और **थापर वंश के मुखिया** चिट्ठी गांधी जी को देने के लिए कराची लेकर जाएं। मैं, कांग्रेस नेताओं को कराची ले जा रही ट्रेन तक पहुंच गया और कांग्रेसियों के आपत्तिजनक और चुभने वाली भावभंगिमाओं के बावजूद आखिरकार गांधी जी के पी. ए. श्री महादेव देसाई से मिल सका और चिट्ठी दे दी। गांधी जी **तीन हीरो** की फांसी के बाद बहुत महत्वपूर्ण अधिवेशन में बुरी तरह से व्यस्त थे, इस वजह से देसाई ने **मुझसे लाला चिंत राम तक यह पहुंचाने** को कहा कि गांधी जी इस चिट्ठी का जवाब अधिवेशन के बाद ही देंगे और गांधी जी के वर्धा वापिस पहुंचने के बाद चिट्ठी का जवाब 'नवजीवन' (हिंदी) और 'यंग इण्डिया' (अंग्रेजी) में देखा जा सकता है।

इससे पहले मैं सन् 1927–28 और 1930–31 में दो बार जेल भी गया जब सुखदेव ने 'बिरादर-ए-मुन' को सम्बोधित करते हुए एक चिट्ठी लिखी और लाहौर में मेरे पते पर डाक

से भेजी गई थी और उससे पहले लायलपुर में जब अंग्रेज अफसरों की कम्पनी बाग़ मैस में बम्ब फटा था। लायलपुर में बहुत से औरों को भी गिरफ़्तार किया गया था मगर उन सबको छोड़ दिया गया था, लेकिन मुझे लाला चिंत राम का भतीजा और सुखदेव का सगा भाई होने की वजह से रोक लिया गया और लाहौर के किला गूजर में चार महीने के लिए कैद कर दिया गया। मैं यह कहने से भी नहीं चूकूंगा कि जब मेरा भाई उपरोक्त चिट्ठी मेरे नाम से लाहौर के पते पर लिख रहा था, तब भी मुझे बहुत कुछ भुगतना पड़ा, जो कि मेरे भाई ने बोर्सतल जेल, लाहौर से लिखा था। उसने ऐसा दूसरों (भगत सिंह और राजगुरू) के साथ निन्दा किए जाने के बाद किया था। पुलिस तुरंत बोर्सतल जेल पहुंच गई और अधूरी हुई चिट्ठी छीन ली और पुलिस पार्टी के मुखिया अजीज अहमद ने सुखदेव से सवाल किया, यह चिट्ठी किसे भेजी जा रही थी। उन्होंने कहा मेरे साथियों को - दूसरे पार्टी क्रांतिकारियों को जिनका नाम बताने से उन्होंने इन्कार कर दिया था। तब उसने (अजीज अहमद), सुखदेव से कहा कि ऐसी हालत में तुम्हारे भाई मथुरा दास थापर को हिरासत में ले लिया जाएगा और जेल भेज दिया जाएगा और वह पुलिस की यातनाएं भुगतेगा। उन्होंने (सुखदेव) जवाब दिया, "तो क्या, वह पहले भी पुलिस की ज़्यादतियां भुगतते रहे हैं और एक बार फिर पुलिस की यातनाओं का सामना कर लेंगे। मगर किसी भी हालत में उन साथियों का नाम नहीं बताया जाएगा, जिनके लिए यह चिट्ठी लिखी गई थी।" पुलिस पार्टी, बोर्सतल जेल से उनको सैन्ट्रल जेल की सिद्ध दोषियों वाली कोठरी में स्थानान्तरित करने के लिए गई थी। मौत की सज़ा हो चुकी थी और सभी दोषियों को तुरंत सैन्ट्रल जेल में स्थानान्तरित कर दिया गया था। मैं एक बार फिर पंजाब पुलिस की पकड़ में था और आने वाले कई महीनों तक जेल की यातनाएं भुगतीं।

आगे की बात के लिए मुझे क्षमा करें कि डॉ. किचलू के बेटे जैसे 'पॉलिटिकल सफरर' को 5000 रू० महीने के साथ 50000 रू० की एक थोक रकम और बिना किसी कीमत के डी. डी. ए. का एक मकान भी दिया गया। डॉ. किचलू के बेटे की तुलना में हमारे वंश के बलिदानों को देखें - लाला चिंत राम मेरे चाचा 1907 के बाद आज़ादी की लड़ाई में कई बार जेल गए और मेरे बड़े भाई को भगत सिंह और राजगुरू के साथ फांसी पर लटका दिया गया और मैं भी बार-बार पुलिस की यातनाओं का शिकार हुआ और यही मुख्य कारण था कि मैं, हमारे चाचा लाला चिंत राम की सलाह पर पंजाब से बाहर आ गया।

अब भगत सिंह के मुकद्दमे पर आपकी प्रस्तावित किताब से संबंधित सामग्री के मुख्य मुद्दे पर आते हुए मैं दुबारा आपका ध्यान **'लाहौर कॉन्सिपिरेसी केस'** की **'प्रोसीडिंग्स बुक'** की तरफ खींचना चाहूंगा, जो कि मैंने राष्ट्रीय अभिलेखागार (National Archives), नई दिल्ली को दे दी है। यह अकेला ऐसा प्रमाण है, जिसे मैंने 400 से अधिक पेजों में संकलित किया है। मैं आपको बता दूं कि मैंने लाहौर उच्च न्यायालय से सभी प्रमाण और दूसरे संबंधित प्रमाण इकट्ठे कर लिए थे जो कि अपने आपमें राष्ट्रीय महत्त्व का इतिहास हैं। जैसा कि सरकारी रिकॉर्ड में दर्ज है: लाहौर षडयंत्र का यह केस "सुखदेव बनाम किंग" और दूसरे आरोपी (सुखदेव वर्सिस किंग एण्ड अदर एक्यूज़ड) के नाम से है। 'प्रोसीडिंग बुक' के साथ इस केस और फैसले का अंग्रेजी अनुवाद राष्ट्रीय अभिलेखागार में है और उर्दू में तीन भागों में अनुवाद मेरे पास है। मेरे पास आप जैसे विश्व प्रसिद्ध लेखक के रूचि वाले और बहुत से प्रमाण हैं। कुछ समय के लिए मैं यह सभी प्रमाण जो मेरे पास हैं आपकी सेवा में (रचना के लिए) दे सकता हूँ जो कि मैंने

लाहौर उच्च न्यायालय से समय और पैसा दोनों खर्च करके यह 'रिकार्ड' रखने के लिए इकट्ठे किए हैं। कृपया यह भी 'नोट' करें कि जब भी मैं दिल्ली जाता हूँ मैं, अपनी बेटी श्रीमती लता गुजराल, न. एल 15, फर्सट फ्लोर, साऊथ एक्सटेंशन, पार्ट-2, नई दिल्ली के पास रुकता हूँ। वे टेलीफोन पर भी मौजूद रहती हैं और बाद में अगर आप आगे कुछ और संबद्ध कागजों और प्रमाणों में जो कि मेरे पास हैं रूचि रखते हों तो वह टेलीफोन न. मैं आपको दे दूंगा।

इस आदर और उम्मीद के साथ कि यह ऐतिहासिक महत्त्व के एक और महान अति उत्तम रचना के लिखने के महान कार्य में इस्तेमाल होगा।

आपका सच्चा

हस्ता०/-

(एम. डी. थापर)

संदर्भ - II

मैं नास्तिक क्यों हूँ?

एक नया प्रश्न पैदा हो गया है, क्या यह झूठे अंहकार के कारण है कि मैं सर्वशक्तिमान, सर्वव्यापक और त्रिकालदर्शी भगवान के अस्तित्व में विश्वास नहीं करता? मैंने कभी भी यह कल्पना नहीं की थी कि मैं कभी इस प्रश्न का सामना करूंगा। मगर कुछ दोस्तों के साथ हुई बातचीत ने मुझे इसका संकेत दिया कि मेरे 'कुछ' दोस्त - अगर मैं उनको ऐसा मानने का बहुत अधिक दावा नहीं कर रहा हूँ तो - मेरे साथ छोटे से संपर्क से यह अनुमान लगाते हैं कि मेरी तरफ से भगवान के अस्तित्व को नकारना बहुत अधिक था और कुछ ऐसा झूठा अंहकार भी था कि जिसने मेरे अन्दर अविश्वास को उकसाया था। खैर, यह एक गंभीर समस्या है। मैं इन इन्सानी लक्षणों से ऊपर अपनी बढ़ाई नहीं करता। मैं एक इन्सान हूँ और इससे ज़्यादा कुछ नहीं। कोई भी इससे ज़्यादा होने का दावा नहीं कर सकता। मुझमे भी यह कमज़ोरी है। निःसारता का झूठा अभिमान मेरी प्रकृति के एक हिस्से को बनाता है। अपने 'कामरेडों' (साथियों) के बीच मैं एक निरंकुश शासक कहलाता था। यहां तक कि मेरे दोस्त श्री बी. के. दत्त भी मुझे कई बार ऐसे बुलाते थे। कई मौकों पर तो मुझ पर एक अत्याचारी राजा जैसा आक्षेप लगाया गया। कुछ दोस्त यह शिकायत करते थे और वह भी बहुत गंभीरता से कि मैं न चाहते हुए भी दूसरों पर अपने विचार थोपता था और अपने प्रस्तावों को मनवा भी लेता था। कुछ हद तक यह सही है, मैं इससे इन्कार नहीं करता। यह अंहकार बढ़ा सकता था। मुझमें इतना अंहकार है कि हम में दूसरे प्रचलित मतों के खिलाफ अपने धर्म में होता है। मगर यह व्यक्तिगत नहीं है। यह हो सकता है कि यह अपने धर्म में यथायोग्य गर्व हो और अंहकार नहीं। 'वैनिटी' या ज़्यादा सलीके से कहा जाए तो अंहकार एक आदमी का अपने आप में गर्व की अनुचित अधिकता है। चाहे यह अनुचित गर्व है जो मुझे नास्तिकता की तरफ ले गया या चाहे यह विषय के बहुत ध्यान से किए गए अध्ययन और सोचने के बाद हो कि मुझे भगवान में अविश्वास करना पड़ा, सवाल यही है जिसकी मैं यहां चर्चा करना चाहता हूँ। पहले मैं आपके सामने यह साफ कर देना चाहूंगा कि आत्माभिमान और अंहकार दो अलग चीज़ें हैं।

पहले स्थान पर, मैं यह समझने में नाकामयाब रहा हूँ कि कैसे अनुचित गर्व या अहंकारीपन एक आदमी का भगवान में विश्वास होने के रास्ते में खड़ा हो सकता है। मैं एक महान आदमी की महानता को मानने से इन्कार कर सकता हूँ, बशर्ते, योग्य न होते हुए मुझे लोकप्रियता मिल गई हो या वास्तविक आवश्यक गुण मौजूद न हो या उसी मतलब के अतिआवश्यक हो। इतना तो सोचा जाने लायक है। मगर भगवान में विश्वास किस तरह खत्म कर सकता है? सिर्फ दो ही तरीके हैं। या तो आदमी अपने आप को भगवान का प्रतिद्वन्दी सोचना शुरू कर दे, या वह अपने आपको भगवान समझना शुरू कर दे। इन दोनों में से किसी भी सूरत में वह सच्चा नास्तिक नहीं बन सकता है। पहली सूरत में वह अपने प्रतिद्वन्दी की मौजूदगी को नकारता ही नहीं है। दूसरी सूरत में भी वह ऐसी सचेत रचना को स्वीकारता है जो कि पर्दे के पीछे से प्रकृति की गतिविधियों को चला रही है। हमारे लिए इस बात का कोई महत्व नहीं है कि चाहे वह अपने आपको 'वह सर्वश्रेष्ठ रचना' माने या वह उस 'सर्वश्रेष्ठ सचेत रचना' को अपने

से दूर कुछ समझे। यहां मौलिकता है। उसका विश्वास है। किसी भी मायने वह नास्तिक नहीं है। खैर, यहां मैं हूँ। न तो मैं पहली श्रेणी से और न ही दूसरी श्रेणी से आता हूँ। मैं उस सर्वशक्तिमान सर्वश्रेष्ठ रचना के अस्तित्व को नकारता हूँ। मैं क्यों नकारता हूँ? यह बाद में देखा जाना चाहिए। यहां मैं एक बात साफ कर देना चाहूंगा कि यह अंहकार नहीं है जिसने मुझे नास्तिकता का ढर्रा अपनाने के लिए उकसाया। मैं न तो प्रतिद्वन्दी हूँ, न ही अवतार हूँ और न ही स्वयं वह सर्वश्रेष्ठ रचना हूँ। एक बात तो निश्चित है कि यह अंहकार नहीं है जो मुझे इस तरह की सोच की तरफ ले गया है। मुझे इस कथन को झूठा साबित करने के लिए तथ्यों का परीक्षण रकने दीजिए। मेरे इन दोस्तों के अनुसर शायद मैं - दिल्ली बम्ब काण्ड और लाहौर षडयंत्र - के मुकद्दमे की वजह से अनुचित लोकप्रियता के कारण अंहकारी हो गया हूँ। खैर, अगर उनके पैमाने ठीक हैं तो आइए देखें। मेरी नास्तिकता हाल की पैदाईश नहीं है। मैंने भगवान में उस वक्त विश्वास करना बन्द कर दिया था, जब मैं अंधकारमय नौजवान था, जिसके अस्तित्व का मेरे उपरोक्त दोस्तों को पता भी नहीं था। कम से कम कॉलेज का छात्र इस तरह का अनुचित गर्व नहीं पाल सकता जो उसे नास्तिकता की तरफ ले जाए। हलांकि कुछ प्रोफेसरों का पसन्दीदा और कुछ दूसरों द्वारा नापसन्द था। मैं कभी भी मेहनती या पढ़ाकू लड़का नहीं था। मैं अंहकार जैसे किसी भी अहसास में फंसने का मौका नहीं पा सकता था। बल्कि मैं एक शर्मीला लड़का हुआ करता था, जो कि भविष्य में पेशे के प्रबन्धन को लेकर बहुत निराशावादी था और उन दिनों में, मैं सही रूप से नास्तिक नहीं था। मेरे दादा जी जिनके प्रभाव में मैं बड़ा हुआ एक रूढ़ीवादी आर्य समाजी हैं। एक समाजी नास्तिक ही होता है। अपनी प्राथमिक शिक्षा पूरी करने के बाद, मैं लाहौर के डी. ए. वी. स्कूल में भर्ती हो गया और पूरे एक साल तक 'बोर्डिंग हाऊस' में रहा। वहां मैं सुबह शाम की प्रार्थनाओं से अलग घंटो तक 'गायत्री मंत्र' का जाप किया करता था। उन दिनों में मैं एक पक्का धार्मिक आदमी था। बाद में मैंने अपने पिता जी के साथ रहना शुरू कर दिया। जहां तक धर्म की रूढ़ीवादिता की बात है, वे एक उदारवादी हैं। यह उन्हीं की शिक्षा थी जिससे कि मैं अपना जीवन स्वतंत्रता के लिए समर्पित करने को प्रेरित हुआ। मगर वे नास्तिक नहीं हैं। वो पक्का विश्वास (भगवान में) करने वाले हैं। वे रोज़ प्रार्थना करने के लिए मेरा हौंसला बढ़ाते थे। इस तरह मैं बड़ा हुआ। असहयोग के दिनों में मैं 'नेशनल कॉलेज' में भर्ती हुआ। वहीं ऐसा हुआ कि मैंने सभी धार्मिक समस्याओं के बारे में उदारवादी तरीके से सोचना और चर्चा करना और आलोचना करना शुरू किया, यहां तक कि भगवान के बारे में भी। मगर तब भी मैं धर्म में विश्वास करता था। उस वक्त तक मैंने लम्बे और खुले 'केश' रखना शुरू कर दिए थे मगर मैं सिक्ख धर्म की मान्यताओं और विधियों में या और किसी धर्म में कभी भी विश्वास नही कर सकता। मगर मेरा भगवान के होने में पक्का भरोसा था।

बाद में मैं क्रांतिकारी पार्टी से जुड़ गया। मैं जिस पहले नेता से मिला मगर उससे सहमत नहीं था, वह भगवान के होने को नकारने की हिम्मत नहीं कर सकता था। भगवान के बारे में मेरी गहन पूछताछ के जवाब में वह कहता, "जब भी तुम चाहते हो प्रार्थना करो।" अब यह नास्तिकता है और इसे अपनाने के लिए कम धार्मिक विश्वास की ज़रूरत है। जिस दूसरे नेता के साथ मैं सम्पर्क में आया वह बहुत पक्का विश्वास रखते थे। मुझे उनका नाम लेने दीजिए - सचिन्द्र नाथ सान्याल, अब काकोरी षडयंत्र काण्ड में कालापानी की सज़ा काट रहे हैं। उनकी बहुत मशहूर और सिर्फ एक किताब 'बन्दी जीवन' के पहले ही पेज पर भगवान की कीर्ति का

गुणगान किया गया है। उस सुन्दर किताब के दूसरे भाग के आखरी पेज पर - वेदान्तवाद के कारण - 'उसके' रहस्य पर भगवान की प्रशंसा बरसाई गई है, यह उनके उत्कृष्ठ विचारों का एक भाग बनाता है। 28 जनवरी, 1925 को पूरे भारत में बांटे गए क्रांतिकारी पर्चे मुद्दई की कहानी के मुताबिक थे, जो कि उनकी (सचिन्द्र नाथ सान्याल) बुद्धि भरे परिश्रम का परिणाम था। जैसा कि गुप्त कामों में ज़रूरी होता है, अहम नेता उन विचारों को प्रकट करता है जो उसके साथियों को प्रिय होते हैं और बाकी कार्यकर्ता उनसे सहमत होते हैं, इसके बावजूद कि उनके मन में उन विचारों के लिए कुछ मतभेद हो सकते हैं। उस पर्चे के एक पूरे 'पैराग्राफ' उस सर्वशक्तिमान को समर्पित था और उसके आनन्द और क्रियाओं को समर्पित था। यह सब रहस्यवाद है। जो बात मैं सामने लाना चाहता हूँ वह है कि अविश्वास का विचार क्रांतिकारी पार्टी में ही नहीं उपजा था। काकोरी काण्ड के प्रसिद्ध शहीद - उन चारों ने अपने आखरी दिन प्रार्थनाओं में ही बिताए। राम प्रसाद बिस्मिल एक रूढ़ीवादी आर्य समाजी थे। समाजवाद और कम्यूनिस्टवाद के क्षेत्र में अध्ययन के बावजूद राजन लहरी उपनिषदों और गीता के पाठ करने की इच्छा नहीं दबा पाए। मैंने उनमें सिर्फ एक ही आदमी ऐसा पाया जिसने कभी प्रार्थना नहीं की और कहता था, "विचारधारा आदमी की कमज़ोरी या उसके ज्ञान के सीमित होने का परिणाम है।" वह भी कालापानी की सज़ा काट रहे हैं। मगर उन्होंने भी भगवान के अस्तित्व को नकारने की हिम्मत कभी नहीं की।

उस समय तक मैं एक औपन्यासिक आदर्शवादी क्रांतिकारी था। तब तक हमें अनुसरण करना था। कुछ अनिवार्य प्रतिक्रियाओं की वजह से कुछ समय के लिए पार्टी का अस्तित्व असंभव हो गया। उत्साही साथियों ने इसे नकार दिया, नेताओं ने हम पर ताने मारे। कुछ समय के लिए मैं डर गया था कि हो सकता है कि एक दिन मैं भी हमारे अपने कार्यक्रम की निरर्थकता से सहमत न होऊं। वह मेरे क्रांतिकारी जीवन में एक मोड़ था। 'अध्ययन' एक चीख थी जो कि मेरे दिमाग़ के गलियारों में गूंज रही थी। विपक्ष द्वारा बढ़ाई गई बहस का सामना करने के लिए अपने आपको सक्षम बनाने के लिए अध्ययन। अपने उद्देश्य के लिए अपने आपको तर्कों से हथियार बन्द करने के लिए अध्ययन। मैंने अध्ययन शुरू कर दिया। मेरे पुराने विश्वासों और दोषों में अभूतपूर्व सुधार हुआ। अकेले हिंसक तरीकों के प्रति 'रोमांस' जो कि हमारे पुरखों के बीच बहुत अहम था, गंभीर विचारों द्वारा बदल दिया गया था और रहस्यवाद और अंधविश्वास नहीं रह गया। वास्तविकता हमारा मत बन गई। जब बहुत आवश्यक मामलों को बहाल करना हो तो बल प्रयोग न्यायोचित है, अहिंसा एक नीति के रूप में सभी जन आंदोलनों के लिए ठीक है। इन तरीकों के बारें में इतना ही। सबसे महत्वपूर्ण चीज़ आदर्शों के उन साफ़ विचारों की थी जिसके लिए हमें लड़ना था। चूंकि गतिविधियों के क्षेत्र में कोई महत्वपूर्ण काम नहीं था, मुझे विश्व क्रांति के विभिन्न आदर्शों को पढ़ने के बारे में पर्याप्त मौका मिला। मैंने बकुनिन एक 'एनार्चिस्ट' नेता के बारे में पढ़ा, कुछ मार्क्स के बारे में, जो की कम्यूनिज़्म के जनक थे और लेनिन, ट्रोत्स्की और दूसरे आदमियों के बारे में, जिन्होंने सफलता पूर्वक अपने-अपने देश में क्रांति की थी, उनके बारे में बहुत कुछ पढ़ा। वे सभी नास्तिक थे। बकुनिन के भगवान और प्रदेश विषय का एक रूचिकर अध्ययन है। बाद में जब मैंने निर्लम्ब स्वामी की 'कॉमन सेन्स' नामक किताब पढ़ ली, तब भी। यह एक तरह की रहस्यमयी नास्तिकता ही थी। यह विषय मेरे लिए अत्यधिक रूचिकर हो गया। 1926 के अन्त तक मैं इस सिद्धान्त की आधारहीनता से सहमत हो गया कि एक सर्वशक्तिान, सर्वश्रेष्ठ रचना है जिसने [illegible] ब्रह्माण्ड बनाया है, मार्गदर्शन करती है और नियंत्रित करती है।

मैंने अपने अन्दर के अविश्वास को बाहर निकाल दिया था। इस विषय पर मैंने अपने दोस्तों के साथ चर्चा शुरू कर दी। मैं एक घोषित नास्तिक बन गया था। मगर वर्तमान में जो चर्चा की जा रही थी उसका क्या अर्थ होगा।

मई 1927 में मुझे लाहौर में गिरफ़्तार कर लिया गया था। यह गिरफ़्तारी एक अचरज था। मैं इस बात से बिल्कुल अचेत था कि पुलिस मुझे चाहती थी। अचानक एक बगीचे से गुज़रते हुए मैंने अपने आपको पुलिस से घिरा पाया। मैं खुद हैरान था, उस वक्त मैं बहुत शांत था। मैंने किसी तरह की सनसनाहट महसूस नहीं की, न ही किसी तरह की उत्सुकता का अनुभव किया। मुझे पुलिस की हिरासत में ले लिया गया। अगले दिन मुझे रेलवे पुलिस के 'लॉक-अप' में ले जाया गया जहां मुझे पूरा एक महिना बिताना था। पुलिस के साथ बहुत दिनों की चर्चा के बाद मैंने यह अनुमान लगाया कि पुलिस के पास मेरा काकोरी काण्ड की पार्टी से जुड़े होने की कोई सूचना थी और क्रांतिकारी आन्दोलन के साथ मेरी अन्य गतिविधियों के बारे में भी पता था। उन्होंने मुझे बताया कि जब वहां मुकद्दमा चल रहा था, मैं लखनऊ गया था, और उनके बचाने के लिए मैंने किसी योजना पर चर्चा भी की, उनकी मंजूरी मिलने के बाद, हमने कुछ बम्ब खरीदे और इनको परखने के तौर पर 1926 में दशहरे के मौके पर उनमें से एक बम्ब भीड़ पर फेंका गया था। इसके बाद उन्होंने मेरे फायदे की बात कही, कि अगर मैं क्रांतिकारी पार्टी की गतिविधियों पर कुछ रोशनी डाल सका, मुझे कैद नहीं किया जाएगा बल्कि इसके उलट छोड़ दिया जाएगा और ईनाम दिया जाएगा, यहां तक कि अदालत में सरकारी गवाह के रूप में प्रस्तुत किए बिना। इस प्रस्ताव पर मैं हंस पड़ा, यह सब एक धोखा था। हमारे जैसे आदर्शों वाले लोग अपने ही मासूम लोगों पर बम्ब नहीं फेंकते। एक सुहानी सुबह सी. आई. डी. का 'सीनियर सुपरिन्टेन्डेन्ट' मेरे पास आया और मेरे साथ बहुत ही सहानुभूति भरी बातें करने के बाद मुझे एक बहुत 'बुरी सी' खबर दी कि अगर मैंने उनके द्वारा मांगी गई वक्तव्य जैसी कोई भी बात नहीं कही तो वे मुझे काकोरी उपद्रव के मुकद्दमे में फंसाने को मजबूर होंगे और आगे उसने कहा कि उनके पास मुझे दोषी सिद्ध करने के लिए और फांसी पर लटकाने के लिए पर्याप्त सबूत हैं। उन दिनों में मेरा मानना था - हलांकि मैं बहुत मासूम था कि पुलिस जो चाहे वह कर सकती है। उसी दिन से कुछ पुलिस अधिकारी मुझे दोनों वक्त भगवान से प्रार्थना करने के लिए उकसाते रहे। अब मैं एक नास्तिक था। मैं अपने में ही रहना चाहता था, चाहे वह शांति और मज़े के दिन हों कि मैं अपने नास्तिक होने की बढ़ाई कर सकूं या चाहे वे कठिन दिन हो जबकि, मैं अपने उन सिद्धांतों पर टिका रहूं। बहुत दिनों तक सोचने के बाद मैंने फैसला किया कि मैं भगवान में विश्वास या उसकी प्रार्थना नहीं कर सकता। नहीं मैंने कभी नहीं की। वह सबसे सच्ची परीक्षा थी और मैं सफल हुआ। किन्हीं और चीज़ों की कीमत पर मैंने अपनी गर्दन बचाने की कोशिश कभी नहीं की। अतः मैं एक पक्का अविश्वासी था और हमेशा ऐसा ही रहा। इस परीक्षा में खड़े रहना आसान काम नहीं था। 'विश्वास' कठोरता को पिघला देता है, यहां तक कि उसको खुशगवार भी बना सकता है। भगवान में आदमी बहुत पक्का एकीकरण और सहारा पा सकता है। बिना उसके आदमी को अपने में ही गहराई तक जाना होता है। तूफानों और चक्रवातों में एक आदमी का अपने ही पैरों पर खड़े रहना बच्चों का खेल नहीं है। ऐसी परीक्षा की घड़ियों में, अंहकार - अगर थोड़ा सा भी है - उड़ जाए और आदमी सामान्य मान्यताओं को इन्कार करने की हिम्मत नहीं कर सकता। अगर वह करता है, तो हमें यह ज़रूर समझ लेना चाहिए कि उसमें सिर्फ अंहकार के अलावा और भी

कोई ताकत है। इस समय ठीक यही परिस्थिति है। फैसला पहले से ही बहुत जाना पहचाना है। एक हफ़्ते के अन्दर इसकी घोषणा होनी थी। इस विचार से हटकर कि मैं एक उद्देश्य के लिए अपना जीवन बलिदान करने जा रहा था और क्या समरसता थी? भगवान में विश्वास रखने वाला एक हिन्दू, एक राजा के रूप में दुबारा जन्म लेने की उम्मीद कर सकता है, एक मुसलमान या क्रिस्चियन स्वर्ग में ऐश्वर्य का मजा लेने का सपना देख सकता है और यह उसके बलिदान और यातनाएं सहने के ईनाम के सपना देख सकता है। मगर, मैं क्या उम्मीद कर सकता हूँ? मैं जानता हूँ कि जब मेरे गले में फंदा लपेटा जाएगा और मेरे पैरों के नीचे से तख़्ते हटा दिए जाएंगे वह अंतिम घड़ी होगी - वह आखिरी घड़ी होगी। मैं या और विधिपूर्वक कहा जाए तो मेरी आत्मा जैसा कि आध्यात्मवादी बातों में कहा गया है सब वहीं नष्ट हो जानी चाहिए। आगे के लिए कुछ भी नहीं। इतने शानदार अन्त के साथ छोटी से ज़िन्दगी ही अपने आप में ईनाम होनी चाहिए, अगर मुझमें इसे, उस रोशनी में ले जाने का साहस है। बस इतना ही। यहां या यहां के बाद किसी भी स्वार्थी उद्देश्य या इच्छा के बिना, बिना किसी फायदे की इच्छा के मैंने अपनी ज़िन्दगी आज़ादी के लिए दी है, क्योंकि मैं इसे और किसी तरह नहीं कर सकता था। जिस दिन हमें इस मानसिकता के आदमी और औरतें बहुत बड़ी संख्या में मिल जाएंगे जो, अपने आपको मानव सेवा और मानवता की मुक्ति के अलावा और किसी चीज़ में समर्पित नहीं कर सकते, वह दिन आज़ादी के युग का उद्घाटन होना चाहिए। उन्हें न तो राजा बनने के लिए, न ही इस जन्म में या अगले जन्म में ईनाम पाने के लिए या मृत्यु के बाद स्वर्ग में ईनाम पाने के लिए प्रेरित करना चाहिए, उन्हें दबाने वालों, शोषण करने वालों और क्रूर लोगों को चुनौती देने के लिए प्रेरित किया जाना चाहिए और मानवता की गर्दन से दासत्व के जुए को हटाने और आज़ादी की स्थापना और शांति के लिए प्रेरित करना चाहिए क्या उन्हें इसका अपने व्यक्तिगत कल्पनायोग्य रास्ते पर अनुसरण करना चाहिए। क्या उनके अन्दर के गर्व को अंहकार के रूप में गलत वर्णित किया गया है? इस अति घृणा करने योग्य बात को कहने की हिम्मत कौन करेगा? मैं ऐसे आदमी से कहूंगा या तो वह मूर्ख है या दुष्ट है। हमें उसे इसलिए माफ कर देना चाहिए कि वह उस दिल की भावनाओं, कल्पनाओं और सौम्य अहसासों की गहराई को जो कि उस दिल में उमड़ रहे हैं नहीं समझ सकता। उसका दिल मरा हुआ है जैसे सिर्फ मांस का एक लोथड़ा हो, उसकी आंखे कमजोर हैं चूंकि दूसरे फायदों की बुराईयां उनके ऊपर हावी हैं। अंहकार की व्याख्या के लिए हमेशा, 'अपने-आप में भरोसा' सही व्याख्या है। यह दुःख और दयनीय है, मगर इसके अलावा और कोई मदद नहीं है।

आप जाएं और प्रचलित विचारों का विरोध करें, आप जाएं और एक 'हीरो', एक आदमी जिसे सामान्य रूप से ऊपर समझा जाता है उसकी आलोचना करें क्योंकि समझा जाता है कि वह कोई भूल नहीं करेगा, आपके तर्कों की ताकत आपको भीड़ को मजबूर कर देनी चाहिए कि आपको अंहकारी समझें। यह मानसिक स्थिरता के कारण होता है। आलोचना और स्वतंत्र सोच एक क्रांतिकारी के दो गुण हैं। क्योंकि महात्मा जी महान हैं, किसी को भी उनकी आलोचना नहीं करनी चाहिए। क्योंकि वे ऊपर उठ गए हैं, इसलिए हर बात जो वे कहते हैं - हो सकता है यह राजनीति के क्षेत्र में हो या धर्म के बारे में, अर्थशास्त्र के बारे में हो या नीतिविषयक - सब सही है। चाहे आप सहमत हों या न आप को कहना ही है, "हाँ, यह सच है।" ऐसी सोच प्रगति की ओर नहीं ले जाती। बल्कि यह बहुत कुछ प्रतिकार करने वाली है।

क्योंकि हमारे पूर्वजों ने किसी सर्वश्रेष्ठ रचना - सर्वशक्तिमान भगवान - में विश्वास बिठा दिया है, इसलिए कोई भी आदमी जो इस विश्वास की वैधता को या उस सर्वश्रेष्ठ रचना के अस्तित्व को चुनौती देने की हिम्मत करता है तो विधर्मी, पाखण्डी कहा जाता है। यदि उसके तर्क, दूसरे के तर्कों से खण्डन किए जाने के लिए बहुत सशक्त हैं और भगवान का क्रोध उसके ऊपर पड़ेगा, ऐसी बदकिस्मती की धमकियां देकर भी उसकी चेतना को नीचे नहीं गिराया जा सकता है तो अंहकारी कह कर उसकी निन्दा की जानी चाहिए, उसकी चेतना का नाम अंहकार रखना चाहिए। तब बेकार इस चर्चा में समय बर्बाद क्यों किया जाए? पूरी बात पर तर्क क्यों किया जाए? जनता के सामने यह सवाल पहली बार आ रहा है और इस तरह का सच तथ्यों में पहली बार सामने आ रहा है, इसलिए यह एक लम्बी चर्चा है।

जैसा कि पहले सवाल है, मैं सोचता हूँ कि मैंने पहले ही यह साफ कर दिया है कि यह अंहकार नहीं है, जो मुझे नास्तिकता की ओर ले गया। मेरा तर्क सहमति पैदा करने वाला है या नहीं, यह मेरे पाठकों द्वारा निर्णित किया जाना चाहिए, मेरे द्वारा नहीं। मैं जानता हूँ कि वर्तमान परिस्थितियों में भगवान में मेरा विश्वास मेरे जीवन को आसान, मेरे बोझ को हल्का बनाएगा और उसमें अविश्वास ने सारी परिस्थितियों को बहुत रूखा कर दिया है और परिस्थिति बहुत ही कर्कश समझी जा सकती है। थोड़ा सा रहस्यवाद इसे कविता का रूप बना सकता है। मगर मैं अपने भाग्य से किसी भी तरह के नशे को नहीं मिलने देना चाहता। मैं वास्तविक व्यक्ति हूँ। मैं अपने अन्दर की प्रवृति पर कारणों की मदद से राज करना चाहता हूँ। इस छोर को पाने में हमेशा सफल नहीं रहा हूँ। परन्तु मनुष्य का काम है कोशिश और मेहनत करना, सफलता मौके और माहौल पर निर्भर करती है।

जैसा कि दूसरा सवाल है कि अगर यह अंहकार नहीं था, तो भगवान में विश्वास न होने के लिए और अब भी भगवान के अस्तित्व में प्रचलित विश्वास के लिए कोई न कोई उचित कारण होना चाहिए। हाँ, अब मैं उसी पर आ रहा हूँ। कारण है। मेरे मुताबिक अगर किसी भी आदमी ने कुछ भी तर्क शक्ति पाई है तो हमेशा वह अपने माहौल के कारणों को बाहर लाने की कोशिश करता है। जहां सीधे प्रमाणों की कमी है वहां विचारधारा का एक महत्वपूर्ण स्थान होता है।

जैसा कि मैंने पहले भी कहा, एक क्रांतिकारी दोस्त कहा करते थे कि विचारधारा मानवीय कमज़ोरी का परिणाम है। जब हमारे पूर्वजों के पास इस दुनिया के भूतकाल, वर्तमान और भविष्य के, इसके क्यों और कहां के, रहस्यों को हल करने का पर्याप्त समय था, उनके पास सीधे प्रमाणों की कमी होते हुए भी, सबने इस समस्या को अपने तरीके से हल करने की पूरी कोशिश की थी। इसलिए हम विभिन्न धर्मों के मूलभूत स्वीकृत मतों में बहुत बड़े मतभेद पाते हैं, जो कि किसी समय बहुत विरोधी और विपक्षी आकार ले लेते हैं। केवल प्राचीन और पश्चिमी विचारधाराओं में ही मतभेद नहीं हैं, बल्कि हर गोलार्ध के विचारों में भी अंतर है। प्राचीन धर्मों में, मुस्लिम विश्वास, हिन्दू विश्वासों के अनुरूप नहीं है। अकेले हिन्दुस्तान में ही कई बार बौद्ध और जैन पंथ, ब्राह्मणत्व से बिल्कुल अलग हैं, जिसमें दुबारा से परस्पर विरोधी आर्य समाज और सनातन धर्म हैं। अब भी चरवक पुराने समय का एक और स्वतंत्र वैचारिक व्यक्ति है। पुराने समय में उसने ईश्वर की सत्ता को चुनौती दी थी। ये सभी स्वीकृत मत मूलभूत सवालों पर एक दूसरे से भिन्न हैं और हर व्यक्ति अपने आपको सही समझता है। यह ही बदकिस्मती है। पुराने समय के सावन्तों और विद्वानों के प्रयोगों और भावों को अपने भविष्य के संघर्ष के लिए आधार मानने और इस

रहस्यमयी समस्या का हल खोजने की कोशिश के बजाय, हम जड़ बुद्धि हैं, जैसा कि सिद्ध हुए हैं, शोर-शराबा और विश्वास की चीख-पुकार मचाते हैं, उनके रूपान्तरण में प्रगति को रोकने में दोषी हैं।

कोई भी आदमी जो प्रगति के लिए खड़ा होता है, उसे पुराने विश्वासों के हर अंश की आलोचना, अविश्वास और चुनौती को लेना चाहिए प्रचलित विश्वास के हर कोने से उसे हर चीज़ का कारण देना चाहिए। अगर हर तरह से विचार करने के बाद एक आदमी उस सिद्धांत या विचारधारा में विश्वास करने के लिए आगे आता है तो उसके विश्वास का स्वागत है। उसकी तर्क शक्ति को गलत, और कई बार भ्रम पैदा करने वाला भी समझा जा सकता है। मगर वह ठीक करने योग्य है क्योंकि यही तर्क (कारण) उसके जीवन का मार्गदर्शक तारा है। मगर सिर्फ विश्वास और अन्धविश्वास खतरनाक है। यह दिमाग को ठस्स कर देता है और आदमी प्रतिकारी बना देता है। एक आदमी जो अपने आपको वास्तविक होने का दावा करता है, उसे पुराने सभी विश्वासों को चुनौती देनी चाहिए। यदि वह कारणों के घातक आक्रमण के साथ खड़ा नहीं हुआ तो टुकड़े-टुकड़े होकर गिर जाएगा। तब उसके लिए पहली चीज़ यह होती है कि वह सब कुछ नीचे गिरा दे और नई विचारधारा की प्रतिक्रियाओं के लिए एक जगह बनाए। यह एक ऋणात्मक पक्ष है। इसके बाद धनात्मक (रचनात्मक) कार्य शुरू होते हैं कई बार इनमें पुनर्निर्माण के लिए पुराने विश्वासों की कुछ सामग्री भी प्रयोग में लाई जा सकती है। जहां तक मेरा संबंध है, मुझे एक दम शुरू में ही यह मान लेने दीजिए कि मैं इस बिन्दु पर अधिक अध्ययन करने में सक्षम नहीं था। प्राचीन विचारधाराओं को पढ़ने की मेरी बहुत बड़ी इच्छा थी मगर मुझे ऐसा करने का कोई अवसर नहीं मिला। मगर जहां तक ऋणात्मक अध्ययन चर्चा में है, मैं सोचता हूँ कि पुराने मतों पर सवाल करने की हद तक मैं निश्चित हूँ। मैं उस सचेत सर्वश्रेष्ठ रचना के न होने से सहमत रहा हूँ जो कि इस प्रकृति की गतिविधियों का मार्गदर्शन और निर्देशन कर रही है। हम प्रकृति में विश्वास करते हैं और पूरी प्रगतिशील गतिविधियाँ प्रकृति पर मनुष्य के प्रभुत्व को लक्ष्य मानती हैं। इसके पीछे निर्देशन के लिए कोई सचेत शक्ति नहीं है। यह हमारी विचारधारा है।

इस ऋणात्मक पक्ष से परे, 'विश्वास' रखने वालों से हम कुछ प्रश्न पूछते हैं।

1. अगर आप मानते हैं कि एक सर्वशक्तिमान, सर्वव्यापक, त्रिकालदर्शी भगवान है, जिसने कि यह पृथ्वी या दुनिया बनायी है, कृपया मुझे यह बताएं कि उसने यह क्यों बनाई? संतापों और दुःखों की दुनिया, यथार्थ कभी खत्म न होने वाली अनगिनत मुसीबतों की दुनिया; जहां एक भी आत्मा पूर्ण रूप से संतुष्ट हो।

प्रार्थना, यह मत कहना कि यह उसका नियम है। यदि वह किसी नियम से बंधा हुआ है तो वह सर्वशक्तिमान नहीं है। वह भी हमारी तरह ही एक गुलाम है। कृपया यह न कहें कि यह उसका आनंद है। नैरो ने रोम को जला डाला था। उसने एक सीमित संख्या में लोगों की हत्या की थी। उसने कुछ ही दुर्घटनाएं की थीं, सब कुछ अपने पूर्ण आनन्द के लिए और इतिहास में उसका क्या स्थान है? इतिहासकार उसे किस नाम से पुकारते हैं? सभी तरह की विषैली उपाधियाँ उस पर बरसाई गई थीं। नैरो की क्रूर, ह्रदय विहीन और दुरात्मा के रूप में निन्दा से बहुत से पृष्ठ काले किए गए। चंगेज़ खान ने एक खुशी की चाहत में हज़ार ज़िन्दगियों का बलिदान कर दिया, हम उसके नाम से ही नफ़रत करते हैं। तब आप अपने सर्वशक्तिमान, सदा रहने वाले नैरो, जो कि हर रोज, हर घंटे और हर मिनट असंख्य दुर्घटनाओं को करता रहा है और कर रहा है,

उसे कैसे न्यायोचित ठहरा सकते हैं? आप उसके इन गलत कामों को जो कि हर घड़ी चंगेज़ ख़ान की हरकतों को भी पार कर जाते हैं कैसे समर्थन दे सकते हैं। मैं कहता हूँ उसने यह दुनिया - यथार्थ नर्क, स्थिर दुःख और बेचैनी की जगह क्यों बनाई? उस सर्वशक्तिमान ने आदमी को क्यों बनाया जबकि उसके पास यह न करने की शक्ति है? इस सबका न्यायोचित रूप क्या है? क्या आप इस मासूम भोगने वाले को सम्मानित करने को कहते हैं और इसके बाद आपके शरीर पर ज़ख़्म देने वाले और उस पर मल्लहम रखने वाले को सज़ा देने को कहते हैं? 'ग्लैडियेटर' संस्था के समर्थक और संगठक आधे भूखे शेरों के सामने आदमियों को फेंकने में कहां तक सही थे और अगर वे जिए और इस जंगली जानवर द्वार मौत से बच निकलने में सक्षम हो सके तो कहां तक उन्हें अच्छी तरह देखा गया? इसलिए मैं पूछता हूँ: सचेत सर्वश्रेष्ठ शक्ति दुनिया और उसमें आदमी की रचना क्यों करती है? खुशी चाहने के लिए? तब उसमें और नैरों में अन्तर कहां है? आप मुस्लिम और ईसाईः हिन्दू विचारधारा अब भी एक और तर्क दे सकती है। मैं आपसे पूछता हूँ, ऊपर किए गए सवालों के लिए आपका जवाब क्या है? आप पिछले जन्म में विश्वास नहीं करते हैं। हिन्दूओं की तरह, आप दिखने वाले मासूम मुक्तभोगियों के पिछले जन्म के ग़लत कामों का तर्क नहीं देंगे। मैं आप से पूछता हूँ, आपका सर्वशक्तिमान शब्दों से दुनिया बनाने के लिए छः दिन मेहनत क्यों करता है और हर दिन यह कहने के लिए मेहनत क्यों करता है कि सब अच्छा था? उसे आज बुलाइए। उसे पिछला इतिहास दिखाइए। उसे वर्तमान परिस्थितियों का अध्ययन करवाइए। आइए देखते हैं कि क्या वह, यह कहने की हिम्मत कर सकता है: "सब ठीक है।"

जेलों की कालकोठरियों से, झुग्गी और झोपड़ियों में लाखों भूखे आदमियों के भण्डार से, शोषित मज़दूरों से, शांत रूप में या यह कहें कि उदासीनतापूर्वक पूंजीवादी पिशाचों द्वारा खून चूसने की प्रक्रिया देख रहा है और मनुष्य की उस ऊर्जा की बर्बादी को देख रहा है जो कि आदमी को डर के साथ कांपते हुए कम से कम सामान्य चेतना वाला प्राणी बना देगी, और अतिरिक्त उपज को ज़रूरतमंद उत्पादकों में बांटने की बजाय समुद्र में फेंकने को प्राथमिकता देने से लेकर आदमी की हड्डियों की नींव पर खड़े राजाओं के महलों तक ..... 'उसे' सब कुछ देखने दीजिए और कहने दीजिए: "सब ठीक है।" क्यों और किस लिए? यह मेरा सवाल है। आप चुप हैं। सभी सही आदमी, मैं आगे बढ़ता हूँ।

हाँ तो, आप हिन्दू, आप सब यह कहते हैं सभी तरह की यातनाओं को भोगना पापियों के पिछले जन्म से संबंधित होता है। आप कहते हैं वर्तमान में दबदबा रखने वाले लोग पिछले जन्म में साधू थे, इसलिए वे ताकत का आनन्द ले रहे हैं। मुझे यह मानने दीजिए कि आपके पूर्वज बहुत चतुर लोग थे, उन्होंने सभी तरह के कारणों और अविश्वासों को दबाने के सिद्धांत खोजने की कोशिश की। मगर, आइए हम इस बात का विश्लेषण करें कि कहां तक यह तर्क सही हो सकता है।

सबसे मशहूर 'ज्यूरी सदस्य' की दृष्टि से, सज़ा केवल तीन या चार तरीकों से ही न्यायोचित ठहाराई जा सकती है। वे प्रतिकार संबंधी, सुधार संबंधी या हतोत्साहित करने वाली हो सकती हैं। प्रतिकारी विचारों की अब सभी आधुनिक चिन्तकों द्वारा निन्दा की जा रही है। हतोत्साहित करने वाले सिद्धांतो का भी यह भाग्य है। केवल सुधार संबंधी सिद्धांत ही बचे हैं जो कि मानव प्रगति के लिए आवश्यक हैं और किए जाने चाहिए। इसका लक्ष्य अपराधी को अत्यधिक

योग्य तरीके से और शांति-प्रिय नागरिक के रूप में समाज में वापिस लाने का होता है। मगर आदमी पर भगवान द्वारा थोपी गई सज़ा की प्रवृति क्या है, अगर हम उन्हें अपराधी सोचते हैं तो भी? आप कहेंगे 'वह' उन्हें गाय, बिल्ली, पेड़ जड़ी-बूटी या जानवरों के रूप जन्म लेने के लिए भेज देता है। आप इन सजाओं को 84 लाख गिनते हैं। मैं आप को ऐसे कितने आदमी मिले हैं, जिन्होंने कहा हो कि पिछले जन्म में कोई भी पाप करने के कारण वे गधे के रूप में पैदा हुए थे? कोई नहीं। अपने पुराणों का हवाला न दें। मेरे पास आपकी मान्यताओं के लिए कोई अवसर नहीं है। इससे कहीं अधिक यह कि क्या आप जानते हैं इस दुनिया में सबसे बड़ा पाप गरीब होना है? गरीबी एक पाप है, यह एक सज़ा है। मैं आपसे पूछता हूँ आप एक अपराध विशेषज्ञ, एक ज्यूरी सदस्य या एक व्यवस्थापक की जो कि उन सज़ाओं की परिपाटी मापते हैं जो कि आदमी को और अपराध करने पर मजबूर करती है कहां तक तारीफ करेंगे? क्या आपके भगवान ने इसके बारे में नहीं सोचा या उसको भी इसके बारे में अनुभवों से ही सीखना पड़ेगा, मगर मानवता द्वारा अनकही यातनाओं को भोगने की कीमत पर? आप क्या सोचते हैं कि एक गरीब परिवार जैसे कि चमार या एक जमादार के परिवार में पैदा हुए आदमी की किस्मत क्या होनी चाहिए। वह गरीब है इसलिए वह पढ़ नहीं सकता है। वह अपने साथ के आदमियों द्वारा त्याग दिया जाता है या उससे नफरत की जाती है क्योंकि वे सोचते हैं कि ऊँची जाति में पैदा होने के कारण उससे श्रेष्ठ हैं। उसको नज़रअन्दाज़ करना, उसकी गरीबी और उसके साथ किए जाने वाला व्यवहार समाज के प्रति उसके हृदय को कठोर कर सकता है। मानिए कि वह एक पाप कर देता है, परिणाम कौन भुगतेगा? भगवान, वह या फिर समाज के पढ़े-लिखे लोग? उन लोगों की सज़ा के बारे में क्या जो कि जानबूझकर ज़िद्दी और घमण्डी ब्राह्मणों द्वारा नज़रअंदाज किए गए और जिन्हें आपकी पवित्र किताबों - वेदों की शिक्षा अपने कानों में पड़ जाने से जुर्माना भुगतने की धारा के आधीन रहना पड़ा? यदि उन्होंने कोई अपराध कर दिया तो उसका ज़िम्मेदार कौन था और इसकी चोट किसे भुगतनी थी? मेरे प्रिय मित्रों, ये सिद्धांत कुछ विशेष अधिकार वाले लोगों के खोजे हुए हैं; वह इन सिद्धांतों की मदद से अपनी अन्याय संगत ताकतों, पैसे और श्रेष्ठ को न्यायोजित ठहराते हैं। हाँ, यह शायद पाप बनाने वाले की तरह था जिसमें लिखा गया कि आदमी को अमरता में विश्वास करने वाला बना दो और तब उसके सारे पैसे और अधिकारों पर डाका डाल लो। यह ऐसा करने में खुशी से आपकी मदद करेगा। धर्म की स्तुति करने वालों और उसका अधिकार रखने वालों की ताकत का एकीकरण जेल, फांसी के फंदे, तख्ते और ये सिद्धांत लाता है।

संदर्भ - III

बम्ब की विचारधारा

हाल की घटनाओं ने, खास तौर पर कांग्रेस के विशेष 'वाईस रीगल' को उड़ा देने के 23 दिसम्बर 1929 के प्रस्ताव ने और इसके बाद 'यंग इण्डिया' में गांधी के लेखों ने यह साफ तौर पर दिखा दिया है कि इण्डियन नेशनल कांग्रेस क्रांतिकारियों के खिलाफ लड़ाई छेड़ने में गांधी के साथ जुड़ी हुई है। उनके खिलाफ एक बहुत बड़ी सार्वजनिक आलोचना, प्रैस और मंच दोनों से जारी की गई है। यह दुःख की बात है कि वे सब एक साथ हैं या तो जानबूझकर हों या फिर केवल अज्ञानता, गलत प्रस्तुतिकरण और गलत समझने के कारण हों। क्रांतिकारियों ने आलोचना को और अपने आदर्शों या कामों की सार्वजनिक छानबीन को त्यागा नहीं है। बल्कि वे इस तरह के मौकों का उन लोगों को समझाने के लिए स्वागत करते हैं जिनके पास ऐसा करने की सही इच्छा है, क्रांतिकारी आन्दोलन के आधारभूत नियम और इसके ऊँचे और सच्चे आदर्श हैं जो कि इसकी ताकत और प्रेरणाओं का चिरस्थायी स्रोत हैं। ऐसी उम्मीद की जाती है कि यह लेख सामान्य जनता को यह जानने में मदद करेगा कि क्रांतिकारी कैसे हैं और उनको इस बात से बचाएगा कि मतलबी और अज्ञानी लोग उनका क्या विश्वास रखना चाहते हैं।

हिंसा या अहिंसा

आइए हम, सबसे पहले हिंसा और अहिंसा का सवाल लें। हम यह सोचते हैं कि इन शब्दों का इस्तेमाल करना किसी भी पार्टी के लिए बहुत बुरी तरह से अन्याय करना होगा, वे किसी के भी आदर्शों को सही ढंग से नहीं दर्शाते। हिंसा अन्याय करने के लिए लगाई गई जिस्मानी ताकत है और यह निश्चित है कि क्रांतिकारी इसके लिए खड़े नहीं होते। दूसरी ओर जो कुछ अहिंसा के बारे में कहा जाता असल में वह व्यक्तिगत और राष्ट्रीय अधिकारों को अदालत, भुगतान और इस उम्मीद के सहारे कि एक दिन विरोधी को हमारी दृष्टि में बदल देगा, इस तरह से पाने के सिद्धान्त का नाम है। जब एक क्रांतिकारी कुछ निश्चित चीज़ों को अपना अधिकार समझता है तो वह उनकी गुहार करता है, उनके लिए प्रार्थना करता है, उनके लिए बहस करता है अपने पूरे आत्मीय-बल के साथ उन्हें पाने की इच्छा करता है, उनके पाने के लिए कुछ भी भुगतने को तैयार रहता है और अपनी इन कोशिशों को सहारा देने के लिए जितने शारीरिक बल में वह सक्षम है, वह बल भी लगाता है। आप उसके इस तरीके को जो चाहे वह नाम दे सकते हैं मगर आप इसको हिंसा नहीं कर सकते क्योंकि यह उस शब्द के शाब्दिक अर्थ का अत्याचार होगा। सत्याग्रह, सच पर हठ है। सच को अकेले आत्मीय बल द्वारा अपनाने के लिए प्रैस क्यों? क्यों न इसमें शारीरिक बल भी जोड़ दिया जाए? जबकि क्रांतिकारी आज़ादी की हर तरह की ताकत से जीतने के लिए खड़े हैं, शारीरिक के साथ-साथ नैतिक बल भी, आत्मीय बल के वकालती शारीरिक बल पर रोक लगाना पसन्द करेंगे। इसलिए असल में सवाल यह नहीं है कि आप के पास हिंसा होगी, बल्कि सवाल यह है कि आप आत्मीय बल के साथ शारीरिक बल चाहेंगे या अकेले आत्मीय बल।

हमारा आदर्श

क्रांतिकारियों का विश्वास है कि उनके देश की मुक्ति क्रांति से ही होगी। क्रांति के लिए वे निरन्तर काम कर रहे हैं और उम्मीद करते हैं कि यह अपने आपके बीच और विदेशी सरकार और इसके समर्थकों और लोगों के बीच हथियार बन्द विरोध से ही प्रकट नहीं करेगी, यह एक नहीं सामाजिक व्यवस्था से भी मुलाकात करवाएगी। क्रांति, पूंजीवाद और विशिष्ट अधिकार वाले लोगों की मौत की घंटी बजा देगी। यह भूख से पीड़ित लाखों लोगों के लिए खुशी और सम्पन्नता लाएगी जो कि आज विदेशी और देशी दोनों के शोषण के जुए तले दबे हुए हैं। यह राष्ट्र को, इसके अपने अन्दर लाएगी। यह एक नए राज्य - एक नई सामाजिक व्यवस्था को जन्म देगी। सबसे ऊपर, यह अत्यधिक गरीब श्रमिक वर्ग का शासन स्थापित करेगी और राजनीतिक ताकत से सामाजिक परजीवी हमेशा के लिए गायब हो जाएंगे।

आतंकवाद

क्रांतिकारियों ने बेचैन युवाओं में क्रांति का अवतार पहले ही देख लिया है, इसकी इच्छा है कि जिन धार्मिक अंधविश्वासों और मानसिक बंधनों ने उन्हें बांधा हुआ है उसे तोड़कर आज़ाद हों। जैसे-जैसे युवा क्रांति की मानसिकता से अधिक और अधिक भरेगा, यह राष्ट्रीय बंधनों की ओर साफ मान्यताएं दिखाएगा और आज़ादी की एक बढ़ती हुई, तेज और न बुझने वाली प्यास जगाएगा। यह बंधनों के इस अहसास को बढ़ाएगा, यह सन्तुष्ट न करने वाली आज़ादी की इच्छा को बढ़ाएगा, उनके सही गुस्से की हद तक, गुस्सैल युवा दमनकारियों की हत्या करना शुरू कर देंगे। इस प्रकार देश में आतंकवाद का जन्म हुआ। यह एक दौर है, क्रांति का एक जरूरी, अत्यन्त अनिवार्य दौर। आतंकवाद पूर्ण क्रांति नहीं है क्रांति, आतंकवाद के बिना पूरी नहीं है। यह पोथी इतिहास के किसी भी और हर क्रांति के विश्लेषण से समर्थित की जा सकती है। आतंकवाद दमनकारियों के दिल में डर बैठा देता है, यह उठने वालों को साहस और आत्म-विश्वास देता है, यह राज करने वालों की श्रेष्ठता के टुकड़े-टुकड़े कर देता है और दुनिया की निगाहों में विषयी जमात की प्रतिष्ठा ऊँची कर देता है क्योंकि एक राष्ट्र की आज़ादी की भूख का सबूत देने के लिए यह सबसे अधिक विश्वास दिलाने वाला तरीका है। यहां हिन्दुस्तान में, जैसा कि पहले दूसरे देशों में भी हुआ है, आतंकवाद क्रांति में विकसित हो जाएगा और क्रांति आज़ादी, सामाजिक, राजनीतिक और आर्थिक आज़ादी में विकसित हो जाएगी।

क्रांतिकारी तरीके

वह क्या है जिसमें क्रांतिकारी विश्वास करते हैं, वह क्या है जो वे अपने देश के लिए सिद्ध करना चाहते हैं। वे इसे खुले आम और गुप्त दोनों तरह से और अपने ही तरीके से कर रहे हैं। विश्व भर में राज करने वालों और जनता के बीच का एक सदी से चला आ रहा संघर्ष उनके लक्ष्य में उनका मार्गदर्शक है और जो तरीके वे इस्तेमाल कर रहे हैं, उन्हें भी नाकामयाब होने के लिए नहीं जाना गया है।

कांग्रेस और क्रांतिकारी

इस दौरान कांग्रेस क्या कर रही है? इसने अपने धर्म को स्वराज से बदलकर पूरी आज़ादी

कर दिया है। एक तर्क संगत श्रृंखला के अनुसार, कोई भी अंग्रेज सरकार के खिलाफ़ युद्ध के एलान को स्वीकार देगा। इसके बजाय हमने यह पाया, कि इसने (कांग्रेस) क्रांतिकारियों के खिलाफ युद्ध का एलान कर दिया है। कांग्रेस का पहला अपराध उस वक्त सामने आया जब उसने 23 दिसम्बर 1929 को 'वायसरायज़ स्पेशल' उड़ा देने, पर शोक प्रस्ताव रखा। यह गांधी द्वारा बनाया गया था और एड़ी से चोटी तक का जोर लगा दिया, इसका परिणाम यह हुआ कि 1713 के सदन में यह 81 की तुच्छ बहुमत से पास हो गया। क्या यह प्रकट बहुमत भी ईमानदार राजनीतिक दोष सिद्धि नहीं था? हमें सरला देवी चौधरानी कांग्रेस की जो कि अपनी सारी ज़िन्दगी कांग्रेस को समर्पित रही थीं। उन्होंने कहा, "महात्मा का अनुसरण करने वाले बहुतों में से एक अच्छे आदमी के साथ अपनी बातचीत में मैंने पाया कि उनके (महात्मा) प्रति उनकी स्वामी भक्ति एक व्यक्तिगत चेतना थी जो कि उनको स्वतंत्र विचार रखने से पीछे रखती थी और किसी भी प्रस्ताव के खिलाफ वोट देने से उन्हें पीछे खींच रही थी, जो कुछ भी हो वह महात्मा 'जी' द्वारा तैयार किया गया था। जहां तक गांधी की अपनी स्थिति के बारे उनके अपने तर्क की बात है, हम इसके बारे में बाद में बातचीत करेंगे, जब हम उनके लेख 'दि कल्ट ऑफ दि बम्ब' के बारे में बात करेंगे जो कि कम-ज़्यादा, कांग्रेस में उनकी आवाज़ को बढ़ाता है। इस दुःखद प्रस्ताव के बारे में एक और तथ्य भी है जिसे देखने से हमें जी नहीं चुराना चाहिए और वह यह है। इस सच्चाई के बावजूद कि कांग्रेस अहिंसा की वकालत करती है और स्थिति पिछले दस साल से अपने हक में लाने के लिए प्रचार चला रही है और इस सच्चाई के बावजूद भी कि प्रस्ताव के समर्थक क्रांतिकारियों को 'डरपोक' और उनके कामों को 'डर से किए गए' जैसी गालियां देते हैं - और उनमें से एक ने तो धमकी देते हुए यह कहा कि अगर वे गांधी की अगुवाई में चलना चाहते हैं तो उन्हें बिना किसी विरोध के प्रस्ताव पास करना ही चाहिए - इस सबके बावजूद प्रस्ताव को भयंकर रूप से बहुत छोटे बहुमत से अपनाया गया। यह दर्शाता है कि, शक की परछाई से परे, देश कितनी मजबूती से क्रांतिकारियों के पीछे खड़ा है। एक तरीके से गांधी हमारे धन्यवाद के पात्र हैं, यह प्रश्न चर्चा के लिए उबारने के लिए और इस तरह दुनिया को यह दिखाया कि इतनी बड़ी कांग्रेस - जो कि अहिंसा को इतनी मजबूती से पकड़े है - अगर ज़्यादा नहीं तो थोड़ी तो क्रांतिकारियों से भी जुड़ी है।

गांधी युद्ध के पथ पर

एक जीत हासिल कर लेने के बाद जिसकी कीमत उनके लिए एक हार से कहीं ज़्यादा है, गांधी अपने लेख 'दि कल्ट ऑफ दि बम्ब' में हमला करने के लिए वापिस आ गए हैं। आगे बढ़ने से पहले हम इस पर अपना सबसे अधिक ध्यान देंगे। लेख में तीन चीज़े हैं - उनका विश्वास, उनके विचार और उनके तर्क। हम उनके साथ विश्वास क्या है, इस पर चर्चा नहीं करेंगे क्योंकि विश्वास में समानता का कारक कुछ-कुछ एक सा है। तो हम उनके उन विचारों को लेते है जो उस तर्क के द्वारा रक्षित हैं जिनसे वे हिंसा के खिलाफ बोलते हैं और एक-एक करके उनकी चर्चा करते हैं।

क्या एक बड़ा समुदाय अहिंसा में विश्वास करता है

वह (गांधी) सोचते हैं कि हाल ही में किए गए देश भर के दौरे के अनुभवों के आधार पर कि हिन्दुस्तानी इन्सानियत का एक बड़ा हिस्सा आज भी हिंसा की चेतना से अछूता है और

अहिंसा एक राजनीतिक हथियार के रूप में रहेगी। उनको अपने इस दौर के अनुभवों से अपने आपको अलग नहीं करना चाहिए। जबकि यह सच है कि औसत नेताओं ने उनके इस दौरे को उन्हीं स्थानों तक सीमित रखा जहां तक कि मेल ट्रेन उन्हें आराम से ले जा सकती थी, जबकि गांधी ने अपना यह दौरा वहां तक बढ़ा दिया जहां तक एक मोटर कार उन्हें ले जा सकती थी, जिन जगहों पर वे गए वहां सिर्फ रईस लोगों के पास रुकना, व्यक्तिगत या सार्वजनिक रूप से समर्पित लोगों के साथ अधिकाधिक समय बिताना और जब-तब अनपढ़ लोगों को दर्शन देना, जिन्हें पूरी तरह समझने का वे दावा करते हैं, उन्हें इस योग्य नहीं रखता कि वे यह दावा कर सकें कि वे जनता की सोच को समझते हैं। कोई भी आदमी सार्वजनिक मंच से उन लोगों को दर्शन देकर या उपदेश देकर, उन्हें समझने का दावा नहीं कर सकता है। ज़्यादा से ज़्यादा वह इस बात का दावा कर सकता है कि उसने लोगों से कहा कि वह चीज़ों के बारे में क्या सोचता है। क्या हाल के दिनों में गांधी सामाजिक जीवन में लोगों के साथ घुले-मिले हैं? क्या वे शाम को अलाव के चारों तरफ बैठे किसानों के साथ बैठे हैं और जानने की कोशिश की कि वे क्या सोचते हैं? क्या उन्होंने फैक्टरी में काम करने वाले श्रमिकों के साथ एक भी शाम बिताई है और उनके साथ अपनी प्रतिज्ञाओं को बांटा है? हमने किया है और इसलिए हम दावा करते हैं कि जनता क्या सोचती है। हम गांधी को विश्वास दिलाते हैं कि औसत हिन्दुस्तानी, औसत मनुष्य की तरह, अहिंसा को आत्मविषय आवश्यकताओं और दुश्मन से प्रेम करने को बहुत कम समझते हैं। दुनिया का रास्ता इस तरह से है। आपका एक मित्र : आप उसे प्यार करते हैं, कई बार इतना कि आप उसके लिए मर भी सकते हैं। आपका एक शत्रु है : आप उसे त्याग देते हैं, आप उसके खिलाफ लड़ते हैं और अगर संभव हो उसे मार देते हैं। क्रांतिकारियों की बातें बहुत सादी और सीधी हैं। यह कुछ वैसा ही है जो कि आदम और हवुआ के दिनों से चला आ रहा है, और किसी भी आदमी को यह समझने में कोई दिक्कत नहीं है। हमें पक्का भरोसा है कि हिन्दुस्तान की जनता बहुत पक्के तरीके से हमारे साथ है क्योंकि हम उसे व्यक्तिगत अनुभवों से जानते हैं। वह दिन दूर नहीं है कि वे हज़ारों के समूह में क्रांति के लिए काम करने के लिए सामने आएंगे।

प्रेम का उपदेश

गांधी ने घोषणा की है कि अहिंसा में उनके सामर्थ का विश्वास बढ़ा है। यह कहने के लिए है, वे अधिक से अधिक, यह विश्वास करते हैं, कि उनके प्रेम के उपदेश और खुद ही भोगने के उपदेश से, एक दिन वे विदेश राज को अपनी तरह की सोच में बदल लेंगे। अब, उन्होंने अपनी पूरी ज़िन्दगी उनके सुन्दर प्रेम उपदेश की शिक्षा दिने में समर्पित कर दी है और इसका बिना लड़खड़ाए अभ्यास किया है जैसा कि कुछ औरों ने भी किया है। क्या वे दुनिया को यह बताएंगे कि वे हिन्दुस्तान के कितने दुश्मनों को इसके दोस्त में बदल सके हैं? कितने ओ' डायर, रीडिंग और इर्विन को हिन्दुस्तान के दोस्त में बदल सके हैं? अगर कोई नहीं, तो फिर कैसे हिन्दुस्तान उनके 'बढ़ते हुए' विश्वास को बांटने की उम्मीद कर सकता है कि वे (गांधी) अपनी अहिंसा के अभ्यास से इंग्लैण्ड को मनाने या उस पर हिन्दुस्तान की आज़ादी के लिए दबाव डालने में कामयाब होंगे।

क्या हुआ होता

अगर बम्ब जो कि 'वायसराय स्पेशल' के नीचे फटा था, ठीक से फटा होता तो जैसा

कि गांधी ने सुझाया, उन दो में से एक बात निश्चित रूप से हुई होती। या तो वायसराय बुरी तरह से घायल हो जाता या मारा जाता। इस तरह की परिस्थितियों में निश्चित रूप से वायसराय और राजनीतिक पार्टियों के नेताओं के बीच कोई बैठक नहीं होती। इन व्यक्तिगत लोगों की तरफ से एक बिन बुलाई और गौरव रहित कोशिश, राष्ट्र की प्रतिष्ठा को नीचा करने के लिए, जैसे कि ये सरकार का दरवाजा अपने हाथ में भिखारी का कटोरा लिए और जुबान पर 'डोमिनियन स्टेट्स' की बात लिए खटखटाते हैं, 'कलकत्ता अल्टीमेटम' के बावजूद शह मिलेगी और देश इससे दूर रहेगा। अगर किस्मत से यह धमाका इतना जोरदार होता कि वायसराय मारा जाता तो हिन्दुस्तान के एक और दुश्मन का उसकी किस्मत के मुताबिक सामना हो जाता। मेरठ 'प्रॉसीक्यूशन' और लाहौर 'प्रॉसीक्यूशन' और भुसावल 'प्रॉसीक्यूशन' को लिखने वाले हिन्दुस्तान के दोस्त बन सकते थे। गांधी और नेहरू के राजनीतिक चतुराई और राजनीतिक दावों के बावजूद, इर्विन देश की राजनीतिक पार्टियों में एकता के छिथड़े उड़ाने में सफल रहा, यह साईमन कमीशन के बहिष्कार से साफ है। यहां तक कि आज कांग्रेस भी अपने-आप में एक बंटा हुआ घर है। वायसराय और उसकी चिकनी जुबान को और कौन अपनाएगा, क्या हमें अपनी दबी हुई बदकिस्मती के लिए धन्यवाद करना चाहिए? और अब भी, हमारे देश में ऐसे लोग है जो उसे (इर्विन को) हिन्दुस्तान का दोस्त कहते हैं।

कांग्रेस का भविष्य

ऐसे लोग भी हो सकते हैं जिनके मन में कांग्रेस के प्रति कोई आदर नही है और इससे कोई उम्मीद नहीं है। अगर गांधी ऐसा सोचते हैं कि क्रांतिकारी इस श्रेणी से हैं, तो वह उन्हें बहुत दर्दनाक तरीके से गलत समझते हैं। वे (क्रांतिकारी) पूरी तरह से यह मानते हैं कि कांग्रेस ने आज़ादी की चाहत से सोए हुए लोगों को जगाने में बहुत बड़ी भूमिका निभाई है। वे (क्रांतिकारी) भविष्य में इसमें से बहुत महान चीज़ की आशा करते हैं। हलांकि वे अपने विचारों के साथ बहुत मजबूती से जुड़े हैं कि जब तक सेन गुप्ता जैसे लोग हैं जिनकी शानदार बुद्धिमानी 'वायसराय स्पेशन' के पिछले काण्ड में उन पर सी. आई. डी. की मदद लेने का निर्णय लेने के दबाव डालती है और जब तक अन्सारी जैसे लोग हैं जो गाली को तर्क का बेहतर हिस्सा मानते हैं और राजनीति के बारे में इतना कम जानते हैं कि इसे हास्यापद बना दिया और यह भ्रमजनक घोषणा कि आज तक बम्ब से किसी राष्ट्र ने आज़ादी नहीं पाई, इसमें कांग्रेसी मामलों की दृढ़ निश्चित आवाज़ है, जब तक ऐसा है देश इससे बहुत थोड़ी उम्मीद कर सकता है; वे (देशवासी) आशान्वित हो कर आगे उस दिन की तरफ देख रहे हैं जब कांग्रेस में से अहिंसा की धूम गुजर जाएगी और यह क्रांतिकारियों के साथ एक ही लक्ष्य पूर्ण आज़ादी के लिए हाथ में हाथ मिलाए चलेगी। इस साल, उसने (कांग्रेस) उस आदर्श को स्वीकार लिया है, क्रांतिकारी जिसकी शिक्षा देते हैं और सदी के एक पखवाड़े से भी अधिक समय से जीवित है। आइए उम्मीद करें कि अगले साल इनके तरीके भी एक हो जाएंगे।

हिंसा और फौजी खर्च

गांधी इस विचार वाले हैं कि जिस देश में हिंसा का काम किया गया है, इसने फौज़ी खर्च में बढ़ोतरी के परिणाम दिखाए हैं। पिछली 25 साल की क्रांतिकारी गतिविधियों का हवाला जो उनके द्वारा दिया गया है, हम उस वक्तव्य की सटीकता पर विरोध रखते हैं और उन्हें चुनौती

देते हैं कि सही तथ्य और गिनती देकर अपने वक्तव्य को साबित करें। दूसरी तरफ कहते हैं युद्ध का सामना कर रहे हैं जो कि जबसे अंग्रेज हिन्दुस्तान में आए तब ही से हो रहा है, हमार जवाब है कि उनका विनम्र प्रयोग अहिंसा और सत्याग्रह जो कि आज़ादी जैसा होने के लिए बहुत कम है, इसने नौकरशाही के पैसे पर अपना असर डाला है। एक बड़ी क्रिया, चाहे हिंसक हो या अहिंसक, सफल हो या असफल राज्य पर एक सा वित्तीय प्रतिघात डालती ही है।

सुधार

गांधी क्रांतिकारियों को सरकार द्वारा अनुमोदित तरह-तरह के सुधारों के साथ क्यों मिलाएं? उन्होंने (क्रांतिकारियों ने) कभी भी मोरले-मिन्टो सुधार, मोन्टेग्यू सुधार और कई दूसरे सुधारों की तरफ न तो ध्यान दिया और न ही उनके लिए कभी काम किया। अंग्रेज सरकार ने यह सब कुछ कानूनी विरोध करने वालों के सामने उनको सही रास्ते से हटाने के लिए फेंका था। यह उनको एक रिश्वत थी, क्रांतिकारियों को कुचले और जड़ से उखाड़ने के लिए सरकार को समर्थन देने के लिए। जैसा कि गांधी कहते थे - ये खिलौने - भारत में उन लोगों के फायदे के लिए भेजे गए थे जो समय-समय पर 'होम रूल', 'सैल्फ गवर्नमेंट', 'रिस्पोन्सिबल', 'फुल रिस्पोन्सिबल गवर्नमेंट', 'डोमिनियन स्टेट्स' और गुलामी के कई कानूनी नामों की आवाज़ उठाते रहते थे। क्रांतिकारियों ने सुधारों को उनकी उपलब्धि का दावा कभी नहीं किया। उन्होंने आज़ादी के स्तर को बहुत पहले ऊपर उठाया था। वे इसके लिए जिए। उन्होंने खुशी से अपने आदर्शों के लिए अपने जीवन न्यौछावर कर दिये। वे दावा करते हैं कि उनके बलिदानों ने लोगों की दिमागी सोच में भयंकर तब्दीली पैदा की है। उनके प्रयास देश को आज़ादी की लम्बी डगर पर बहुत आगे तक ले गए हैं; यहां तक कि यह उन लोगों द्वारा भी अनुमोदित है जो राजनीति में उनसे आंख मिलाकर नहीं देखते।

प्रगति का रास्ता

गांधी के संतोष के अनुसार कि हिंसा प्रगति की चाल को रोकती है और सीधे तौर पर आज़ादी के दिन को आगे की तरफ धकेलती है, हम उनको (गांधी को) ऐसे बहुत से समकालिक घटनाओं का हवाला दे सकते हैं जहां जिन लोगों ने इसका अभ्यास किया, हिंसा उन्हें सामाजिक प्रगति और राजनीतिक स्वतंत्रता की तरफ ले गई। उदाहरण के लिए रूस और तुर्की को लें। दोनों ही देशों में पार्टी ने सशस्त्र क्रांति के द्वारा प्रगति के लिए राज्य के संगठन पर कब्ज़ा कर लिया। अब भी सामाजिक प्रगति और राजनीतिक आज़ादी पर रोक नहीं लगाई गई है। व्यवस्थापन ने जिसके पीछे ताकत भी है, लोगों को प्रगति की राह पर 'डबल मार्च' करने के लिए तैयार किया है। अफ़गानिस्तान का अकेला उदाहरण एक राजनीतिक सूत्र नहीं बना सकता। बल्कि यह एक अपवाद है जो कि सिद्धांत को साबित करता है।

असहयोग की असफलता

गांधी का विचार है कि असहयोग आन्दोलन के दिनों के दौरान लोगों की महान जागृति असहयोग आन्दोलन की शिक्षाओं का परिणाम था। यह मानना गलत है कि ऐसी जागृति बहुत लम्बी फैल असहयोग आन्दोलन से हुई, असल में हर उस जगह प्रत्यक्ष होता है, जहां एक बड़ा कार्यक्रम अपनाया जाता है। एक बार के लिए, रूस को ले जहां कम्यूनिस्टों ने 'मिलिटैन्ट मास

एक्शन' का अपना महान कार्यक्रम आगे बढ़ाया और वहां किसानों और मज़दूरों में बहुत बड़ी जागृति आई, जबकि किसी ने भी उन्हें अहिंसा की शिक्षा नहीं दी। हलांकि हम इससे भी आगे जाएंगे और यह कहेंगे कि यह (जागृति) असहयोग आन्दोलन की धू और गांधी की समझौता करने की मानसिकता थी जो कि ताकतों में दरार लाया, जो कि 'मास एक्शन' के साथ ही आया। यह दावा किया जाता है कि असहयोग राजनीतिक ग़लतियों को सही करने में इस्तेमाल किया जा सकता है। न्यूनतम में भी कहा जाए, तो यह एक औपन्यासिक विचार है, जो अब तक नहीं अजमाया गया। यह उस चीज़ को नहीं पा सका जो कि दक्षिण अफ्रीका में हिन्दुस्तानियों के लिए ठीक समझी जाती थी। यह एक साल के भीतर हिन्दुस्तानी लोगों में 'स्वराज' लाने में असफल रहा, राष्ट्रीय कार्यकर्ताओं की एक नई फौज की अथक मेहनत के बावजूद और 25 लाख रूपये खर्चने के बावजूद और जल्दी ही यह बरदोली के किसानों के लिए वह सब हासिल करने में असफल रही जो कि नेताओं ने उनसे वादा किया था - गांधी और पटेल की मशहूर न्यूनतम काम न करने वाली स्थिति। अहिंसा के साथ राष्ट्रीय स्तर पर इतनी बड़ी-बड़ी बात हुई हो, हम नहीं जानते। अब तक अहिंसा का एक ही परिणाम हुआ है - असफलता। तब एक छोटी सी हैरानी, कि देश ने उन्हें एक और मौका नहीं दिया। असल में सत्याग्रह गांधी के द्वारा दी गई शिक्षा है, विरोध करने का एक तरीका है - एक विरोध, जो कि बिना किसी हेर-फेर, पहले भी जैसा देखा गया है, एक समझौते की तरफ़ बढ़ रहा है। यह आज़ादी के लिए मेहनत कर रहे राष्ट्र के लिए मुश्किल से ही किसी काम का हो सकता है जो कि (आज़ादी) कभी भी समझौते के परिणाम स्वरूप नहीं आ सकती है। जितनी जल्दी हम यह समझ लें कि आज़ादी और गुलामी में कोई समझौता नहीं हो सकता, उतना बेहतर है।

यह एक नया युग है

गांधी सोचते हैं हम एक नए युग में जा रहे हैं। स्वराज को पूर्ण स्वतंत्रता के रूप में परिभाषित कर देना, कांग्रेस के संविधान में यह तकनीकी परिवर्तन, मुश्किल से एक नया युग बना सकता है। असल में वह एक महान दिन होगा जब कांग्रेस, क्रांतिकारी सिद्धान्तों पर आधारित एक देश व्यापी 'मास एक्शन' कार्यक्रम पर फैसला करेगी। तब तक आज़ादी का झण्डा फहराने की बात एक मज़ाक ही है और हम सरला देवी चौधरानी की इस बात से इत्तेफ़ाक रखते हैं जो उन्होंने एक प्रैस इन्टव्यू में कही थी।

"आज़ादी के झण्डे को फहराना", उन्होंने कहा, "31 दिसम्बर, 1929 की आधी रात के एक मिनट बाद, शब्दों के लिए बहुत नाटकीय था - जैसे कि जी. ओ. सी. और सहायक जी. ओ. सी. और अन्य, भड़कीली बर्दियों में मात्र गत्ते के 'ग्रैण्ड ऑफिसर कमाडिंग' थे।"

"यह सच्चाई कि आज़ादी के झण्डे को फहराया जाना आधी रात तक अधर में लटक रहा था और 11:00 बजकर 59 मिनट पर वायसराय या 'सैक्रेटरी ऑफ स्टेट' का 'डोमिनियन स्टेटस' को मंजूरी देने वाला संदेश आया और झण्ड फहराया गया, साबित करता है कि आज़ादी नेताओं के दिल की भूख नहीं है बल्कि इसका ऐलान चिड़चिड़े बच्चे की दवा ही तरह है। 'इण्डियन नेशनल कांग्रेस' के लिए यह अच्छा होता अगर आज़ादी पहले पाई जाती और बाद में एलान किया जाता।" यह सच है कि कांग्रेस के 'सुवक्ता' इसके बाद, 'डोमिनियन स्टेट्स' की जगह पूर्ण स्वतंत्रता पर ज़ोरदार भाषण देंगे। वे लोगों को ऐसे संघर्ष की तैयारी करने के लिए

पुकारेंगे जिसमें एक पक्ष 'घूंसे' बरसाएगा और दूसरा उन्हें झेलेगा, जब तक कि पिट नहीं जाता और ठीक होने की आशा से परे धर्म भ्रष्ट नहीं हो जाता। क्या ऐसी किसी चीज़ को संघर्ष का नाम दिया जा सकता है और क्या यह कभी भी देश को पूर्ण आज़ादी की ओर ले जा सकती है? एक राष्ट्र के आदर्शों को ऊँचा उठाने के लिए उपवास रखना बहुत अच्छी बात है मगर तो भी सबसे बढ़िया समर्थ को अपनाने के लिए यह ज़रूरी नहीं है और पाने के लिए आजमाया हुआ तरीका आप हैं जो सारी दुनिया के हंसी की चीज़ है।

कृपया कोई कलह न करें

गांधी ने उन सबको पुकारा है जिनके पास क्रांतिकारियों से हटने के लिए कोई पिछला कारण नहीं है और उनके कामों की निन्दा की है कि "उनकी हिंसा चेतना के पोषण के लिए अलग-थलग पड़े हमारे देश भक्त, हिंसा की निरर्थकता को समझें और हिंसक गतिविधियों ने हमेशा जो नुकसान किए हैं उन्हें समझें।" लोगों को अलग-थलक (भटका हुआ) पुकारना कितना आसान और सुविधाजनक है, उनको बीता हुआ कारक कहना कितना आसान है, जनता से अपना समर्थन वापिस लेने की अपील करना कितना आसान है और उनकी निन्दा करना ताकि वे अकेले पड़ जाएं और अपनी गतिविधियों को छोड़ने पर मजबूर हो जाएं, खासतौर पर तब जबकि एक आदमी के पास जनता के असरदार वर्ग का भरोसा हो। यह बहुत दुःख की बात है कि गांधी अपनी सारी-ज़िन्दगी भर सार्वजनिक जीवन के अनुभवों के बावजूद क्रांतिकारी मानसिकता को नहीं समझ पाए और न ही समझ पाएंगे। ज़िन्दगी एक कीमती चीज़ है। यह सबको साफ तौर पर मालूम है। अगर एक आदमी क्रांतिकारी बन जाता है, अगर वह दोनों खाली हाथों में अपनी ज़िन्दगी किसी भी समय इस पर बलिदान करने के लिए आगे बढ़ता है तो वह सिर्फ आनन्द के लिए ऐसा नहीं करता। वह अपनी ज़िन्दगी का जोखिम सिर्फ इसलिए नहीं लेता कि जब भीड़ सहानूभूति से भरे भावों में होती है तो वह तारीफ करते हुए 'ब्रेवो' चिल्लाती है। वह ऐसा इसलिए करता है क्योंकि उसके कारक ऐसा करने के लिए मजबूर करते हैं, क्योंकि उसके अन्तःकरण उसे इसकी आज्ञा देता है। यही कारण है और अकेला कारण है कि वह झुकता है। किसी भी तरह की गाली और निन्दा, चाहे यह ऊँचे से ऊँचे स्थान से ही क्यों न हो, उसे (क्रांतिकारी को) उसके तय लक्ष्य से नहीं डिगा सकता। यह सोचना कि एक क्रांतिकारी जनता के समर्थन पर अपने विचार त्याग देगा और उससे उसकी तारीफ हटा ली जाएगी, यह सबसे बड़ी मूर्खता है। पहले भी और अब भी बहुत से क्रांतिकारी फांसी के तख्तों पर चढ़े हैं और अपनी ज़िन्दगी कारक (क्रांति) के लिए कुर्बान कर दी, उस निन्दा या दुःख की परवाह किए बिना जो कि कानूनी विरोध करने वालों ने उन पर भरपूर बरसाए। यदि आपके चाहते हैं कि क्रांतिकारी अपनी गतिविधियाँ छोड़ दें तो उनको ठीक-ठीक कारण दें। यह एक और अकेला रास्ता है। बाकियों के लिए किसी के दिमाग में कोई शक नहीं होना चाहिए। एक क्रांतिकारी इस धरती पर कलह को खत्म करने वाला आखिरी आदमी है।

एक अपील

अपने देशवासियों से हम यह अपील करने का मौका लेते हैं - युवाओं से, मज़दूरों और किसानों से, क्रांतिकारी बुद्धि वालों से - हमारे साथ आगे आने और आज़ादी की परचम को ऊपर उठाए रखने के लिए। आइए हम एक नई व्यवस्था स्थापित करें जिसमें राजनीतिक और

आर्थिक शोषण असंभव होगा। उन शूरवीर आदमियों और औरतों के नाम पर आगे आएं जिन्होंने अपनी इच्छा से मौत को स्वीकार लिया ताकि हम, उनके वंशज, एक खुशगवार ज़िन्दगी बिता सकें, जिन्होंने खत्म न होने वाला कठोर परिश्रम किया और गरीबों के, भूखों और लाखों शोषित हिन्दुस्तानियों के लिए खत्म हो गए, हम हर देश भक्त को इस संघर्ष को पूरी गंभीरता से लेने के लिए पुकारते हैं। अहिंसा में मानसिक प्रयोगों द्वारा और दूसरी विलक्षण घटनाओं द्वारा कोई भी देश की आज़ादी के साथ खिलवाड़ न करे जो कि इसकी ज़िन्दगी है। हमारी गुलामी हमारी शर्म है। हममें इससे आज़ाद होने के लिए अपने आपको हिलाने का साहस और बुद्धि कब होगी? हमारी महान सभ्यता की विरासत और संस्कृति क्या होगी अगर हममें विदेशी ताकतों के आगे झुकने और उनके झण्डे और जाति के आगे सिर झुकाने से बचने के लिए पर्याप्त आत्म-स्वाभिमान न हुआ?

जीत या मौत

ऐसा कोई अपराध नहीं जो कि अंग्रेजों ने भारत में न किया हो। जान-बूझकर किये गये गलत राज ने हमें भिखारी बना दिया है। 'खून चूस कर हमें सफेद' कर दिया है। एक जाति और इन्सान होते हुए हमारा अपमान हुआ है और हम पर अत्याचार हुआ है। क्या अब भी लोग हमसे यह उम्मीद रखते हैं कि हम भूल जाएं या माफ कर दें? हमें अपना बदला लेना चाहिए - एक इन्सान का आततायी पर अधिकारिक बदला। डरपोकों को गिरने दो और समझौते व शांति की चापलूसी करने दो। हम दया की बात नहीं करते हम कोई शरण नहीं देते। हमारी लड़ाई अन्त तक - जीत या मौत की है।

इन्कलाब ज़िन्दाबाद

अध्यक्ष,

हिन्दुस्तान सोशलिस्ट रिपब्लिकन एसोसिएशन

संदर्भ - IV

युवा राजनीतिक कार्यकर्ताओं को

प्रिय साथियों,

इस दौरान हमारा आन्दोलन बहुत महत्वपूर्ण दौर से गुज़र रहा है। सालों के मुश्किल संघर्ष के बाद, गोल मेज सम्मेलन द्वारा कुछ निश्चित कानूनी सुधार बनाए गए हैं और इसमें कांग्रेस के नेताओं को भी निमंत्रित किया गया था .....* वर्तमान परिस्थितियों में उनके आन्दोलन को बन्द करना यथा योग्य समझते हैं। चाहे वे इसके पक्ष में फैसला करें या इसके खिलाफ फैसला करें, हमारे लिए यह मामला बहुत अहमियत रखता है। अभी का यह आन्दोलन किसी तरह के समझौते की शक्ल में खत्म होने को बाध्य है। यह समझौता देर में या जल्दी कभी भी लागू किया जा सकता है और यह समझौता इतना नीच या दुःख करने वाला नहीं है, जितना कि हम सामान्यतः सोचते हैं। बल्कि सियासी चालों में यह जरूरी है। कोई राष्ट्र जो अपने दमनकारी के खिलाफ खड़ा होता है, शुरूआत में नाकामयाब होता ही है, और अपनी लड़ाई के बीच में थोड़ा सा सुधार पाने के लिए बाध्य है और यह एकदम आखिर में होता है - जब सभी ताकतें पूरी तरह से संगठित होती हैं और देश के सभी स्रोत संगठित होते हैं - कि यह अपना आखिरी वार कर सके जिसमें कि वह राज करने वाले की सरकार के चिथड़े उड़ाने में कामयाब हो सकती है। मगर तब भी यह नाकामयाब हो सकती है, जो कि किसी न किसी तरह का ज़रूरी समझौता पैदा करता है। भगत सिंह ने अपनी बात का खुलासा रूस का उदाहरण देकर किया। 1905 में रूस में एक क्रांतिकारी आन्दोलन भड़का। सभी नेताओं को बहुत उम्मीद थी। लेनिन बाहर के देशों से वापिस आ चुके थे, जहां उन्होंने शरण ले रखी थी। वे संघर्ष का संचालन कर रहे थे। लोग उनको बताने के लिए आए कि एक दर्जन जमीदारों को मार दिया गया है और दस भवनों को जला दिया गया था। लेनिन ने यह जवाब देते हुए प्रतिक्रिया जताई कि वे वापिस जाएं और 1200 जमीदारों को मारें और जितने हो सकें उनके उतने ज़्यादा महलों को आग लगाएं। उनके (लेनिन) विचार में अगर क्रांति असफल हो जाती तो उसका (जलाने का) कुछ अर्थ होता। डूम (संसद) बन गई थी। उसी लेनिन ने डूमा में भाग लेने के विचार की वकालत की। यह 1907 में हुआ था। 1906 में दूसरी डूमा में भाग लेने से उनकी खिलाफत थी, जिसके अधिकारों को छोटा कर दिया गया था। प्रतिक्रियाओं को ऊपरी हाथ मिल रहा था और लेनिन डूमा को समाजवाद के आदर्शों की चर्चा करने के लिए मंच की तरह इस्तेमाल करना चाहते थे।

1917 की क्रांति के बाद, बोल्शविकों को ब्रेस्ट लितोव्सक की सन्धि पर हस्ताक्षर करने के लिए मजबूर होना पड़ा था, लेनिन को छोड़कर सभी इसके खिलाफ थे। मगर लेनिन ने कहा, "शांति।" "शांति और दुबार शांति : शांति हर कीमत पर - यहां तक कि जर्मन युद्ध देवता को जितने हो सके उतने रूसी प्रान्तों को दिए जाने की कीमत पर शांति।" जब कुछ बोल्शविक विरोधी लोगों ने इस संधि के लिए लेनिन की निन्दा की, उन्होंने (लेनिन) खुले आम यह एलान किया कि बोल्शविक जर्मन मारकाट का सामना करने की हालत में नहीं थे और उन्होंने बोल्शविक सरकार के सम्पूर्ण विनाश के लिए संधि को प्राथमिकता दी।

जो बात मैं उजागर करना चाहता था वह, यह थी कि समझौता वह ज़रूरी हथियार है

* कुछ शब्द खोए हुए हैं।

जो कि संघर्ष के बढ़ने पर जब-तब इस्तेमाल करना पड़ता है। मगर जो चीज़ हमेशा हमें अपने सामने रखनी चाहिए, वह है आन्दोलन का विचार। हमें उस बात के भाव को हमेशा संभालकर रखना चाहिए जिसके लक्ष्य को पाने के लिए हम लड़ रहे हैं। यह हमें अपने आन्दोलन की कामयाबियों और नाकामयाबियों को जांचने में मदद करती है और हम आने वाले दिनों के कार्यक्रम भी आसानी से बना सकते हैं। तिलक की नीति, उनके आदर्शों से एकदम अलग; यानि कि उनकी रणनीति, सर्वश्रेष्ठ थी। आप अपने दुश्मन से सोलह आने, पाने के लिए लड़ रहे हैं, आपको सिर्फ एक आना मिलता है। इसे जेब में रख लें और बाकी के लिए लड़ें। मध्यश्रेणी के लोगों में उनके आदर्शों के रूप में हम क्या पाते हैं वे एक आना पाने के लिए शुरूआत करते हैं और वे इसे नहीं पा सकते। क्रांतिकारियों को हमेशा यह दिमाग में रखना चाहिए कि वे एक पूरी क्रांति के लिए जूझ रहे हैं। उनके हाथों में ताकत के पूरे स्वामित्व के लिए। समझौते खतरनाक हैं क्योंकि लकीर के फकीर समझौतों के बाद क्रांतिकारी ताकतों को तोड़ने की कोशिश करते हैं। मगर योग्य और निडर क्रांतिकारी नेता आंदोलन को इस तरह के गड्ढों से बचा सकते हैं। इस तरह के घटनाक्रम में असल मुद्दों पर, खास तौर पर लक्ष्य पर, गलतफहमी से बचने के लिए हमें बहुत सावधान रहना चाहिए। अंग्रेज श्रमिक नेताओं ने अपने सच्चे संघर्ष के साथ गद्दारी की और कपटी साम्राज्यवाद तक सीमित होकर रह गए। मेरे विचार में हमारे लिए नकली साम्राज्यवादी श्रमिक नेताओं से कट्टर लकीर के फकीर ज़्यादा बेहतर हैं। तरीकों और रणनीति के लिए व्यक्ति को लेनिन की जीवनी पढ़नी चाहिए। समझौते के विषय पर उनके निश्चित विचार कम्यूनिज़्म की "लैफ़्ट विंग" में पाए जाएंगे।

मैंने कहा है कि वर्तमान आंदोलन यानि कि वर्तमान संघर्ष एक तरह के समझौते के साथ या पूर्ण असफलता के साथ खत्म होने को बाध्य है। मैंने ऐसा कहा, क्योंकि मेरे विचार से इस वक्त असली क्रांतिकारी ताकतों को अखाड़े में आमंत्रित नहीं किया गया है। यह मध्यम वर्ग, दुकानदारों और कुछ पूंजीपतियों पर निर्भर करने वाला संघर्ष है। यह दोनों, खास तौर पर बाद वाला अपनी पूंजी या संपत्ति को किसी भी संघर्ष में जोखिम पर लगाने की हिम्मत नहीं कर सकते। सच्ची क्रांतिकारी ताकत गांवों और कारखानों में है, किसान और मज़दूर। मगर हमारे नेता उनको नहीं संभाल पाते न ही संभाल पाने की हिम्मत कर सकते हैं। एक बार सोते हुए शेर को उसकी कच्ची नींद से उठा दिया जाए तो जो कुछ हमारे नेता चाहते हैं वह उस सबको पा लेने के बाद भी रोकने लायक नहीं होगा। 1920 में अहमदाबाद में महात्मा गांधी ने मज़दूरों के साथ अपने पहले अनुभव के बाद घोषणा की, "हमें मज़दूरों के साथ नहीं उलझना चाहिए। कारखाने के अनपढ़ गरीबों का राजनीतिक इस्तेमाल खतरनाक है।" (दि टाइम्स, 1921) इसके बाद, उन्होंने, उन तक पहुंचने की हिम्मत नहीं की। किसान रह जाते हैं। 1922 का बरदोली प्रस्ताव नेताओं के डर को साफ तौर पर दिखाता है जब उन्होंने देखा कि विशाल किसान समुदाय न सिर्फ बाहर से आए एक अनमने आदमी के प्रभुत्व को बल्कि जमीदारों की दासता को भी हिलाने के लिए उठ खड़े हुए हैं।

ऐसा हुआ कि हमारे नेताओं ने किसानों के सामने समर्पण करने से बेहतर प्राथमिकता अंग्रेजों के सामने समर्पण करने को दी। अकेले पं. जवाहर लाल को छोड़ दें। क्या आप ऐसे एक भी नेता का नाम ले सकते हैं जिसने किसानों या मज़दूरों को संगठित करने की एक भी कोशिश की हो? नहीं, वे यह जोखिम नहीं लेगें। यहीं उनकी कमी है। इसलिए मैं कहता हूँ, उनका मतलब

पूर्ण क्रांति कभी नहीं था। आर्थिक और राजनीतिक दबाव से उनको कुछ और सुधारों की उम्मीद थी, हिन्दुस्तानी पूंजीपतियों के लिए कुछ और छूटों की उम्मीद थी। इसीलिए मैं कहता हूँ कि यह आंदोलन मरने के लिए डूब रहा है, हो सकता है किसी तरह के समझौते के बाद या बिना समझौते के ही। युवा कार्यकर्ता जो पूरी सच्चाई के साथ चीखते हैं 'इन्कलाब जिन्दाबाद', ठीक तरह से संगठित नहीं हैं और अपने आप इस आन्दोलन को चलाने के लिए पर्याप्त रूप से मजबूत नहीं है। इस सच्ची बात को मद्देनज़र रखते हुए, यहां तक कि हमारे महान नेता भी, शायद मं. मोती लाल नेहरू को छोड़कर, अपने कंधों पर किसी तरह की ज़िम्मेदारी लेने की हिम्मत नहीं करते, इसीलिए जब-तब वे बिना किसी शर्त के गांधी के सामने समर्पण करते रहते हैं। उनके मतभेदों के बावजूद वे कभी भी गंभीरता से उनका (गांधी) विरोध नहीं करते और प्रस्ताव महात्मा के लिए ले जाया जाता है।

इन परिस्थितियों में मैं सच्चे युवा कार्यकर्ताओं को आगाह करना चाहता हूँ कि क्रांति ो गंभीरता से मानते हैं, कि कठिन वक्त आ रहा है। वो होशियार हो जाएं कहीं ऐसा न हो कि वे भ्रमित या उत्साहहीन हो जाएं। महात्मा गांधी के दो संघर्षों के अनुभवों के बाद, हम अपनी वर्तमान स्थिति और भविष्य के कार्यक्रम बनाने की बेहतर स्थिति में हैं।

मुझे इस मामले को सरलतम तरीके से बताने की अज्ञा दें। आप चिल्लाते हैं 'इन्कलाब ज़िन्दाबाद' मैं मान लेता हूँ कि आप सच में इससे इत्तेफ़ाक रखते हैं। हमारी परिभाषा के मुताबिक, जैसा कि असेम्बली बम्ब काण्ड में हमारे वक्तव्य में कहा गया है, क्रांति का मतलब है, मौजूदा सामाजिक व्यवस्था को पूरी तरह उखाड़ फेंकना और समाजवादी व्यवस्था से इसे बदलना। एक सच्ची बात यह है कि राज्य, सरकारी मशीनरी यह राज करने वालों के हाथ में अपना उल्लू सीधा करने के लिए और अपने आपको बचाने के लिए एक हथियार है। हम इसे छीनना चाहते हैं और अपने हाथ में लेना चाहते हैं, इसका इस्तेमाल अपने आदर्शों को लागू करने के लिए यानि कि नए तौर पर समाज का पुनर्निर्माण करने के लिए यानि कि मार्कसिस्ट आधार। इस तात्पर्य के लिए सरकारी मशीनरी को अपने हाथ में लेने के लिए हम लड़ रहे हैं। इस सबके साथ हमें जनता को शिक्षित करना है और अपने सामाजिक कार्यक्रम के लिए एक हितकर माहौल बनाना है। संघर्षों में हम उन्हें सर्वश्रेष्ठ तरीके से प्रशिक्षित और शिक्षित कर सकते हैं।

हमारे सामने इन सब चीज़ों के साथ यानि कि हमारे तुरंत के और अत्यन्त लक्ष्य एकदम साफ तौर पर रखे गए हैं, वर्तमान हालातों की परीक्षा लेते हुए अब हम आगे बढ़ सकते हैं। जब हम किसी परिस्थिति का विश्लेषण कर रहे हो तो हम एकदम सच्चा और बिल्कुल व्यवसायिक होना चाहिए।

जबकि हम यह जानते है कि भारत सरकार की ज़िम्मेदारी में भारत के शामिल होने और हिस्से के ऊपर बहुत शोरशराबा और ऊँची आवाजें उठाई गई थीं, मिन्टो-मोरले सुधार दिए गए, जिसने की वायसरॉय की काऊन्सिल बनाई वह भी केवल परामर्श दायी अधिकारों के साथ। महान युद्ध के दौरान जब कि हिन्दुस्तानी मदद की ज़रूरत थी, 'सैल्फ-गवर्नमेंट' का पक्का वादा किया गया था और मौजूदा सुधार लाए गए थे। असेम्बली को सीमित वैधानिक शक्तियों दी गई हैं मगर वायसरॉय की साख से संबंधित है। अब तीसरी स्थिति है।

अब सुधारों पर चर्चा हो चुकी है और निकट भविष्य में लागू होने वाले हैं। हमारे युवा उन्हें कैसे परख सकते हैं? यह एक सवाल है: मैं नहीं जानता कि किन स्तरों पर कांग्रेसी नेता

उन्हें परखेंगे। मगर हम, क्रांतिकारियों के लिए निम्नलिखित प्रमाण हो सकते हैं :

1. जिम्मेदारी को हिन्दुस्तानी कंधों पर हस्तान्तरित कर दो।
2. जिस तरह का सरकारी ढांचा तैयार हो उसका आकार और उसमें भाग लेने की बात जनता के हवाले की जाए।
3. भविष्य की आशाएं और सुरक्षा।

इसमें आगे कुछ और व्याख्या की ज़रूरत हो सकती है। पहले स्थान पर हम आसानी से अपने लोगों को दी गई जिम्मेदारी की सीमा परख सकते हैं। हमारे प्रतिनिधियों का शासन पर नियंत्रण देखकर। अब तक 'एक्ज़ीक्यूटिव' को 'लैजिस्लेटिव असेम्बली' के लिए जिम्मेदार नहीं बनाया गया था और वायसरॉय को 'वीटो पावर' थी, जो कि चुने गए सदस्यों के सभी प्रयासों को टुकड़े-टुकड़े कर देती थी। स्वराज पार्टी के प्रयासों को धन्यवाद, वायसरॉय पर हमेशा दबाव डाला गया और इन असाधारण शक्तियों को बेशर्मी से महत्वपूर्ण फैसलों को राष्ट्रीय प्रतिनिधियों के पैरों तले कुचलने को मजबूर किया गया। आगे चर्चा की ज़रूरत के लिए यह पहले से ही बहुत जाना हुआ है।

अब पहले स्थान पर हमें 'एक्ज़ीक्यूटिव' की बनावट देखनी चाहिए: या तो 'एक्ज़ीक्यूटिव' एक प्रचलित सभा के द्वारा चुना जाना चाहिए या पहले की तरह ऊपर से ही आना चाहिए और आगे या तो यह सदन के प्रति ज़िम्मेदार होना चाहिए या पूरी तरह से इसका सामना करे पहले की तरह?

दूसरे मद के मुताबिक, हम इसे विशेषाधिकार की परिपाटी पर परख सकते हैं। एक आदमी सम्पत्ति की योग्यता उसको वोट देने लायक बनाए, यह पूरी तरह हटा देना चाहिए और इसकी जगह एक सा नियम लागू किया जाना चाहिए। हर बालिए, स्त्री या पुरूष दोनों को वोट का अधिकार होगा। मौजूदा हालात में हम बस देख सकते हैं कि विशेषाधिकार कहां तक बढ़ाए जाते हैं।

जहां तक इसके आकार की बात है, हमारे पास दो घरों (सदनों) वाली सरकार है। मेरे विचार में ऊपर का सदन अधिक कुचलने वाला (क्रूर) है। मेरे अनुसार एक सदन वाली सरकार ही सबसे ठीक है, जिससे की हम उम्मीद कर सकते हैं।

यहां क्या मैं प्रान्तीय स्वराज के बारे में बात कर सकता हूँ। मगर जो कुछ भी मैंने सुना है, मैं वही कह सकता हूँ कि गवर्नर ऊपर से थोपा जाएगा, उसके पास असाधारण ताकतें होंगी, 'लैजिस्लेटिव' से ऊँची और ऊपर, और यह एक अत्याचारी राजा से कुछ कम नहीं होगा। आइए हम इसे 'प्रान्तीय स्वराज' की जगह 'प्रान्तीय क्रूर शासन' कहें, यहीं बेहतर होगा। यह किसी भी राज्य की संस्था का अजीब प्रजातंत्रीकरण है।

तीसरा मद एकदम साफ है। पिछले दो साल से अंग्रेज राजनीतिज्ञ मॉन्टेग के वादों को पूरा न करने की कोशिश कर रहें हैं, हर दस साल बाद एक और सुधारों को थोड़ा-थोड़ा बाँटने का रवैया अपनाने के लिए जब तक कि अंग्रेजी खजाना खत्म न हो जाए।

हम देख सकते हैं कि भविष्य के बारे में उन्होंने क्या फैसला किया है।

मैं यह साफ कर दूं कि हम चीज़ों का विश्लेषण उपलब्धियों पर आनंद लेने के लिए नहीं करते, बल्कि अपनी स्थिति के बारे में साफ विचार बनाने के लिए करते हैं ताकि हम जनता को रोशन कर सके और उनको आगे के संघर्ष के लिए तैयार कर सकें। हमारे लिए समझौते का

मतलब समर्पण कभी नहीं है, बल्कि एक कदम आगे और थोड़ा सा आराम है। बस इतना ही और कुछ नहीं।

मौजूदा स्थितियों की चर्चा कर लेने के बाद, आइए अब भविष्य के कार्यक्रमों की ओर आगे बढ़े और उस कर्म रेखा की तरफ बढ़े जो हमें अपनानी है।

जैसा कि मैंने पहले भी कहा कि, किसी भी क्रांतिकारी पार्टी के लिए एक निश्चित कार्यक्रम होना बहुत ज़रूरी है। तुम्हारे लिए यह जानना बहुत ज़रूरी है कि क्रांति का मतलब है कर्म। इसका मतलब है जानबूझकर एक संगठित और सलीके से किए गए काम से लाया गया एक परिवर्तन, अचानक और असंगठित या एकाएक परिवर्तन या बंद के खिलाफ एक और कार्यक्रम बनाने के लिए एक व्यक्ति को यह पढ़ना बहुत ही ज़रूरी है :

1. लक्ष्य,
2. वह आहाता जहां से हमें शुरूआत करनी है यानि कि मौजूदा हालात,
3. कर्म का सामान यानि कि मायने और तरीके।

किसी हद तक हमने मौजूदा स्थितियों पर चर्चा की। लक्ष्य को हल्के से छुआ गया। हम एक समाजवादी क्रांति चाहते हैं, जिसके लिए प्राथमिक आधार पर राजनीतिक क्रांति बहुत ज़रूरी है। यही है जो हम चाहते भी हैं। राजनीतिक क्रांति का मतलब यह नहीं है कि राष्ट्र का अंग्रेजों के हाथ से निकाल कर हिन्दुस्तानियों के हाथ में दे दिया जाए वह भी अधिक ताकत के लिए, मगर उन हिन्दुस्तानियों को जो कि एक बार में आखिरी लक्ष्य तक हमारे साथ हैं या और ज़ोर देकर कहा जाए तो ताकत प्रचलित समर्थन वाली क्रांतिकारी पार्टी को हस्तान्तरित होनी चाहिए। इसके बाद एक सही दिशा में बढ़ने के लिए इसे समाज का समाजवादी आधार से पुनर्निर्माण करना होगा। अगर आप इसे क्रांति नहीं मानते हैं तो कृपया दया पाएं। 'इन्कलाब जिन्दाबाद' चिल्लाना बंद कर दें। शब्द क्रांति बहुत पवित्र है, कम से कम हमारे लिए। परंतु अगर आप यह कहते हैं कि आप राष्ट्रीय क्रांति के लिए हैं और आपके संघर्ष का लक्ष्य संयुक्त राज्य अमरीका जैसे एक भारतीय गणतंत्र है, तब मैं आप से पूछता हूँ, कृपया मुझे यह बताएं वो कौन सी ताकतें हैं जिनपर आप भरोसा करते हैं कि उस क्रांति को लाने में आपकी मदद करेंगी। अकेली ताकत जिसपर आप क्रांति लाने के लिए भरोसा कर सकते हैं चाहे वह राष्ट्रीय क्रांति हो या समाजवादी, किसान और मज़दूर हैं। कांग्रेसी नेताओं में इन ताकतों के संगठित करने की हिम्मत नहीं है। आपने यह इस आन्दोलन में देखा है। वे और किसी से ज़्यादा इस बात को खुद बहुत अच्छी तरह से जानते हैं कि बिना इन ताकतों के वे असहाय हैं। जब उन्होंने पूर्ण स्वतंत्रता का प्रस्ताव पास किया - उसका मतलब सच्ची क्रांति था - उन्होंने इसको समझा नहीं। उन्हें, ऐसा युवा तत्वों के दबाव में आकर करना पड़ा और तब उन्होंने इसका इस्तेमाल अपने दिल की इच्छा - 'डोमिनियन स्टेटस' - मांगने में धमकी की तरह किया। आप इसे कांग्रेस के पिछले तीन अधिवेशनों के प्रस्तावों को पढ़कर आसानी से परख सकते हैं। मेरा मतलब मद्रास, कलकत्ता और लाहौर से है। कलकत्ता में उन्होंने बारह महीने के अन्दर 'डोमीनियन स्टेटस' की मांग की, नहीं तो वे पूर्ण आज़ादी को उनके लक्ष्य के रूप में अपनाने को मजबूर होंगे और पूरी पवित्रता के साथ 31 दिसम्बर 1929 की आधी रात तक वैसे किसी उपहार का इंतज़ार किया। तब उन्होंने अपने आप को पूर्ण स्वतंत्रता को अपनाने के लिए 'आदर में बंधा' पाया, नहीं तो उनके लिए इसका कोई अर्थ नहीं था। मगर तब भी महात्मा जी ने कोई ऐसी बात नहीं कही कि जिससे लगे दरवाज़ा

खुला था। यह सच्ची चेतना थी। अन्त में वे जानते थे कि उनका आंदोलन एक समझौते के साथ खत्म नहीं हो सकता था। यह उनका अनमना पन ही था कि हम नफरत करते थे, संघर्ष की स्थिति विशेष में, समझौता नहीं। खैर, हम उन ताकतों के बारे में चर्चा कर रहे थे, जिन पर आप क्रांति के लिए निर्भर कर सकते हैं। परंतु यदि आप यह कहेंगे कि आप उनके सक्रिय समर्थन को दर्ज करने के लिए किसानों और मज़दूरों तक पहुंचेंगे, तो मैं आपको यह बता दूं कि उन्हें भी भावुक बात से बेवकूफ नहीं बनाया जा सकता। वो आपसे एकदम खुलकर पूछेंगे : आपको इस क्रांति से उन्हें क्या फायदा होने वाला है जिसके लिए आप उनका बलिदान मांग रहे हैं, उनके लिए इससे क्या फर्क पड़ता है कि हिन्दुस्तानी सरकार का मुखिया लॉर्ड रीडिंग है या सर पुरूषोत्तमदास ठाकुरदास? किसान के लिए क्या फर्क पड़ता है अगर सर तेज बहादुर सप्रू, लॉर्ड इर्विन को बदल दें? उनकी राष्ट्रीय चेतना की अपील करना बेकार है। आप उसको अपने मतलब के लिए 'इस्तेमाल' नहीं कर सकते; आपको इसे बहुत गंभीरता से लेना होगा और उसे यह समझना होगा कि क्रांति उसकी और सिर्फ़ उसकी भलाई के लिए है। अनपढ़ गरीब श्रमिकों की क्रांति और अनपढ़ गरीब श्रमिकों के लिए।

जब आपने अपने लक्ष्य के बारे में यह साफ विचार बना लिया है, तो आप एक सभी दिशा में ऐसे कर्म के लिए ताकत जुटाने के लिए आगे बढ़ सकते हैं। अब दो अलग-अलग दौर है जिनसे आपको गुज़रना होगा, पहला तैयारी और दूसरा कर्म।

जब मौजूदा आंदोलन खत्म हो जाएगा आप सच्चे क्रांतिकारियों में कुछ निराशा और हतोत्साह पाएंगे। मगर आपको चिंता करने की ज़रूरत नहीं है। भावुकता को एक तरफ छोड़ दें। सच्चाईयों का सामना करने के लिए तैयार रहें। क्रांति एक मुश्किल काम है। यह किसी भी निश्चित तारीख पा लाई जा सकती है। यह खास आर्थिक और सामाजिक माहौल के बारे में लाई जाती है। एक संगठित पार्टी का इस्तेमाल करना है और जनता को तैयार करना और ताकतों को क्रांति के हर मुश्किल काम को करने के लिए संगठित करना और इसके लिए पार्टी के क्रांतिकारी कार्यकर्ताओं की ओर से बहुत बड़े बलिदान की ज़रूरत होती है। मैं यह साफ कर दूं कि अगर आप व्यापारी हैं या एक स्थापित सांसारिक है या पारिवारिक व्यक्ति हैं तो आग से न खेलें। एक नेता के रूप में आप पार्टी के लिए किसी काम के नहीं हैं। हमारे पास पहले ही बहुत सारे ऐसे नेता हैं जो शाम को कुछ घंटे भाषण देते हैं। वे सब बेकार हैं। हमको उस शब्द की बहुत प्रिय रूप से आवश्यकता है जैसे कि लेनिन को थी - "व्यवसायिक क्रांतिकारी।" पूरे समय काम करने वाले कार्यकर्ता जिनको इसके अलावा और कोई चाह नहीं है या क्रांति के अलावा और कोई जीवन कार्य नहीं है। जितने ज़्यादा इस तरह के संगठित कार्यकर्ता पार्टी में होगे, उतने ही ज़्यादा हमारी सफलता का अवसर होगा।

सही व्यवस्थित रूप से आगे बढ़ने के लिए, आपको जिस चीज़ की सबसे ज़्यादा ज़रूरत है वह है ऊपर चर्चा किए गए कार्यकर्ताओं की पार्टी, साफ विचारों के साथ और पहले कदम उठाने और जल्द फैसले लेने की योग्यता के साथ। पार्टी में एक मजबूत अनुशासन होना चाहिए और ज़रूरी नहीं है कि यह एक भूमिगत पार्टी हो। जबकि इच्छा से जेल जाने की नीति का भी एक साथ सफाया होना चाहिए। जो कि बहुत सारे ऐसे कार्यकर्ता बनाएगी जो कि एक भूमिगत जीवन जीने को मजबूर होंगे। उन्हें काम को उसकी उत्साह के साथ आगे बढ़ाना चाहिए। और यह ही कार्यकर्ताओं का वह समूह है जो कि सच्चे मौकों के लिए बढ़िया नेता पैदा करेगा।

पार्टी को ऐसे कार्यकर्ताओं की ज़रूरत है जो कि सिर्फ युवा आंदोलन द्वारा ही भर्ती किए जाएंगे। इसलिए हम युवा आंदोलन को अपने कार्यक्रम की शुरूआत मानते हैं। युवा आंदोलन को 'स्टडी सर्कल', कक्षाओं में भाषण और पर्चे छापने का आयोजन करना चाहिए, किताबें और समय-सारिणी छापनी चाहिए। राजनीति कार्यकर्ताओं को भर्ती करने और प्रशिक्षित करने का यह सबसे अच्छा मैदान है।

उन युवाओं को जिन्होंने अपने विचारों को पर्याप्त रूप परिपक्व कर लिया है और अपनी ज़िन्दगी को कारण (क्रांति) के लिए समर्पित करना चाहते हैं, उन्हें पार्टी में स्थानान्तरित किया जा सकता है। पार्टी के कार्यकर्ताओं को हमेशा युवा आंदोलन काम को हमेशा नियंत्रित करना चाहिए और रास्ता दिखाना चाहिए। पार्टी को बहुत बड़े प्रचार के साथ काम शुरू करना चाहिए। यह बहुत ज़रूरी है। 1914 में गदरपार्टी के असफल होने में मूलभूत कारण नज़रअन्दाज़गी और कई बात जनता का सक्रिया विरोध था और इससे कहीं अधिक जरूरी है बढ़ती हुई सहानुभूति को पाना और किसानों व मज़दूरों को संगठित करना। पार्टी का नाम था .....*, एक कम्यूनिस्ट पार्टी। कई अनुशासन से बंधे हुए राजनीतिक कार्यकर्ताओं की इस पार्टी को बाकी सभी आन्दोलनों को नियंत्रित करना चाहिए। इसे किसानों और मजदूरों की पार्टियों, श्रमिक यूनियनों को संगठित करना चाहिए और हो सके तो कांग्रेस और बचकानी राजनीतिक पार्टियों को भी दबोचना चाहिए और राजनीतिक चेतना बनाने की गरज से, न सिर्फ राष्ट्रीय राजनीति बल्कि वर्गीय राजनीति की संगठित करना चाहिए, एक बड़ी प्रकाशन मुहिम चलानी चाहिए, लोगों को समाजवादी सिद्धांत से रोशन करते हुए, यह उनकी आसान पहुंच में होना चाहिए और बड़े पैमाने पर बांटी जानी चाहिए। लेख सीधी-सादी और साफ होनी चाहिए।

आंदोलन में कुछ लोग ऐसे भी हैं जो किसानों और मज़दूरों की आर्थिक आज़ादी के विचार को मूर्खता समझते हैं, राजनीतिक आज़ादी के बिना। वे दुर्जन नेता या धूल भरे सिरों के लोग हैं। इस तरह के विचार कल्पना न किए जाने लायक और असंगत है। हमारा मतलब लोगों की आर्थिक आज़ादी से है, और इसी मतलब के लिए हम राजनीतिक ताकत हासिल करने के लिए संघर्ष कर रहे हैं। इसमें कोई शक नहीं कि शुरू में हमें कुछ आर्थिक मांगों से लड़ना पड़े और कुछ विशिष्ट वर्गों से लड़ना पड़े। मगर इस तरह के संघर्ष, अंतिम संघर्ष करने के लिए और राजनीतिक ताकत जीतने के लिए उन्हें शिक्षित करने का सबसे अच्छा माध्यम है।

इन सबसे अलग, एक फ़ौजी विभाग का संगठन भी किया जाना चाहिए। यह बहुत महत्व पूर्ण है। कई बार मैंने इसकी ज़रूरत बहुत बुरी तरह से महसूस की है, मगर उस वक्त शायद आप इस तरह का विशेष ग्रुप इतने असरदार मायनों के साथ शुरू नहीं कर सकते थे। शायद यह एक ऐसा मुद्दा है जिसका खुलासा बहुत ध्यान से किया जाना चाहिए। इस विषय पर यह बहुत बड़ी संभावना है कि मुझे गलत समझ लिया जाय। देखकर ऐसा लगे कि मैंने एक आंतकवादी की तरह काम किया। मगर मैं आतंकवादी नहीं हूँ। मैं क्रांतिकारी हूँ जिसके पास यहां चर्चा किए गए लम्बे कार्यक्रम के लिए सुनिश्चित विचार हैं। मेरे हाथ में हाथ लिए साथी राम प्रसाद बिस्मिल की तरह मुझपर आक्षेप लगा सकते हैं कि जेल की कोठरी में मैं कुछ निश्चित तरह की प्रतिक्रियाओं तक ही सीमित था, जो कि सही नहीं है। मेरे पास भी वही विचार, वही निश्चितता, वही उत्सुकता और वही चेतना है जो मैंने बाहर इस्तेमाल की थी, शायद -- नहीं, निश्चित रूप से -- उससे कहीं बेहतर है। इसलिए मैं अपने पाठकों को चेतावनी देता हूँ कि जब ये पंक्तियाँ पढ़े तो बहुत

* स्वाभाविक है कुछ शब्द खोए हुए हैं।

सावधान रहे। उन्हें बीच में कुछ और पढ़ने की कोशिश नहीं करनी चाहिए। मुझे अपनी पूरी ताकत के साथ यह ऐलान करने दीजिए कि मैं एक आंतकवादी नहीं हूँ और न ही था, सिवाय इसके कि अपने क्रांतिकारी पेशे की शुरूआत में शायद कभी रहा होउँ। और इस बात से भी सहमत हूँ कि हम उन तरीकों से कुछ भी नहीं पा सकते कोई भी इसे हिन्दुस्तान सोशलिस्ट रिपब्लिकन एसोसिएशन के इतिहास से बहुत आसानी से समझ सकता है। हमारी सभी गतिविधियाँ एक ही लक्ष्य की तरफ निर्देशित थी, यनि कि अपने आपको इस महान आंदोलन में इसकी सैन्य टुकड़ी में पहचानना। अगर किसी ने भी मुझे गलत समझा है, वह अपने विचारों को ठीक कर लें। मेरा यह मतलब नहीं है कि बम्ब और पिस्तौल बेकार है बल्कि, मेरा मतलब इसके विरोधाभाषी हैं। मगर कहने का मतलब यह भी है कि सिर्फ बम्ब फेंकना बेकार ही नहीं बल्कि कई बार नुक्सान दायक भी है। पार्टी के फौजी महकमे को हमेशा उस सभी युद्ध-साम्रगी के साथ तैयार रहना चाहिए जिसके साथ इसे किसी भी आपातकाल में बुलाया जा सकता है। इसे पीछे से पार्टी के राजनीतिक कामों की रक्षा करने चाहिए। यह अकेले काम नहीं कर सकती और न ही करना चाहिए।

ऊपर संकेतिक पंक्तियों पर पार्टी को अपने काम के साथ आगे बढ़ना चाहिए। समय-समय पर बैठकें और गोष्ठियों करके अपने कार्यकर्ताओं को सभी मुद्दों पर रोशन और शिक्षित करना चाहिए।

अगर आप इन पंक्तियों के साथ काम शुरू करते हैं तो, आप बहुत सुन्दर होंगे। इस कार्यक्रम को अपने आप में पूरा होने के लिए कम से कम बीस साल की ज़रूरत है। गांधी के एक साल में स्वराज के सपने को एक तरफ रख दें। इसको न तो भावनाओं की ज़रूरत है और न ही मौत की मगर ज़िन्दगी लगातार एक संघर्ष, बलिदान और भोग है। पहले अपनी व्यक्तिगत पहचान को कुचल दें। व्यक्तिगत आराम के सपनों को खत्म कर दें। तब काम करना शुरू करें। आपको एक-एक इंच आगे बढ़ना है। इसको साहस बचाए रखने और बहुत मजबूत दृढ़निश्चय की ज़रूरत है। किसी भी तरह की मुसीबतें और कठिनाईयाँ आपके साहस को डिगा न पाएं। किसी भी तरह का असफलताएं और गद्दारियाँ आपको निरूत्साह न कर पाएं। आपके ऊपर थोपा गया (!) कोई भी कठिन परिश्रम आपके अंदर से क्रांतिकारी इच्छा को खत्म न करें। यातनाएं भुगतने और बलिदानों की अग्नि परीक्षा में से आपको विजयी बाहर आना है। और ये व्यक्तिगत जीतें क्रांति की बहुमूल्य संपत्ति है।

इन्कलाब ज़िन्दाबाद

2 फरवरी, 1931

❖ ❖ ❖